Rolf G. Heinze/Josef Schmid/
Christoph Strünck

Vom Wohlfahrtsstaat
zum Wettbewerbssta

G000055485

Rolf G. Heinze/Josef Schmid/
Christoph Strünck

Vom Wohlfahrtsstaat zum Wettbewerbsstaat

Arbeitsmarkt- und Sozialpolitik
in den 90er Jahren

Leske + Budrich, Opladen 1999

Gedruckt auf säurefreiem und altersbeständigem Papier.

Die Deutsche Bibliothek - CIP-Einheitsaufnahme

Heinze, Rolf G.:
Vom Wohlfahrtsstaat zum Wettbewerbsstaat : Arbeitsmarkt- und Sozialpolitik in den 90er
Jahren / Rolf G. Heinze ; Josef Schmid ; Christoph Strünck. - Opladen : Leske + Budrich,
1999

ISBN 3-8100-1990-9

© 1999 Leske + Budrich, Opladen

Druck: Druck Partner Rübelmann, Hemsbach
Printed in Germany

Inhalt

Diese gesteigerte Wahrnehmungsfähigkeit schafft neue Handlungsspiel-räume in der Arbeitsmarkt- und Sozialpolitik. Warum nicht neue Teil-Lösun-gen, die bislang im nationalstaatlichen Repertoire fehlten, ausprobieren und einen Wettbewerb der Konzepte entfachen ? In diesem Sinne verstehen wir die gesteuerte Weiterentwicklung des Wohlfahrtsstaates zum Wettbewerbs-staat: weg von der bisweilen einengenden Pfadabhängigkeit der nationalen Wohlfahrtsstaaten hin zu mehr Bewegungsspielräumen durch Experimente und internen, *politisch inszenierten Wettbewerb* in der Arbeitsmarkt- und Sozialpolitik.

Im Unterschied zum Hauptstrom der vergleichenden Wohlfahrtsstaats-Forschung wollen wir nicht primär Hypothesen testen oder komplexe Erklä-rungsmodelle entwickeln, sondern Zusammenhänge darstellen und zentrale Reformdiskussionen analysieren. Vielleicht erleben die Sozialwissenschaften ja derzeit eine Renaissance als Krisen- und Reformdisziplinen, wie es zu Beginn der Entwicklung des Wohlfahrtsstaates schon einmal der Fall war. Zumindest können ihre Erkenntnisse dazu beitragen aufzuzeigen, wie viel-fältig Gesellschaft gestaltet werden kann. Auch können sie helfen, differen-zierte Argumente gegen ein unausweichliches Ende des Wohlfahrtsstaates ins Feld führen zu führen, ohne die erheblichen Anpassungsprobleme auf intel-lektuell elegante und eindrucksvolle Weise zu verharmlosen.

Genauso wenig allerdings, wie es einen Königsweg sozialstaatlicher Re-formen gibt, lassen sich alle relevanten Dimensionen derzeitiger sozial-politischer Reformen und Reformdiskussionen in ein Buch packen. Wir haben uns sowohl bei den auf Deutschland bezogenen Kapiteln als auch beim internationalen Vergleich nicht für eine systematisch-erschöpfende, sondern für eine problemorientierte Herangehensweise entschieden. So spüren wir beispielsweise nicht jeder Verästelung der Sozialstaats-Diskus-sion in Deutschland nach, sondern schildern diejenigen Aspekte, die für die spezifisch deutsche Tradition des Wohlfahrtsstaates eine besondere Rolle spielen. In den ausländischen Beispielen konzentrieren wir uns auf den programmatischen Kern und lassen uns auch von der Frage leiten, wel-che Elemente des Umbaus für die deutsche Debatte fruchtbar sein könnten. Um den Sinn und Unsinn von Vergleichen und Lernerfolgen stärker in den Blick zu rücken, sind mehrfach Ausführungen zum Wohlfahrtsstaats-Vergleich dazwischengeschaltet.

Wir beginnen mit einer Klärung der Grundbegriffe und leuchten anschlie-ßend die sozial- und arbeitsmarktpolitischen Diskussionen und Herausforde-rungen in Deutschland aus (Kap. I). Es folgt eine Darstellung der Debatten und Positionen in Parteien und Verbänden der Bundesrepublik (Kap. II), die dann um einen Blick auf interessante Länder und ihre Reformprojekte erwei-tert wird (Kap. III). Schließlich versuchen wir, daraus Erträge und Anregun-gen für die Sozialpolitik zu gewinnen, aber auch vor überhöhten Erwartun-gen zu warnen (Kap. IV). Bei unserer Arbeit an diesem Buch sind wir auf vielfältige Weise unterstützt worden von Markus Brandt, Anja Mählmann, Ragna Mund und Patrick Wurster. Ihnen gilt unser herzlicher Dank.

Bochum/Tübingen, im Frühjahr 1998

Rolf G. Heinze   *Josef Schmid*   *Christoph Strünck*

I. Der Wohlfahrtsstaat in der Krise: Konzepte, Analysen und Trends

1. Zum Begriff des Wohlfahrtsstaates

Was man sich unter „Kapitalismus" vorzustellen hat, ist seit Karl Marx, dem Ende des 19. Jahrhunderts und den verschiedenen Wellen der Industrialisierung relativ klar, auch wenn sich der „real existierende Kapitalismus" als Wirtschaftsform in einzelnen Ländern durchaus unterschiedlich präsentiert. Der Begriff der „repräsentativen Demokratie" umschreibt dagegen eine bestimmte Art der politischen Willensbildung, die häufig, aber nicht zwangsläufig in kapitalistischen Ländern vorherrscht. Der „Sozialstaat" – oder auch „Wohlfahrtsstaat" – hat sich schließlich im Spannungsfeld von Kapitalismus und repräsentativer Demokratie einen ganz eigenen Platz in der Geschichte erobert.

Im Wechselspiel zwischen Kapitalismus, Demokratie und Sozialstaat haben sich Kräfte entfaltet, deren Dynamik das zuwege bringt, was auch als „sozialer Fortschritt" bezeichnet worden ist. Allerdings türmen sich auch eine Reihe von Zielkonflikten, Spannungen und Widersprüchen zwischen diesen drei Elementen auf.

Im historischen Rückblick auf die vergangenen 110 Jahre in Deutschland sind die sozialen Sicherungssysteme zweifelsohne enorm ausgeweitet worden, so daß mittlerweile über 90 Prozent der Bevölkerung gegen die Standardrisiken Alter, Invalidität, Krankheit, Arbeitslosigkeit und seit jüngstem auch Pflege abgesichert sind.

Je nachdem, wie Wohlfahrtsstaat genauer definiert wird, kommen das Bildungswesen, der Wohnungsbau und die (aktive) Arbeitsmarktpolitik hinzu. Im weitesten Sinne werden alle Staatsaktivitäten ohne militärischen Charakter erfaßt (vgl. Alber 1992; s.a. Bauer 1992; Kaufmann 1997: 21ff.; Schmid 1996a: 21ff.; Schmidt 1997: 17ff.). Unter funktionalen Gesichtspunkten lassen sich vier grundlegende Aufgaben des modernen Wohlfahrtsstaates identifizieren:

- die Schutzfunktion (durch kollektive Sicherung gegen die Risiken der Industriegesellschaft),
- die Verteilungs- und Umverteilungsfunktion (durch Eingriffe etwa in die Primäreinkommen),
- die Produktivitätsfunktion (durch Erhaltung und Förderung des Faktors Arbeit) sowie
- die gesellschaftspolitischen Funktionen (durch Integration und Legitimation).

Mit Blick auf die ökonomisch erzeugten Ungleichheiten tritt die grundlegende Korrekturfunktion des modernen Wohlfahrtsstaates hinzu. Der ursprüngliche Zwang, sich in jeder Lebenssituation über Erwerbsarbeit seine Existenz zu sichern, wird abgemildert, das Gefüge der Sozialstruktur durch staatliche Politik beeinflußt (vgl. Esping-Andersen 1990).

Relevant ist in diesem Zusammenhang auch der Ansatz von *Marshall* (1992), der die Entwicklung des modernen Wohlfahrtsstaates an den Wandel des Status des Bürgers bindet. Soziale Rechte bilden demnach die Endstufe einer Evolution, die von grundlegenden Bürgerrechten über politische Partizipationsrechte zu universalen sozialen Rechten verläuft. In verfassungsrechtlichen Formulierungen ausgedrückt, handelt es sich hier um einen Wandel der Aufgaben und der Formen vom Verfassungsstaat zum demokratischen Staat bis hin zum Sozialstaat (vgl. Grimm 1994).

In der Bundesrepublik ist diese Zielbestimmung im Grundgesetz festgelegt; dort heißt es in Artikel 20,1: „Die Bundesrepublik ist ein demokratischer und sozialer Bundesstaat". Diese Formulierung hat in der deutschen Staatsrechtslehre, aber auch in den Sozialwissenschaften zu langen Kontroversen geführt, welcher Teil des Satzes denn vorrangig wäre. Konservative Autoren betonen dabei den Primat des Rechtsstaates und die Wahrung individueller Freiheitsrechte, eher linke Autoren messen dem Sozialstaatspostulat die höhere Bedeutung zu. Zugleich sind Ansprüche und Leistungen stark rechtlich fixiert worden, was dazu führt, daß etwa beitragsfinanzierte Renten als Eigentumsrechte interpretiert werden. Diese Interpretation schränkt sozialpolitische Gestaltungs- und Umverteilungsspielräume ein.

In ähnlicher Weise argumentieren viele klassische Ökonomen, die davon ausgehen, daß der Markt grundsätzlich effektiv arbeite und ein Maximum an Wohlfahrt produziere. Staatliche Eingriffe senken aus dieser Perspektive in der Regel die Effizienz beim Ressourcen-Einsatz, vor allem wenn sie zu sehr den Postulaten der Gleichheit von Einkommen und Besitz und der entsprechenden Umverteilung sowie staatlicher Planung verpflichtet sind. Zulässig sind allenfalls Korrekturen grober sozialer Ungerechtigkeiten und Unsicherheiten durch die Errichtung marktkonformer sozialer Sicherungssysteme.

Dies entspricht der Vorstellung von einer „Sozialen Marktwirtschaft" oder einem „sozialen Kapitalismus"; den Kern bilden dabei die beitragsfinanzierten Sozialversicherungen und das Subsidiaritätsprinzip. Letzteres begrenzt die Zuständigkeit des Staates und weist den Wohlfahrtsverbänden sowie den Tarifparteien wichtige Funktionen zu (vgl. Hartwich 1977; s.a. Spieker 1986 und Hockerts 1980). Dieses Modell ist in hohem Maße status quo-orientiert, setzt auf Ordnungspolitik und bleibt vor allem auf den Gebieten der Wirtschafts- und Arbeitsmarktpolitik relativ passiv.

In der deutschen Sozialpolitik- und Sozialrechtsforschung ist außerdem häufig von handlungsleitenden Prinzipien die Rede, nach denen sich sozialpolitische Interventionsstrategien richten sollen. Es handelt sich dabei um

Schaubild 1: Sozialleistungsquote in der Bundesrepublik im Längsschnitt
1950 - 1995

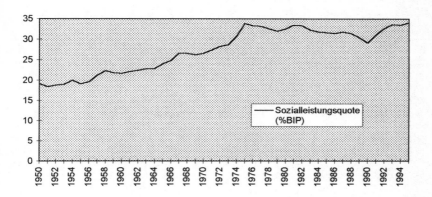

Quelle: Schmidt 1997: 164

Für dieses hohe Maß an historischer Kontinuität lassen sich verschiedene Argumente anführen, die gerade in der aktuellen Debatte ebenfalls von einiger Relevanz sind, weil sie starke Hürden für Reformen wie auch Demontagen des Wohlfahrtsstaates darstellen. An erster Stelle steht die These der Pfadabhängigkeit, die Jens *Alber* (1989: 37) so formuliert hat:

„Der internationale Vergleich zeigt, daß der deutsche Sozialstaat immer noch vorwiegend von der schon im Kaiserreich geschaffenen Sozialversicherung geprägt ist".

Einmal etablierte institutionelle Strukturen werden dauerhaft, weil sie alle zukünftigen Debatten entscheidend vorprägen, indem sie Aufmerksamkeiten auf bestehende Kernstrukturen bündeln und Interessenlagen beeinflussen. Zugleich weisen die modernen Wohlfahrtsstaaten eine erhebliche Binnenkomplexität auf, die eine politische Steuerung in Richtung Um- oder Abbau erschweren. Gerade in Deutschland kommt hinzu, daß der Parteienwettbewerb wegen gemeinsamer Charakteristika der großen Parteien – sowohl die SPD als auch die CDU sind als Volksparteien stark in der Arbeiterschaft verankert – und den Kooperationszwängen des Föderalismus weniger scharfe Konturen aufweist als in anderen Ländern (vgl. Schmid 1995). Gerade die Sozial- und Arbeitsmarktpolitik ist eine Domäne latenter und manifester „großer Koalitionen". Freilich gibt es immer wieder Ausnahmen; heftiger Parteienstreit und Veränderungen im Wohlfahrtsstaat von einigem Gewicht gehören ebenfalls dazu.

21

Manfred G. *Schmidt* hat die Entwicklung der deutschen Sozialpolitik auf der Basis detaillierter empirischer Daten untersucht und stellt einerseits die bekannten historischen Kontinuitätslinien fest. Andererseits kommt er bezüglich der Auswirkungen von politischen Regimebrüchen zu folgenden Ergebnissen:

„Doch irrt, wer die Sozialpolitik in Deutschland nur aus dem Blickwinkel statischer oder dynamischer Kontinuität betrachtet. Wer nur dies tut, übersieht die Kontinuitätsbrüche, wie regimespezifische Unterschiede der Form und der Substanz der Sozialpolitik. (...). (D)ie Differenz zwischen Demokratie und Diktatur beispielsweise macht auch in der Sozialpolitik einen gewaltigen Unterschied. Man kann diese These präzisieren: Die soziale Sicherung wurde in den demokratischen Phasen der deutschen Geschichte, in der Weimarer Republik und der Bundesrepublik Deutschland, viel stärker gefördert als im semiautoritären Deutschen Reich vor 1918 und im NS-Staat, und zwar nicht nur aufgrund demographischer oder sonstiger sozioökonomischer Bedingungen. Der Anteil der Sozialausgaben am Sozialprodukt beispielsweise ist in den demokratischen Perioden der deutschen Geschichte bislang überdurchschnittlich groß gewesen und ist dort schneller als im nichtdemokratischen Staat gewachsen" (Schmidt 1997: 176f.).

Schaubild 2: Zusammensetzung des Sozialbudgets 1997 in der Bundesrepublik in Mrd. DM

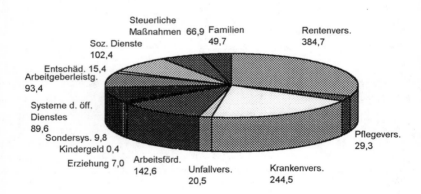

Steuerliche Maßnahmen 66,9 Familien 49,7 Rentenvers. 384,7
Soz. Dienste 102,4
Entschäd. 15,4 Arbeitgeberleistg. 93,4
Systeme d. öff. Dienstes 89,6
Sondersys. 9,8
Kindergeld 0,4
Erziehung 7,0 Arbeitsförd. 142,6
Unfallvers. 20,5
Krankenvers. 244,5
Pflegevers. 29,3

Quelle: Bundesministerium für Arbeit und Sozialordnung 1998: 3

Darüber hinaus hat *Schmidt* die veränderte Zusammensetzung des Sozialbudgets bzw. der Sozialleistungsquote als die aggregierten „sozialpolitischen Anstrengungen" (Wilensky) im Längsschnitt untersucht und einige bemerkenswerte Verschiebungen entdeckt:

„Nicht alle Branchen des Sozialstaates wachsen. Manche von ihnen schrumpfen, teils wegen Programmbeendigung, teils aufgrund von Alterung oder Mortalität. Zu den Schrumpfungsbranchen gehörten in der Bundesrepublik von 1960 bis 1994 vor allem die sozialpolitisch motivierte Steuerentlastung, ihr Anteil am Sozialprodukt sank von 3,5 auf 2,0 Prozent, die Soziale Entschädigung, insbesondere die Kriegsopferversorgung, ihr Anteil am Sozialprodukt ging von 1,3 Prozent 1960 auf 0,6 Prozent zurück, der Lastenausgleich (er sank von 0,7 auf 0,0 Prozent) und die beamtenrechtlichen Systeme der Sozialpolitik, insbesondere Pensionen, Beihilfen und Familienzuschläge – sie nahmen von 2,9 auf 2,3 Prozent ab. Den Schrumpfungsbranchen des Sozialstaats stehen Wachstumsbranchen gegenüber, allen voran die Arbeitslosenversicherung einschließlich der aktiven Arbeitsmarktpolitik (ihr Anteil am Sozialprodukt stieg von 1960 bis 1994 von 0,4 auf 3,8 Prozent), gefolgt von der Krankenversicherung (von 3,2 auf 7,0 Prozent), der Rentenversicherung für Angestellte (von 1,9 auf 4,9 Prozent), der Arbeiterrentenversicherung (von 4,0 auf 5,6 Prozent), der Arbeitgeberleistungen (von 1,6 auf 3,3 Prozent) und dem Aufwand für Soziale Hilfe und Dienste (von 0,9 auf 3,2 Prozent)" (Schmidt 1997: 182).

Hierbei handelt es sich im wesentlichen um Anpassungsprozesse an gewandelte soziale, ökonomische und politische Bedingungen. Stabilität der „wohlfahrtsstaatlichen Arrangements" (Kaufmann) bedeutet nicht Statik; sie bezieht sich auf die Logik und die Architektur des Systems, was leichte Veränderungen der Elemente durchaus zuläßt. Allerdings wirft diese Überlegung einige Probleme auf. Denn die Frage, wann die Systemgrenze überschritten, mehr als normale Anpassung erfolgt ist, läßt sich kaum eindeutig beantworten.

3. Aktuelle Diagnosen aus den Sozialwissenschaften

Angesichts der Wucht, mit der sich vor allem die ökonomischen Rahmenbedingungen wandeln, ist es für reformpolitische Strategien interessant, zu Beginn einer Analyse der zentralen Herausforderungen (Demographie, Arbeitsmarkt, Sozialstruktur) den undogmatischen Kritikern des Wohlfahrtsstaates Gehör zu schenken. So lenkt etwa Claus *Offe* seit längerem den Blick auf interne „Fehlkonstruktionen" und „Drogenwirkungen" (Offe 1995), die den deutschen Sozialstaat anfällig für Wandlungen machen, die er selbst kaum noch beeinflussen kann.

Zentral ist bei Offe und anderen (vgl. Vobruba 1995) die Kritik an der Lohnarbeitszentriertheit der sozialen Sicherung, ein „Systemfehler", der sehr unterschiedliche Konsequenzen hat. Gerade in Zeiten hoher und anhaltender

Massenarbeitslosigkeit fällt der prozyklische Charakter der Arbeitslosenversicherung auf: Je mehr Arbeitslose, desto weniger Geld steht der Bundesanstalt für Arbeit für Gegenmaßnahmen zur Verfügung. Und die Beitragseinnahmen der anderen Versicherungszweige sind durch ihre Kopplung an die Erwerbsarbeit stark abhängig von der Beschäftigungsentwicklung, was in der Krankenversicherung zu immer größeren Defiziten und in der Rentenversicherung zur Aushöhlung des Generationenvertrages führt.

Genauso wichtig ist jedoch, daß die lohnarbeitsbezogenen Sicherungssysteme zu einer Spaltung führen: rechtlich abgesicherte Lebensstandardsicherung hier, politisch disponible „Armutspolitik" dort (vgl. Leibfried/Tennstedt 1985). Einer echten Armutsprävention fehlen die Mittel, die „oben" für hohe Leistungsstandards eingesetzt werden. In der Tat ist der deutsche Sozialstaat keineswegs eine gigantische, leistungshemmende Umverteilungsmaschine, denn die intertemporalen und risiko- wie einkommensbezogenen Sicherungen übertreffen interpersonale Umverteilungen bei weitem (vgl. Bäcker 1995). Die Verkoppelung mit Lohnarbeit bedeutet außerdem, daß die typischen ständischen Gebietsaufteilungen der Berufswelt zu ebenso vielfältigen Verbandsaktivitäten auf dem Terrain berufsständischer Sozialpolitik führen und deren Interessenverflechtungen den weniger organisations- und konfliktfähigen Gruppen kaum Einfluß einräumen.

Diese Effekte, die alle direkt oder indirekt mit der Lohnarbeitsfixierung der sozialen Sicherung zusammenhängen, bündelt *Offe* unter dem Begriff der „Fehlkonstruktion". Andere Effekte werden dagegen unter dem Etikett der „Drogenwirkung" verbucht. Darunter werden Negativ-Spiralen verstanden, die der Sozialstaat unbeabsichtigt selbst in Gang setzt. Aus diesem Blickwinkel tauchen dann ungünstige Verwandtschaften zwischen Rentenversicherung und Familienpolitik auf.

Die hohe Beitragsbelastung der Rentenversicherung drängt Arbeitnehmer dazu, ihre Erwerbstätigkeit nach Möglichkeit auszudehnen bzw. ihr Nettoeinkommen nicht mit zusätzlichen Ausgaben zu belasten. Der Verzicht auf Kinder ist häufig eine daraus abgeleitete Folge. Dieser Verzicht verringert jedoch wiederum die zukünftigen Beitragseinnahmen der Gesetzlichen Rentenversicherung (GRV), erhöht dadurch langfristig die Beitragssätze und setzt somit eine Spirale in Gang, die man als Drogeneffekt bezeichnen kann. Familienpolitische Transfers erscheinen in dieser Optik somit vor allem als Kompensationen für benachbarte Fehler: „Die laufenden Geschäfte der staatlichen Sozialpolitik ergeben sich aus den akkumulierten unbeabsichtigten Nebenwirkungen früherer Sozialpolitik" (Offe 1995: 39).

Zu den endogenen Drogenwirkungen wird auch der „strukturelle Mißbrauch" gezählt, den das Sozialsystem mit sich selbst betreibt. In der aktuellen Mißbrauchsdebatte kann man eher ein Ablenkungsmanöver erblicken. Die moralisierend geführte Debatte überdeckt den viel wesentlicheren und

Dazu paßt die plakative Formel von der „Krise der Familie". Die Scheidungsraten für diese These heranzuziehen, ist allerdings kein überzeugender Beleg. Weil viele Partner nicht mehr heiraten, nehmen die Scheidungsraten relativ zu, absolut hingegen sinken sie, von 130.744 im Jahre 1984 auf 124.698 im Jahre 1992 (vgl. Dettling 1995a: 131). Die Wiederverheiratungsquote steigt zudem. 90 Prozent aller Kinder wachsen im übrigen mit Vater und Mutter auf. Bei über 13 Mio. Kindern sind die Eltern verheiratet, 600.000 Kinder wachsen in nicht-ehelichen Gemeinschaften auf. Von den 18- bis 25jährigen wohnen zudem fast zwei Drittel bei ihren Eltern (vgl. Sozialpolitische Umschau 347 und 348/1995).

Überdies unterscheiden sich die realisierten Lebens-, Familien- und Partnerschaftsformen in Abhängigkeit von Geschlecht, Lebensalter, sozialem Status, finanzieller Lage und sozialräumlichen Bedingungsfaktoren. Vor allem vollzieht sich die Pluralisierung der Lebensformen vor dem Hintergrund der bestehenden sozialstrukturellen Ungleichheiten (vgl. Strohmeier 1993 sowie die Beiträge in Bertram 1991). Die Verwirklichung neuer Lebensstile ist zur Zeit vor allem noch ein Mittelschichtphänomen. Die traditionellen Lebensstile sind nach neueren Untersuchungen vor allem Angehörigen unterer Sozialschichten vorbehalten, wobei diese dann besonders von den Lasten betroffen sind, die das „modernisierte" Familienleben mit sich bringt: Vereinbarkeit von Familie und Berufstätigkeit der Frau, Wohlstandsverluste etc.

Schaubild 4: Wandel der Haushaltsstrukturen bis zum Jahr 2010

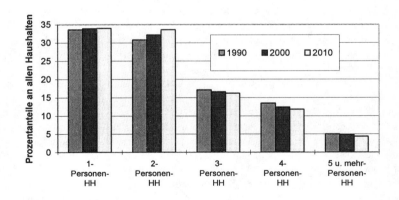

Quelle: Heinze u.a. 1997: 13

35

Tatsache hingegen ist, daß die Normalfamilie mit Kindern tatsächlich nicht mehr der Normalfall ist. Es bahnt sich vielmehr eine „Polarisierung" zwischen kinderlos Lebenden und Familien mit Kindern an. Absolut und relativ betrachtet sinken die Geburtenzahlen beständig. Zugleich spalten sich die „Wahlmöglichkeiten" von Familien mit Kindern und kinderlos Lebenden auf. Nach Berechnungen des Statistischen Bundesamtes verfügen junge Familien mit zwei Kindern nur über ein halb so hohes gewichtetes Pro-Kopf-Einkommen wie vergleichbare kinderlose Ehepaare (vgl. Kaufmann 1995: 137). Mit Blick auf die Rentenversicherung paßt hierzu die Bemerkung von Warnfried *Dettling*: „Kinder sind heute, ökonomisch betrachtet, keine Vorsorge mehr für das Alter, sondern eine Belastung in der Gegenwart" (ders. 1995: 137).

Neben diesem Phänomen spielt für den Strukturwandel der Familie eine Rolle, daß die nicht-ehelichen Lebensgemeinschaften und anderen Formen des Zusammenlebens sowie die Zahl der Alleinerziehenden stark gewachsen sind, wofür in der Soziologie seit geraumer Zeit passende Begriffe bereitstehen. Selten haben wissenschaftlich geprägte Formeln in der letzten Zeit eine solche Karriere gemacht wie „Pluralisierung" (von Lebensformen) und „Individualisierung" (von Lebenschancen).

Was aber zum Beispiel die schrumpfende Bedeutung der Normalfamilie, die wachsende Bedeutung flexiblen Zusammenlebens oder die wachsende Zahl alleinerziehender Mütter mit dem Wohlfahrtsstaat zu tun haben, wird seltener diskutiert. Das deutsche Recht jedenfalls fördert weiterhin die Ehe zu Lasten der Familie und fördert sie als typische „Versorgerehe". Das Bundesverfassungsgericht hat die Schieflage zuungunsten der Familien in seinem „Familienurteil" von 1992 bereits gerügt. Und angesichts neuer Formen des Zusammenlebens ist eine solche Korrektur sozialpolitisch dringend notwendig, will man die Familie als Kern der Sozialpolitik in ihren Potentialen wirklich fördern.

Neben der größeren Auffächerung der Lebensformen bedeutet Individualisierung in diesem Kontext auch, daß die Berufsorientierung vieler Frauen einen gleichberechtigten Platz neben der Familienorientierung eingenommen hat. 80 Prozent aller Frauen planen, nach dem Erziehungsurlaub oder mit dem Beginn der Kindergartenzeit wieder in den Beruf zurückzukehren (vgl. Bundesministerium für Familie und Senioren 1992). Hinzu kommt, daß die Zahl der Lebensgemeinschaften wächst, in denen beide Partner schwächer als früher an der Sozialisation der Kinder beteiligt sind. Diese Veränderungen werfen die Frage nach unterstützenden Angeboten auf, die die Gründung von Familien auch im Zeichen des Wandels produktiv begleiten könnten. Denn in der Folge dieses Wandels kann immer weniger selbstverständlich auf Familien als soziale Versorgungs- und Dienstleistungsinstitutionen zurückgegriffen werden.

zierungsprobleme, weil immer weniger Beschäftigte als Beitragszahler in Frage kommen. Der Anstieg der Lohnnebenkosten läßt jedoch nicht darauf schließen, daß die Sozialausgaben insgesamt, gemessen am Wachstum des Bruttosozialproduktes, in Deutschland stark gestiegen sind. Sogar das Gegenteil ist der Fall: 1975 lag die Quote bei 26 Prozent, bis 1993 ist sie dann auf 24,7 Prozent gefallen (vgl. OECD 1994).

Die ursächlichen Beziehungen zwischen Globalisierung und Arbeitslosigkeit sind allerdings noch nicht wirklich ausgeleuchtet, so daß auch hier eher ein Problem des jeweiligen Wohlfahrtsstaatstyps aufscheint, wenn hohe Arbeitslosigkeit die soziale Sicherheit aushöhlt. Dennoch gibt es Autoren, die den Wohlfahrtsstaat in der „Globalisierungs-Falle" sehen (vgl. Seeleib-Kaiser 1997). Demnach setzen die offeneren Märkte und die Produktion in Niedriglohnländern insbesondere schlecht qualifzierte Beschäftigte in den westlichen Staaten unter Druck und lösen ein weiteres Wachstum atypischer, deregulierter Beschäftigungsverhältnisse aus.

Gleichzeitig steigt die steuerpolitische Konkurrenz zwischen Standorten und Staaten, weil Kapital und Produktionseinheiten mobiler werden. Die Lücke zwischen Einnahmen und sozialen Sicherungserfordernissen öffnet sich demzufolge immer weiter.[5] Dieser Zusammenhang ist jedoch weniger eine Analyse realer Entwicklungen als vielmehr ein Szenario möglicher Entwicklungen in der Zukunft und blendet andere Ursachen für das Wachstum atypischer Beschäftigungsverhältnisse wie Kostensteigerungen oder Produktivitätsrückstände bei Dienstleistungen aus.

Resümiert man die bisherige Argumentation, so wird man unterstreichen müssen, daß insbesondere die Beschäftigungspolitik tatsächlich von der Dynamik der Globalisierung eingeschränkt wird, daß aber der größte Druck auf Wohlfahrtsstaaten von anderen Faktoren herrührt. Hierzu gehören vor allem der Wandel im Altersaufbau der Gesellschaften sowie der Wandel der Lebensformen, die durch wachsende Produktivitätsraten verursachte Entkopplung von Wirtschaftswachstum und Beschäftigung, die Zunahme atypischer Beschäftigungsformen mit ihren Sicherungslücken sowie die unterschiedlich ausgeprägte Robustheit nationaler Sicherungssysteme gegen hohe Arbeitslosigkeit (vgl. Alber 1998; Döring 1997; Kaufmann 1997).

Einige Beobachter drehen allerdings die übliche neoliberale Argumentation um und sehen die Sozialpolitik eher als wichtige Bedingung für die Globalisierung und den Freihandel, weniger als Hemmschuh (vgl. Rieger/Leibfried 1997). Wenn „Globalisierungs-Verlierer" nicht über sozialpolitische Maßnahmen integriert und abgesichert würden, wüchse schnell eine protektionistische Bewegung zur Einschränkung des Freihandels. Sozialpolitik mit ihren

---

5   Vgl. zum Spektrum unterschiedlicher Positionen zur Wirkung der Globalisierung insbesondere Martin/Schumann 1996; Lafontaine/Müller 1998 sowie Methfessel/Winterberg 1998.

Mechanismen der Sozialintegration sei daher eine Barriere gegen den Protektionismus und nicht sein Wegbereiter. Die Entfaltung der Globalisierung sei somit auf eine funktionierende Sozialpolitik angewiesen. Dieser Hinweis – sicherlich auch Anstoß für Kontroversen – erweitert die klassische Argumentation zum „wirtschaftlichen Wert der Sozialpolitik" (vgl. Briefs 1930; Vobruba 1989) um eine neue Variante.

Die kulturelle Dimension der Globalisierung, d. h. die fortschreitende Universalisierung von Grundwerten, aber auch die Verstärkung von bewußten Absatzbewegungen, ist womöglich für die Entwicklung der Wohlfahrtsstaaten von größerer Bedeutung als die unmittelbare ökonomische Entwicklung. Weil die Internationalisierung der Ökonomie zugleich das Bewußtsein für national unterschiedliche Formen des Kapitalismus (vgl. Streeck 1995), aber auch für die sozialpolitischen Spezialitäten einzelner Länder geschärft hat, steigt auch die Bedeutung internationalen „Lernens". Auch wenn die Besonderheiten des jeweiligen Modells als Selbstvergewisserung in Zeiten größerer Unsicherheit unterstrichen werden, werden sozialpolitische Instrumente einzelner Länder von den nationalen Eliten doch viel genauer beobachtet als früher und bei Bedarf auch übertragen. Hier deutet sich eine ganz andere Bedeutung des Begriffs des „Wettbewerbsstaates" an, nämlich eine Konkurrenz um innovative Sozialpolitikansätze.

Die eigentliche Bedeutung des Begriffes „Wettbewerbsstaat" zielt allerdings darauf ab, eine neue „Funktionslogik" von Industriestaaten zu beschreiben (vgl. Jessop 1990). Demnach konzentrieren Staaten ihre Interventionen und Regulierungen angesichts wachsender Standortkonkurrenzen um multinationale Konzerne darauf, die globale Wettbewerbsfähigkeit dieser Standorte durch eine gezielte Sozial- und Wirtschaftspolitik zu fördern (vgl. Hirsch 1995). Damit verlieren Staaten ihre Souveränität in der Sozialpolitik, weil die eigenständige Steuerung der Arbeits- und Sozialordnung gegen eine standortbezogene und damit dem globalen Wettbewerb ausgesetzte Kostenkalkulation eingetauscht wird.

Die hier vertretene These vom „Wettbewerbsstaat" setzt jedoch nicht am *extern* ausgetragenen Wettbewerb zwischen Standorten, sondern vielmehr am *intern* installierten Wettbewerb unterschiedlicher sozialpolitischer Ansätze an, bei dem Nationalstaaten eher an Souveränität gewinnen können. Indem in den Grenzen des Nationalstaates konkurrierende Ansätze ausprobiert werden, setzen die verantwortlichen Akteure den Wettbewerb nicht *gegen*, sondern *für* die Sozialpolitik ein und haben wieder größere politische Entscheidungsmöglichkeiten.

Sozialpolitische Experimente mit entlehnten Elementen aus dem Ausland lockern die historische „Pfadabhängigkeit" unterschiedlicher europäischer Wohlfahrtsstaatsmodelle und schaffen so Raum für ein nationales politisches „benchmarking" unterschiedlicher Konzepte. Ohnehin wird in diversen Umfragen unter Großunternehmen deutlich, daß die sozialpolitischen Standards am jeweiligen Standort für die Investitionsentscheidung eher marginal sind, zumal die Produktivität und Qualifizierungsbasis gegen die Kosten gestellt werden müssen. Daher geht der größere Druck eindeutig von internen, strukturellen Problemen der jeweiligen Sicherungssysteme aus, wie oben ausführlich diskutiert.

Auch die Wirkung und Zielgruppengenauigkeit von Sozialpolitik stehen im Rahmen des sozialpolitischen „Wettbewerbsstaates" auf dem Prüfstand; insofern ist eine Optimierung sozialpolitischer Programme an ihren eigenen Standards gemessen gerade über den sozialpolitischen „Wettbewerbsstaat" möglich. Die stärkere kulturelle Öffnung von nationalen Traditionen der sozialen Sicherung – ein häufig wenig beachteter Effekt der Globalisierung – fördert ebenfalls die Option, die eigene Sozialpolitik intern unter Wettbewerbsdruck zu setzen, was allerdings eine entsprechende Evaluation neuer Experimente in der Beschäftigungs- oder Sozialhilfepolitik voraussetzt.

6. Anhang

Im folgenden werden zwei gekürzte Zeitungsartikel präsentiert, die die Idee des sozialpolitischen Wettbewerbs sowie die Funktionen des Wohlfahrtsstaates in einer globalisierten Ökonomie beleuchten. Sie stellen zwei unterschiedliche Standpunkte dar, die im Haupstrom der aktuellen Diskussion jedoch zuweilen an den Rand gedrängt werden.

Anhang 1: Die Zeit vom 10. 3. 1995

Sozialer Wettbewerb. Eine Reform des öffentlichen Dienstes reicht nicht aus. Notwendig ist der Wechsel

Von Warnfried Dettling

(...) Insbesondere der deutsche Sozialstaat war von Anfang an, seit Bismarck, eine staatliche, eine obrigkeitsstaaliche Veranstaltung. Die Erfolge des Sozialstaates in der Vergangenheit sind offensichtlich, aber die Krankheitsbilder in der Gegenwart auch. Unter dem Regime des Wohlfahrtsstaates zerfallen entwickelte Industriegesellschaften in zwei Gruppen, in Produzenten und Konsumenten soziale Dienste, in Leute, die geben, und Leute, die nehmen. Staat und Kommunen sind aktiv, die Bürger passiv, distanziert, erwartungsvoll. Das System ist so organisiert, daß die Beteiligten nicht Schöpfer sozialer

Werte, sondern Verschwender knapper Ressourcen werden. Nur ein Beispiel: In der Altenpflege lohnt es derzeit nicht, den Patienten zielstrebig zu reaktivieren. In einer niedrigeren Pflegestufe bringt er nur weniger Geld. Die strukturelle Korruption ist schlimmer als manche Affäre, die Schlagzeilen macht.

Der Weg vom Wohlfahrtsstaat zu einer Wohlfahrtsgesellschaft ist weit, aber das Leitbild läßt sich einfach und klar beschreiben: Je mehr Menschen an der Produktion sozialer Güter beteiligt sind, um so mehr steigt die soziale Produktivität der Gesellschaft insgesamt, um so ökonomischer werden die sozialen Dienste und Leistungen erbracht, um so menschenwürdiger geht es für aller Beteiligten zu. Gesellschaftliche Solidarität, ökonomische Rationalität und persönliche Zufriedenheit weisen in die nämliche Richtung. Die Betroffenen zu Beteiligten machen: Dieses demokratische Prinzip ist auch ökonomisch und sozial vernünftig.

Um dies zu erreichen, braucht es eine andere soziale Ordnungs- und Verteilungspolitik. Es sind drei Maximen, an denen sich die Vergesellschaftung des Wohlfahrtsstaates orientieren kann. Sie betreffen ein ziviles Selbstverständnis des Staates, ein anderes Bild vom Menschen und, dies vor allem, ein neues Vertrauen in die Gesellschaft, in die Graswurzeln der Demokratie. Regieren heißt: Steuern, nicht Rudern, die Richtung bestimmen, nicht mit aller Kraft möglichst viel selber machen. Die Regierung beschränkt sich darauf, Ziele zu setzen, Probleme zu definieren, den Wettbewerb zu organisieren und, wo nötig, die Nachfrage nach sozialen Gütern mit Kaufkraft zu versehen. Die Gesellschaft zu dynamisieren, ihre Stärken zur Entfaltung zu bringen: es ist ein anderer und nicht einfach mehr oder weniger Staat.

Ressourcen aktivieren, nicht Defizite verwalten – die zweite Maxime zielt darauf, die Professionalisierung der sozialen Dienste durch freiwilliges Sozialengagement zu ergänzen. Das dritte Prinzip der fälligen Transformation bleibt dem sozialen Gemüt der Deutschen besonders fremd: Wettbewerb auch im sozialen Bereich, wo immer es geht. Es ist der Wettbewerb, der den Unterschied macht: der die sozialen Anbieter und Einrichtungen zwingt, sich zu vergleichen; Kosten zu sparen; die Leistungen zu verbessern; auf die Kunden einzugehen – mit einem Wort, mehr und bessere Leistungen für weniger Geld zu bieten. (...)

(...) Schwedische Bürgermeister, denen die knappen Kassen nicht die Phantasie ausgetrieben haben, berichten, wie willkommen Kinder plötzlich sind und wie sehr sich die Einrichtungen nun bemühen, auf die Wünsche ihrer kleinen „Kunden" einzugehen. „Die Lehrer lieben ihre Schützlinge, denn jedes Kind kommt mit einer Tasche voller Geld."

Auf diese Weise wird auch ein Stück Macht in der Gesellschaft neu verteilt: Jetzt können auch Angehörige der unteren Einkommensklassen, was sonst nur das Privileg der Besserverdienenden bei Privatschulen ist, nämlich

II. Positionen von Parteien und Verbänden in Deutschland

An vielen institutionellen Details der sozialen Sicherheit in Deutschland entzünden sich Debatten um eine Reform des Sozialstaates. Insbesondere Parteien und Verbände beteiligen sich an dieser Diskussion, daher werden in den nächsten Kapiteln wesentliche Forderungen und Vorschläge vorgestellt. In einer abstrakten Perspektive lassen sich die Debatten in Vorschläge zu Strukturreformen, Finanzierungs-Reformen und Verteilungsreformen unterteilen. In der Praxis vermischen sich diese Aspekte allerdings häufig.

So ist die insbesondere von der SPD seit langem erhobene Forderung, die sogennannte „Beitragsbemessungsgrenze" in allen Sozialversicherungen anzuheben, verteilungspolitisch wie finanzpolitisch motiviert. Denn die stärkere Einbeziehung auch höherer Einkommen verteilt nicht nur partiell mehr Gelder um, sondern stärkt auch die Einnahmenseite der Sozialversicherung. Um derartige Vorschläge richtig einordnen zu können, werden zentrale sozialpolitische Begriffe in optisch hervorgehobenen Kästen erläutert.

1. Christlich-Demokratische Union/Christlich-Soziale Union Deutschlands (CDU/CSU)

1.1 Programmatische Grundlagen und Interessenbasis

Die CDU/CSU ist in der Sozialpolitik vor allem mit den Prinzipien der Sozialversicherung eng verzahnt. Sie schreibt sich beispielsweise die Einführung der Gesetzlichen Rentenversicherung im Jahre 1957 zugute, mit deren Hilfe Bundeskanzler Adenauer auch den Wahlkampf im gleichen Jahr gewann. Modellen der Staatsbürgerversorgung steht die Union skeptisch gegenüber, weil für sie die beitragsbezogene Finanzierung eine elementare Verknüpfung mit der Arbeitswelt und dem Leistungsprinzip darstellt. Außerdem betrachtet die Union die Selbstverwaltung in der Sozialversicherung als unverzichtbares sozial-integratives Modell. Unabhängig davon, wie man die Sozialpolitik der Bundesregierung bewertet, stellt auch für führende CDU-Politiker die soziale Sicherung einen Kern der Partei-identität dar, die sie eng mit dem Konzept der sozialen Marktwirtschaft verbunden sehen.

Angelehnt an die katholische Soziallehre propagiert die CDU/CSU gerade für den Sozialbereich das Prinzip der Subsidiarität, d.h. des Vorranges der

„kleinen Kreise" wie Familie oder Gemeinde vor dem Staat und anderen Großorganisationen. Begrifflich schlägt sich das nieder in Termini wie „Eigenvorsorge und Eigenverantwortung", die neben der solidarischen Absicherung in der Sozialversicherung gestärkt werden sollen (vgl. Grundsatzprogramm 1994). Subsidiarität spiegelt sich aber auch in einer starken Betonung der Ehe und Familie im Rahmen der Sozialpolitik wider.

Als konservative Volkspartei muß die Union einen programmatischen Spagat bewältigen. Sie verfügt einerseits über einen schlagkräftigen Mittelstands-Flügel (MIT) sowie über starke Beziehungen zur Industrie, auch über den einflußreichen Wirtschaftsrat der Partei. Andererseits ist sie aber über ihre Sozialausschüsse (CDA) und Verbindungen zu Kirchen und Wohlfahrtsverbänden sozialpolitisch ausgewiesen. Weil Rentner zudem immer noch mehrheitlich die Union wählen, ist die Rentenpolitik für die Union besonders wichtig. Trotz eines traditionellen CDU-Mandats im Vorstand des Deutschen Gewerkschaftsbundes (DGB) sind die Beziehungen zwischen Gewerkschaften und der Partei eher gespannt.

Der Streit um die klassischen Institutionen der Sozialpolitik wird beispielsweise in dem Vorschlag wirtschaftsorientierter CDU/CSU-Mitglieder reflektiert, die hälftige Beitragsfinanzierung durch Arbeitgeber und Arbeitnehmer in einigen Zweigen der Sozialversicherung abzuschaffen. Die Sozialpolitiker in der Partei hingegen halten dieses Prinzip – und die damit verbundene paritätische Selbstverwaltung durch Gewerkschaften und Arbeitgeber – für ein zentrales Konstruktionsprinzip des deutschen Sozialstaates.

In der jüngeren Parteigeschichte gab es mit der Proklamation der „Neuen Sozialen Frage" in den 70er Jahren durch den späteren Generalsekretär Heiner Geißler einen strategisch kalkulierten Konflikt mit den Gewerkschaften. Geißler und seine Mitarbeiter wollten sozialpolitisches Terrain gewinnen, indem sie die Interessen der Nicht-Organisierten (Alte, Alleinerziehende, Arbeitslose u.a.) den organisierten Interessen der Erwerbstätigen in den Gewerkschaften gegenüberstellten. Daraus entwickelten sie neue Konzepte für die sozialen Dienste und die Selbsthilfe, die vor allem auf die Klientel der Nicht-Organisierten gemünzt waren.

1.2 Aktuelle Positionen zu einzelnen Feldern

Getreu ihrer starken Position in der *Rentenpolitik* hält die CDU/CSU am bestehenden System der Gesetzlichen Rentenversicherung grundsätzlich fest. Die von ihr initiierte letzte Rentenreform mit einem schrittweisen Absenken des Renten-Niveaus von 70 auf 64 Prozent sowie die vorherige Umstellung der Rentenanpassung von Brutto- auf Nettolöhne verfolgen beide das Ziel, die Beitragssätze zur Rentenversicherung möglichst stabil zu halten um die Akzeptanz des Systems nicht zu verschlechtern. Nur der sächsische Mini-

sterpräsident Kurt *Biedenkopf* vertritt in der CDU das Konzept einer bei-
tragsunabhängigen Grundrente. Im Gesamtbereich der Sozialversicherung
plädiert die Partei dafür, gesamtstaatliche Aufgaben wie aktive Arbeitsmarktpolitik stärker über Steuern zu finanzieren.

In der *Gesundheitspolitik* will die Union auf Seiten der Krankenkassen eine
stärkere Differenzierung von Wahl- und Regelleistungen für die Versicherten
unterstützen, was sich in das Konzept des „solidarischen Kassenwettbewerbs" fügt. Damit verknüpft die CDU/CSU die Forderung nach einem Ausbau des Wettbewerbs zwischen Kassen, aber auch Leistungsanbietern, was
die Monopolstellung der Kassenärztlichen Vereinigungen durchaus infrage-
stellt. Auch das Prinzip der „Selbstbeteiligung" der Patienten über den Versi-
cherungs-Beitrag hinaus wird weiterhin verfochten.

In der *Pflege* nimmt die CDU/CSU einerseits eine finanzpolitische Perspektive ein, indem sie die vorhandenen Überschüsse der Pflegekasse vorerst
nicht zur Verbesserung von Leistungen einsetzt. Andererseits widersetzt sie
sich dem Vorschlag der FDP, mit Hilfe der Rücklagen die Beiträge zu senken, um die Lohnnebenkosten zu verringern. Entscheidend für die Union ist
die finanzielle Stabilität der Pflegeversicherung, um die Solidität von sozialpolitischen Institutionen – ähnlich wie in der Rentenversicherung – zu demonstrieren. Daher sollen die Überschüsse als zusätzliches Polster zur gesetzlich vorgeschriebenen Reserve dienen, mit denen eine mögliche Ko-
stenexpansion kontrolliert werden kann.

Lohnabstandsgebot

Die Sozialhilfe als letztes, bedarfsorientiertes Netz im Gesamtsystem
der sozialen Sicherung erfüllt in der Bundesrepublik – in der es keine
gesetzliche Mindestlohnregelung gibt – faktisch die Funktion eines
Mindestlohnes. Die Flexibilität der untersten Lohngruppen nach unten
wird durch die Höhe der Sozialhilfesätze eingeschränkt. Daher drän-
gen insbesondere die Arbeitgeber darauf, zwischen Löhnen und Sozialhilfesatz einen merklichen Abstand einzuhalten. Dieses „Lohnabstandsgebot" ist seit langem im Bundessozialhilfegesetz verankert. In
der letzten Reform von 1996 wurde es auf einen fünfköpfigen Vergleichshaushalt der unteren Lohngruppe bezogen. Kritiker wenden
ein, daß diese Haushaltsform gerade drei Prozent der Gesamthaushalte
in Deutschland ausmache und die ungenügende gesetzliche Kinder-
geldzahlung dazu führe, daß in solchen Grenzfällen tatsächlich das
Einkommen eines Sozialhilfehaushaltes über dem des Vergleichs-
haushaltes liegen könne.

Im Bereich der *Sozialhilfe* setzt die CDU/CSU stärkere Akzente beim Thema „Arbeit statt Sozialhilfe". Ursprüngliche Intention der Bundestagsfraktion bei der Reform des Bundessozialhilfegesetzes (BSHG) im Juli 1996 war es, neben anderen Reformteilen Instrumente wie Lohnkosten- und Einarbeitungszuschüsse an Arbeitgeber, höhere Freibeträge für Sozialhilfeempfänger bei Aufnahme von Arbeit, Qualifizierungsmaßnahmen oder verstärkte Teilnahme an Arbeitsbeschaffungsmaßnahmen in das Gesetz aufzunehmen. Kritikpunkt im Bundesrat war dann jedoch von sozialdemokratischer Seite, daß damit letztlich die tariflichen Löhne in unteren Lohngruppen nach unten geöffnet würden, wenn es eine „Konkurrenz" durch Sozialhilfeempfänger gebe.

Im Bereich der Arbeitsmarkt- und Beschäftigungspolitik strebt die Union als Ziel weiterhin die Vollbeschäftigung an. Zur Erreichung dieses Zieles hält sie eine an der Produktivität orientierte Tarifpolitik sowie betriebsnähere Lohn- und Entgelt-Vereinbarungen für wesentliche Instrumente. Um den Übergang aus Arbeitsbeschaffungsmaßnahmen in den ersten Arbeitsmarkt zu erleichtern, fordert sie die Tarifpartner auf, besondere, niedrige Tarife in diesem Sektor zu vereinbaren, ebenso wie Einstiegstarife für Langzeitarbeitslose unterhalb des regulären Niveaus. Mit Blick auf Langzeitarbeitslose sollen die Kommunen über Anreize des Bundes ihre lokale Beschäftigung von Sozialhilfeempfängern ausdehnen. In der Novellierung des Arbeitsförderungesetzes hat die CDU/CSU Lohnkostenzuschüsse für die Anstellung von Langzeitarbeitslosen verankert sowie Eingliederungsverträge, in denen die Lohnfortzahlung im Krankheitsfall für die ersten sechs Wochen von der Bundesanstalt für Arbeit gezahlt werden. Die Union plädiert außerdem für eine stärkere Spreizung der Löhne, um den Arbeitsmarkt für einfache Dienstleistungen zu beleben. Zu niedrige Löhne sollten dabei mit Hilfe von Sozialtransfers aufgestockt werden.

In der *Familienpolitik* muß man bei der Union zwischen eherechtlichen Positionen und anderen Punkten, wie etwa dem Kindschaftsrecht, unterscheiden. In der Reform des Kindschaftsrechts vertrat auch die Union den Standpunkt, daß die Rechte nicht-ehelicher Kinder denen von Kindern aus Ehen gleichgestellt werden müssen. Dies gilt jedoch nicht für die Ehe und nichteheliche Lebensformen, deren Gleichstellung die Union ablehnt. Den Familienlastenausgleich will die Union zu einem Familienleistungsausgleich umbauen, mit einer nach Kinderzahl differenzieren Besteuerung sowie einem einkommensabhängigen Kindergeld. In der Arbeitswelt soll über flexiblere Arbeitszeiten eine bessere Vereinbarkeit von Familie und Beruf ermöglicht werden.

Nach wie vor umstritten ist in der CDU/CSU die Quote in der *Frauenpolitik*. Als Leitlinie haben die verantwortlichen Politiker daher ausgegeben, Frauenförderpläne mit Zielvorgaben den Vorzug vor festen Quotierungen zu geben. Auch in diesem Politikfeld votiert die Union für eine stärkere Berücksichtigung von Erwerbsinteressen. So hat sie im Arbeitsförderungsgesetz für Berufsrückkehrerinnen und –kehrer Einarbeitungszuschüsse und andere Regelungen verankert.

gelds. Kindergeld, Erziehungsgeld, Ausbildungsförderung sollen zusammengeführt werden, niedrige Löhne durch „Bürgergeld"-Zahlungen aufgestockt werden, als eine Art negativer Einkommenssteuer. Dieser Aspekt ist von großer Bedeutung, weil die FDP damit den Aufbau eines sozialverträglichen Niedriglohn-Sektors erleichtern will. Entscheidend ist, daß anders als in der Sozialhilfe nur die Hälfte regulärer Einkommen auf den Empfang von Bürgergeld angerechnet werden, während die Nachrangigkeit des Bürgergeldes sowie die Bedürftigkeitsprüfung beibehalten werden.

Die Arbeitsmarkt- und Beschäftigungspolitik soll nach dem Willen der FDP stärker marktwirtschaftlich ausgerichtet werden. Die Liberalen wenden sich gegen die Schaffung eines öffentlich finanzierten zweiten Arbeitsmarktes und votieren stattdessen für eine Mischung aus weicherem Kündigungsschutz, einer Dezentralisierung der Tarifpolitik, der Vereinbarung von Investivlöhnen und einem Ausbau von Teilzeit und flexiblen Arbeitszeiten, um über eine stärkere Deregulierung des Arbeitsmarktes zu einem besseren Ausgleich von Arbeitsangebot und Arbeitsnachfrage zu kommen. Hier spielt auch das Bürgergeld eine entscheidende Rolle, mit dessen Hilfe der Bereich ungelernter Arbeiten wieder belebt werden soll. Um die Lohnnebenkosten zu senken, soll die aktive Arbeitsmarktpolitik komplett aus Steuermitteln finanziert werden, wozu sogar die Steuern erhöht werden könnten.

In der *Familienpolitik* wollen die Liberalen das Ehegatten-Splitting im Steuerrecht abschaffen und stattdessen ein Familien-Splitting einführen, das die Zahl der Kinder stärker berücksichtigt. Der Ausbau von Kindertagesstätten und betrieblichen Kindereinrichtungen soll die Vereinbarkeit von Familie und Beruf erleichtern. Ansonsten stützt sich die FDP auch in der Familienpolitik stark auf ihre Forderungen nach flexiblen Arbeitszeiten und den Ausbau der Teilzeitarbeit.

Auch in der *Frauenpolitik* schlägt die starke Berufs- und Erwerbsorientierung der FDP durch. Die soziale Absicherung bei Teilzeitarbeit soll verbessert, Berufe im sozialen und pflegerischen Bereich materiell besser entlohnt werden. Quotierungen lehnt die FDP ab. Nach wie vor fordert sie aber die Einsetzung einer Bundesfrauenbeauftragten, vergleichbar der Position der Datenschutzbeauftragten.

3. Sozialdemokratische Partei Deutschlands (SPD)

3.1 Programmatische Grundlagen und Interessenbasis

Ähnlich wie für die Gewerkschaften ist auch für die SPD die Erwerbsarbeit der Kern ihrer Geschichte und Organisation. Lohnarbeit bleibt auch heute für die Sozialdemokraten der Fixpunkt in der Sozialpolitik. Daher zielen Vorschläge der SPD, allgemeine sozialpolitische Aufgaben stärker über Steuern zu finanzieren, auch nicht darauf ab, die Sozialversicherung langfristig in eine Staatsbürgerversorgung umzuwandeln, sondern sie zu stabilisieren. Ähnlich wie die Gewerkschaften hält die SPD stark am Sozialversicherungsprinzip fest, weil dadurch Arbeitsmarkt und Lohnpolitik die Schnittstelle der Sozialpolitik bleiben (vgl. Grundsatzprogramm 1989). Da Verteilungsfragen weiterhin einen großen Stellenwert für die SPD haben, ist die Steuerpolitik ohnehin enger mit der Sozialpolitik verknüpft als in anderen Parteien.

Das Normalarbeitsverhältnis ist für die SPD die prägende Norm. Daher möchte sie möglichst alle Beschäftigungsverhältnisse in der Sozialversicherung abgesichert sehen. Im Zentrum der Sozialversicherungssysteme steht für die SPD das Solidarprinzip. Daher plädiert sie grundsätzlich dafür, über die Anhebung von Versicherungspflichtgrenzen und Beitragsbemessungsgrenzen gute Risiken zu integrieren, um die internen Umverteilungsmechanismen zu stärken.

Soziale Dienste und Sozialhilfepolitik sind nicht die Kerngebiete sozialdemokratischer Sozialpolitik, vielmehr stehen die Arbeitsmarkt- und Beschäftigungspolitik im Vordergrund. In diesem Kernfeld kommt einer gerechteren Einkommensverteilung die Aufgabe zu, mehr Nachfrage zu schaffen, um indirekt Arbeitsplätze zu schaffen. Weil ein Teil der Mittelschicht für die SPD die wahlentscheidende Zielgruppe darstellt, sind die Kostenfragen der Sozialpolitik immer drängender geworden. Auch deshalb spielt die Frage der Lohnnebenkosten eine große Rolle im Set der sozialdemokratischen Forderungen.

Trotz Interessenkonvergenz in vielen Bereichen machen sich Konflikte mit den Gewerkschaften dort bemerkbar, wo die SPD möglichst viele Gruppen von Arbeitnehmern und auch Arbeitslose als Wählerklientel erreichen möchte, während bei den Gewerkschaften die Absicherung der Lohnpolitik sowie eine starke Konzentration auf Facharbeiter und vergleichbare Angestelltengruppen im Vordergrund stehen. Solche Konflikte entladen sich etwa in der Frage, ob es staatliche Subventionen zur Eingliederung von Langzeitarbeitslosen geben soll, was die SPD eingeschränkt befürwortet.

3.2 Aktuelle Positionen in einzelnen Feldern

In der *Rentenpolitik* will die SPD die schrittweise Absenkung des Rentenniveaus von 70 auf 64 Prozent wieder rückgängig machen. Außerdem sollen nahezu alle Beschäftigungsverhältnisse in die Gesetzliche Rentenversicherung miteinbezogen werden, um die Einnahmenseite zu stärken. Die mittels Steuern aufgestockte Rente nach Mindesteinkommen soll ausgebaut werden, um eine eigenständige Alterssicherung von Frauen zu ermöglichen. Damit die Beiträge stabil gehalten werden können, will die SPD den Bundeszuschuß erhöhen, eventuell die Lebensarbeitszeit verlängern – auch wenn dies arbeitsmarktpolitisch kontraproduktiv wirken könnte – und einen Vorsorgefonds einrichten.

Bundeszuschuß

Formal betrachtet finanzieren sich alle Sozialversicherungen aus Beiträgen der Arbeitnehmer. Doch die Renten- und Arbeitslosenversicherung benötigen zusätzliche Finanzen aus Steuermitteln. Die Rentenversicherung kennt zahlreiche Leistungen wie etwa die Rente nach Mindesteinkommen – womit Renten unterhalb des Sozialhilfenivaus aufgestockt werden –, die nicht durch die individuellen Beitragszahlungen des Rentenempfängers gedeckt werden. Für diese „versicherungsfremden Leistungen" (siehe unten) kommt der Bundeszuschuß auf, der jährlich vom Kabinett neu festgelegt wird. Die Arbeitslosenversicherung steckt in dem spezifischen Dilemma, daß gerade in den Zeiten hoher Arbeitslosigkeit ihre Einnahmen sinken, mit deren Hilfe sie die Lohnersatzleistungen sowie arbeitsmarktpolitische Programme finanziert. Aus diesem Grund wird hier ebenfalls ein Bundeszuschuß gezahlt. Diese Zuschüsse sind in Zeiten, in denen über eine stärkere Steuerfinanzierung der sozialen Sicherung debattiert wird, zum Angelpunkt der Diskussion geworden. Befürworter der herkömmlichen Sozialversicherung fordern vielfach eine Erhöhung der Zuschüsse, um die Systeme stabilisieren zu können. Währenddessen plädieren Skeptiker dafür, langfristig eine generelle Sockelung bzw. Mindestabsicherung aus Steuereinnahmen zu finanzieren.

Die *Gesundheitspolitik* soll nach dem Willen der SPD von einem Globalbudget als festem Deckel für die Gesundheitsausgaben gelenkt werden. Es soll keinen Split in Wahl- und Regelleistungen der Kassen geben. Einsparpotentiale auf dem Arzneimittelmarkt sollten genutzt werden, indem die Positivliste für Medikamente wieder eingeführt wird, mit deren Hilfe nicht notwendige Arzneien aus dem Verschreibungs-Spektrum gestrichen werden. Die Festbetragsregelungen für Medikamente, nach denen für teurere aber gleichwertige Präparate zugezahlt werden muß, soll zu einem echten Preisverhandlungssystem ausgebaut werden. Krankenhäuser sollen mehr unternehmerische Freiheit erhalten, die Position des Hausarztes gestärkt und teure Großgeräte ökonomischer eingesetzt werden. Versicherungspflichtgrenze und Beitragsbemessungsgrenze will die SPD auf das Niveau der Rentenversicherung anheben.

Budgetierung

Dieses Prinzip sollte in den letzten beiden Gesundheitsstrukturgesetzen als mittelfristige „Notlösung" fungieren, um die Schere zwischen Einnahmen und Ausgaben der gesetzlichen Krankenkassen wieder zu schließen. Entsprechend wurden von vornherein festgelegte, an der Beitragssatzstabilität ausgerichtete Fallpauschalen an die Krankenhäuser gezahlt sowie für den jeweiligen Bereich einer Kassenärztlichen Vereinigung ein Gesamtbudget für die niedergelassenen Ärzte. Bei Überschreitung der Budgets müssen Krankenhäuser und Kassenärztliche Vereinigungen die Lücke selbst füllen. Dieses Prinzip sollte Anreize zu wirtschaftlichem Verhalten schaffen. Kritiker befürchten, daß medizinisch notwendige Leistungen dadurch teilweise vorenthalten werden, die Befürworter heben die größere Verantwortung der Leistungserbringer für effizientes Verhalten hervor.

In der *Pflege* beharrt die SPD auf dem Qualifikationsschlüssel, der durch die 50-Prozent-Quote Examinierte in der Heimpersonalmindestverordnung vorgegeben wird und den die Bundesregierung für den Bereich der Pflegeversicherung aussetzen will. Die Überschüsse der Pflegeversicherung sollten nach Meinung der SPD nicht zur Beitragssenkung, sondern für die Verbesserung von Leistungen vor allem in der Tages- und Kurzzeitpflege eingesetzt werden.

Die *Arbeitsmarkt- und Beschäftigungspolitik* ist für die SPD ein Feld, das besser mit anderen Politikfeldern wie der regionalen Strukturpolitik verzahnt werden muß. Dazu hat sie ein eigenes Arbeits- und Strukturförderungsgesetz vorgelegt, in dem der Vorrang der aktiven Arbeitsmarktpolitik vor passiven Lohnersatzleistungen vorgeschrieben ist. Danach soll der Anteil der Arbeitsmarktpolitik an den Gesamtausgaben der Bundesanstalt für Arbeit von jetzt 30 auf mindestens 50 Prozent steigen. Für die Arbeitsförderung sollen Rechtsanspruch wie Verpflichtung zur Teilnahme gesetzlich verankert werden. Steuerpolitisch sollen eine ökologische Steuerreform, eine Senkung der Einkommens- und Lohnsteuer sowie die Verringerung der Lohnnebenkosten die Nachfrage stärken. Teilzeit und Altersteilzeit seien durch bessere soziale Sicherung zu fördern, Überstunden abzubauen. Für Privathaushalte wird ein System von Dienstleistungsgutscheinen vorgeschlagen, über das Personen sozialversichert beschäftigt werden können. In einen potentiellen Konflikt mit den Gewerkschaften gerät die SPD, weil sie in ihrem Wahlprogramm auch die Option von Kombi-Löhnen vorsieht, die Niedrig-Löhne mit aufgestockten Sozialhilfezahlungen verzahnen sollen. Die Gewerkschaften befürchten, daß ihre Lohnpolitik hier durch einen geförderten Niedriglohn-Sektor destabilisiert werden könnte.

Die *Sozialhilfe* will die SPD entlasten, indem in den vorrangigen Sicherungssystemen über eine soziale Grundsicherung eine Sockelung der Sozialleistungen auf Sozialhilfeniveau garantiert wird. Außerdem solle dafür der Familienlastenausgleich verbessert werden, um einkommensschwache Familien sozialhilfeunabhängig zu machen. Die Sozialhilfe wird dadurch aber nicht ersetzt wie bei den Grünen. Um sozialhilfeabhängige Langzeitarbeitslose wieder in den Arbeitsmarkt zu integrieren, will die SPD den Sozialhilfeträgern über eine Experimentierklausel mehr Spielräume in der lokalen Beschäftigungspolitik einräumen.

In der *Familienpolitik* spricht sich die SPD dafür aus, das Erziehungsgeld in ein Elterngeld plus Elternurlaub umzuwandeln sowie das Kindergeld um 30 DM auf 250 DM zu erhöhen. Vor allem müsse es einen besseren Mieterschutz für Familien geben, flankiert von einer familiengerechten Wohnungspolitik. Durch eine 100prozentige statt 75prozentige Grundlegung des Durchschnittslohnes bei der Anrechnung von Kindererziehungszeiten könne die eigenständige soziale Sicherung von Frauen außerdem verbessert werden. Weiterhin hält die SPD auch eine Steuerreform für notwendig, die Familienkomponenten enthält.

Frauenpolitik stützt sich für die SPD stark auf die gleichberechtigte Teilhabe am Erwerbsleben sowie parallel dazu auf eine Gleichstellung von Erwerbsarbeit und anderen Arbeitsformen. Zentraler Reformansatz sind die traditionellen Haushaltsbilder, die der Sozialversicherung zugrundeliegen. Damit seien nur vom Partner abgeleitete Sicherungsformen möglich. Die Berufsbildungspolitik will die SPD stärker dazu nutzen, untypische Berufswahlen von Frauen zu unterstützen und ausreichend Ausbildungsplätze zur Verfügung zu stellen. Existenzgründungen von Frauen sollte die Wirtschaftspolitik gezielt fördern, auch durch frauenfördernde Auflagen bei der öffentlichen Vergabe von Aufträgen und Subventionen.

4. Bündnis 90/Die Grünen

4.1 Programmatische Grundlagen und Interessenbasis

In der Sozialpolitik von Bündnis 90/Die Grünen mischen sich Ansätze aus der alternativen Selbsthilfe-Szene mit liberalen Vorstellungen einer bürgerorientierten sozialen Sicherung inklusive einer Mischung aus staatlichem und privatem Schutz. Dennoch mißt die Partei auch dem Staat weiterhin wichtige Aufgaben in der Gestaltung der sozialen Sicherheit zu. Aufgrund ihrer Wurzeln in der Alternativ-Szene und der Bürgerrechts-Szene markiert auch bei Bündnis 90/Die Grünen das Subsidiariäts-Prinzip einen wichtigen Eckpunkt. Zum Gesamtmodell des deutschen Sozialstaates hat die Partei eine ambivalente Haltung. Einerseits hält sie den starken Lohnbezug und die dynamisierenden Komponenten in den Sozialversicherungen für den Ausweis eines überholten Wachstumsmodells, auf dem auch die Sozialpolitik aufbaut. Andererseits spricht sie sich gegen die Privatisierung sozialer Risiken aus und befürwortet das Solidarprinzip, von dem ein wesentlicher Teil der sozialen Sicherung getragen wird (vgl. Wahlprogramm 1998).

Ordnet man sie in das Spannungsfeld von FDP und SPD ein, dann verurteilen grüne Sozialpolitiker die sozialdemokratischen Positionen zum Sozialstaat als defensive Strategien, die auf neuen Konfliktlinien, wie etwa die zwischen Jung und Alt, keine befriedigende Antwort geben könnten und den Legitimationsbedarf des Sozialstaates in der Zukunft unterschätzten. Doch die Vorstellungen liberaler Sozialpolitiker, Deregulierung und ein Rückzug des Staates würden auch mehr Spielräume für soziale Sicherung schaffen, teilen Bündnis90/Die Grünen nicht.

Da viele kleinere Sozialinitiativen, Projekte und Selbsthilfegruppen – häufig Mitglieder im Paritätischen Wohlfahrtsverband – den Grünen nahestehen, ist dieser Sektor ein Bereich, in dem die Partei auch sozialpolitische Lobbyarbeit betreibt. Nicht mehr so stark ausgeprägt wie in den 80er Jahren ist die Kritik an den großen Wohlfahrtsverbänden, denen Vertreter der westdeutschen Grünen einen sechsten bzw. siebten Wohlfahrtsverband als Alternative entgegenstellen wollten. Das liegt auch daran, daß viele Selbsthilfegruppen, die damals als „Antipoden" der großen Sozialverbände auftraten, mittlerweile in die Wohlfahrtsverbände integriert worden sind und ihre Position aufgewertet haben.

5. Partei des Demokratischen Sozialismus (PDS)

5.1 Programmatische Grundlagen und Interessenbasis

Die PDS kombiniert in ihrer Programmatik eine starke Staatsorientierung mit Positionen, die annähernd dem grün-alternativen Spektrum entstammen. Dieser Kombination entspricht in der PDS-Mitgliedschaft wie Wählerschaft eine Aufteilung in ältere, ehemalige SED-Mitglieder und jüngere Gruppen aus der eher autonomen Szene. In ihrem sozialpolitischen Profil schimmert diese Doppelung in abgeschwächter Form ebenfalls durch. Sowohl in der Gesundheits- als auch in der Arbeitsmarktpolitik wird der Staat als unmittelbare Regulations- und Finanzierungsinstanz stark in Anspruch genommen. Die PDS fordert ein Recht auf Arbeit und auf Wohnung (vgl. Programm und Statut 1993).

Andererseits ist es Grundsatz der PDS, die Sozialleistungen zunehmend von der individuell geleisteten Erwerbsarbeit abzukoppeln. Die Kritik an der Lohnarbeitszentriertheit der deutschen Sozialpolitik stammt schon aus den 70er Jahren, wird aber von arbeitnehmerorientierten Parteien und den Gewerkschaften nur begrenzt in Reformen umgesetzt, weil die Erwerbsarbeit als zentrale Schnittstelle für das deutsche Sozial- und Politikmodell gilt. Daher ist dieser Punkt der PDS eher der alternativen Ideenwelt zuzuordnen, genauso wie Vorstellungen, die Selbstorganisation von Hilfsbedürftigen zu fördern.

Aufgrund einer klar eingrenzbaren Wählerschicht verknüpft die PDS die Finanzierung vieler sozialpolitischer Ziele unmittelbar mit der Steuerpolitik und spricht sich an verschiedenen Punkten für einkommens- und gewinnabhängige Sonderabgaben aus, um Vorhaben zu finanzieren.

5.2 Aktuelle Positionen in einzelnen Feldern

Ein eigenes Konzept hat die PDS in der *Rentenpolitik* vorgelegt. Um die Beiträge aus Versichertensicht stabil halten zu können, soll der Bundeszuschuß zur Rentenversicherung mittels einer Vermögensabgabe plus Beibehaltung der Vermögenssteuer und einer generellen Steuerreform um zehn Prozent erhöht werden. Um die Einnahmenseite zu verbessern, auch wenn dadurch neue Anwartschaften entstehen, sollen zusätzlich auch Selbständige und Beamte in die Versicherung miteinbezogen und die Beitragsbemessungsgrenze deutlich angehoben werden.

In der *Gesundheitspolitik* lehnt die PDS jegliche Form des Kassenwettbewerbs ab und schlägt stattdessen vor, auf regionaler Ebene den Sicherstellungsauftrag für die medizinische Versorgung in die Hände von neu zu bildenden öffentlich-rechtlichen Körperschaften zu legen, in denen gleichberechtigt die Kostenträger und Leistungserbringer sitzen und die regionale Gesundheitsplanung gemeinsam organisieren. Der Arzneimittelmarkt soll staatlich reguliert werden. Die PDS lehnt jede Art der Selbstbeteiligung der Patienten ab und plädiert für einen einheitlichen Leistungskatalog der Krankenkassen, der nicht in Regel- und Wahlleistungen aufgesplittet werden dürfe. Durch eine Aufhebung der Versicherungspflichtgrenze sollen weitere gute Risiken in die Krankenversicherung integriert werden.

Versicherungspflichtgrenze
Bis zu einer bestimmten Brutto-Einkommenshöhe sind Erwerbstätige in allen Zweigen der Sozialversicherung versichert. Darüber hinaus können sich Erwerbstätige privat versichern oder freiwilliges Mitglied in der gesetzlichen Sozialversicherung werden. Die letztere Option ist gerade für die Krankenversicherung vorteilhaft, weil höhere Einkommensgruppen als gute Risiken gelten. Für die Stabilität des Solidarprinzips in der Arbeitslosen- und Krankenversicherung ist entscheidend, daß auch eine Reihe solcher guter Risiken in der Versicherung vertreten sind, um den Umverteilungsmechanismus in Gang zu halten. Daher plädieren einige Sozialexperten dafür, die Versicherungspflichtgrenzen anzuheben, um die Verteilungsbasis zu verbreitern und damit die Finanzierungsgrundlage der gesetzlichen Sozialversicherung abzusichern. Den privaten Versicherern gingen dadurch allerdings Einnahmen verloren.

In der *Pflege* will die PDS die inoffzielle Pflegestufe 0 (keine Leistungen der Pflegeversicherung) in das Pflegegesetz aufgenommen sehen und dafür ein Pflegegeld von 300 DM zahlen. Die medizinische Behandlungspflege will sie wieder den Krankenkassen zuordnen und die Pflegeversicherung bei der Finanzierung von Behinderten-Einrichtungen stärker beteiligen. Die Finanzbasis soll durch eine stärkere Verpflichtung der Arbeitgeber und höheren Einkommensgruppen (Erhöhung der Beitragsbemessungsgrenze) verbreitert werden.

In der *Arbeitsmarkt- und Beschäftigungspolitik* votiert die PDS klar für einen öffentlich geförderten Beschäftigungssektor, der über eine Arbeitsmarktabgabe sowie weitere Sonderabgaben finanziert werden soll. Desweiteren fordert sie staatlich finanzierte Investitions- und Beschäftigungsprogramme. Die Zuständigkeiten der Tarifpartner für die Regelung der Arbeitszeit will die PDS über die gesetzliche Festlegung der 35-Stunden-Woche im Arbeitszeitgesetz auf den Staat übertragen.

Mit Blick auf die *Sozialhilfe* plädiert die PDS vor allem dafür, das Lohnabstandsgebot ganz aus dem Gesetz zu streichen, weil es dem Prinzip der Bedarfsorientierung widerspreche. Langfristig will die Partei die Sozialhilfe aber durch eine „soziale Grundsicherung" ersetzen. Im Unterschied zu anderen Konzepten entfällt hier die Bedürftigkeitsprüfung sowie die Unterhaltspflicht naher Verwandter. Die Leistungen sind außerdem auf einem relativ hohen Niveau vorgesehen. Die Grundsicherung soll auf Antrag auch Menschen zur Verfügung stehen, die Erziehungs- oder Pflegearbeit leisten.

In der *Familienpolitik* steht für die PDS die Vereinbarkeit von Beruf und Kinderbetreuung im Zentrum. Mit Hilfe eines bei der Bundesanstalt für Arbeit angesiedelten Fonds soll es Männern wie Frauen möglich sein, die Arbeitszeit bis zum 14. Lebensjahr des Kindes auf die Hälfte zu reduzieren, bei garantierter Rückkehr auf den vollen Arbeitsplatz. Zudem werden aus dem Fonds Beiträge in die Sozialversicherungen entrichtet. Daneben müsse auch eine Freistellung für ein Jahr bei 90prozentiger Kompensation des Nettolohnes als Option eingeräumt werden.

Die *Frauenpolitik* stützt sich in der PDS auf die Forderungen, den Paragraphen 218 ersatzlos zu streichen, gesetzliche Quotierungen zu verankern sowie für Eltern und Alleinerziehende einen erweiterten Kündigungsschutz zu installieren. Auf dem Arbeitsmarkt sollen die Teilzeitarbeit stärker sozial abgesichert und besondere Qualifikationsmöglichkeiten für Frauen geschaffen werden.

6. Gewerkschaften

6.1 Programmatische Grundlagen und Interessenbasis

Die Gewerkschaften betrachten sich als eine Kraft, die durch sozialen Kampf den institutionellen Auf- und Ausbau des Sozialstaates vom letzten Jahrhundert bis zur Gegenwart maßgeblich beeinflußt hat. Als Organisationen der Arbeitnehmer ist das gewerkschaftliche Interesse an den erwerbsbezogenen Sozialversicherungen traditionell groß. Hinzu kommt, daß Gewerkschaftsvertreter in den Selbstverwaltungsorganen der Sozialversicherungen sitzen und dort ihren Einfluß geltend machen. Gleichwohl haben sich die Gewerkschaften programmatisch auch dem Anspruch verschrieben, als mächtige Arbeitnehmervertretungen ebenso die Interessen sozial Schwacher mitzuvertreten.

Selbstverwaltung

Bis auf die Unfallversicherung, die ausschließlich von den Arbeitgebern finanziert wird, sind an allen anderen Zweigen der Sozialversicherung Arbeitgeber und Arbeitnehmer hälftig (paritätisch) an der Finanzierung beteiligt. Da die Sozialversicherungsträger als parafiskalische Institutionen von den Versicherten selbstverwaltet sind, sitzen alle sechs Jahre in Sozialwahlen gewählte Vertreter von Arbeitgeberverbänden, Gewerkschaften und anderen Interessengruppen in den Verwaltungsräten und kontrollieren gemeinsam das Geschäft der Sozialversicherungsträger. Diese paritätische Selbstverwaltung in Kombination mit der paritätischen Beitragsfinanzierung halten Verfechter des deutschen Sozialstaates für eine seiner Hauptsäulen, weil die gemeinsame Verantwortung von Kapital und Arbeit für die Sozialpolitik dadurch herausgestrichen werde. Die Diskussion um hohe Lohnnebenkosten hat allerdings schon Überlegungen hervorgebracht, ob nicht in der Krankenversicherung langfristig die Arbeitgeber von ihren Beitragszahlungen entlastet werden können. Die Pflegeversicherung hat hier den Vorreiter gespielt: Im Bundesland Sachsen tragen die Arbeitnehmer die gesamten Beiträge in Höhe von drei Prozent alleine.

Außerdem berührt die Sozialhilfe ebenfalls die arbeitsmarktorientierten Interessen der Gewerkschaften, weil sie eine Art indirekten Mindestlohn darstellt, den es gesetzlich in der Bundesrepublik nicht gibt. Restriktivere Regelungen bei der Sozialhilfe führen dazu, daß sich bei den unteren Lohngruppen die Spielräume für noch geringere Abschlüsse erweitern. Lohnpolitisch gesehen ist die Entwicklung der Sozialhilfegesetzgebung daher ebenfalls von großem Interesse für die Gewerkschaften.

Vollbeschäftigung ist für die Gewerkschaften nicht nur ein programmatisches Ziel, sondern verbessert auch ihre Position in Tarifverhandlungen. In Zeiten stabiler Massenarbeitslosigkeit schwächt der Druck der Arbeitskräftereserve die Kraft der Gewerkschaften.

Die Beziehung zwischen Lohnentwicklung und Sozialleistungen, am deutlichsten in der Dynamisierung der Renten ausgeprägt, ist für die Gewerkschaften ebenfalls ein wichtiger Aspekt der Sozialversicherung. Dadurch sind ihre Ergebnisse in Tarifverhandlungen nicht nur für die Arbeitnehmer interessant, sondern auch für Sozialleistungsempfänger. Eine reine Staatsbürgerversorgung mittels Steuern würde diesen positiven Effekt für die Gewerkschaften zunichte machen.

Allerdings ist es mit Blick auf die belasteten Arbeitnehmer erklärtes gewerkschaftspolitisches Ziel, die Lohnnebenkosten dadurch zu senken, daß allgemeine Aufgaben der Sozialversicherungen, die nicht nur dem einzelnen

Beitragszahler zugute kommen wie aktive Arbeitsmarktpolitik oder gesundheitliche Prävention, vermehrt über Steuern finanziert werden (vgl. Grundsatzprogramm 1996).

Diese Forderung wird mittlerweile bekräftigt, weil die Beiträge in Zeiten der Massenarbeitslosigkeit, in denen die Zahl der Beitragszahler schrumpft während die der Leistungsempfänger wächst, nur so stabil zu halten oder sogar zu verringern sind. Und dies ist für die Legitimation der Sozialversicherung, auf die auch die Gewerkschaften angewiesen sind, besonders wichtig.

Im folgenden werden sozialpolitische Eckpunkte des Deutschen Gewerkschaftsbundes (DGB) präsentiert, der als Dachverband der Einzelgewerkschaften zwar keine Tariffähigkeit besitzt, aber die zentralen sozialpolitischen Positionen der Branchengewerkschaften zusammenführt.

6.2 Aktuelle Positionen in einzelnen Feldern

Eher traditionell sind die Positionen des DGB in der *Rentenpolitik*. Der demographische Wandel wird als nicht bedrohlich empfunden, eher als Chance, weil die schrumpfende Zahl von jüngeren Beitragszahlern zugleich für annähernde Vollbeschäftigung auf dem Arbeitsmarkt sorge und damit auch die Rentenversicherung entlaste. Der DGB favorisiert zudem neue Altersteilzeit-Modelle, um die hohe Zahl von teuren Frühverrentungen zurückzuführen. Eine pauschale Heraufsetzung der Altersgrenze lehnt der DGB ab. Durch die Einbeziehung Scheinselbständiger und gerinfügig Beschäftigter sowie durch eine Erhöhung des Bundeszuschusses für die zahlreichen Zusatzaufgaben der Rentenversicherung (Aufbau Ost, Berücksichtigung beitragsfreier Zeiten u.a.) soll die Einnahmenseite verbessert werden.

In der *Gesundheitspolitik* will der DGB das Instrument der Budgetierung – in den letzten Gesundheitsreformgesetzen übergangsweise installiert – verfeinern. So sollen in abgegrenzten Feldern, etwa in der ambulanten Versorgung, Budgets zwischen Kassen und Ärzten ausgehandelt werden. Die Vergütungen wären eine Art Abschlagszahlung, die hinterher mit Gewinnen oder auch Verlusten abgegolten würde. Solche Modelle erfordern, daß die Anbietermonopole der Kassenärzte über differenzierte Verträge aufgebrochen werden, die auch zu neuen Versorgungsformen führen könnten. Die Vergütung der Ärzte soll außerdem in einen Mix aus Pauschalentgelten und Einzellleistungsvergütung umgewandelt, die Position der Allgemeinärzte gestärkt werden. Die Aufsplittung der Kassenleistungen in Grund- und Wahlleistungen lehnt der DGB als Zerstörung des Solidarprinzips ab. Stattdessen befürwortet er die Weiterentwicklung der Kassen in der Versichertenbetreuung durch größeres „Fallmanagement".

In der *Pflege* – wie im Gesambereich der sozialen Dienste – sind die Positionen des DGB nicht so profiliert wie in den arbeitsmarktnahen Sicherungssystemen. Aus Beschäftigtensicht unterstützt der DGB Forderungen, das Qualifikationsniveau in den Pflegeberufen zu stabilisieren und die Examinierten-Quoten der Heimpersonalverordnung beizubehalten, die das Bundesarbeitsministerium abschaffen will. Außerdem plädiert der DGB dafür, die Überschüsse der Pflegeversicherung teilweise für eine Verbesserung der Leistungen einzusetzen und nicht der Beitragssenkung den Vorzug zu geben.

In der *Arbeitsmarkt- und Beschäftigungspolitik* betont der DGB, das letztere die Voraussetzung für eine zielgruppengenaue Arbeitsmarktpolitik sei. Daher spricht er sich dafür aus, die lokalen Beschäftigungsinitiativen besser miteinander zu verkoppeln. Wesentlich für die Beschäftigungssituation ist für den Gewerkschaftsbund eine weitere Arbeitszeitverkürzung. In der Arbeitsvermittlung spricht sich der DGB gegen eine Privatisierung von Aufgaben der Arbeitsämter und damit gegen die Einschaltung von privaten Vermittlern und Zeitarbeitsfirmen aus. Ein wesentlicher Punkt bei den jüngsten Reformen des Arbeitsförderungsgesetzes ist für den DGB, daß einige Regelungen wie Lohnkostenzuschüsse oder Arbeitnehmerhilfen dazu verwandt werden können, einen Niedriglohnsektor zu schaffen bzw. in den Betrieben Druck auf untere Lohngruppen zu geben. Dieser Effekt ist aus Gewerkschaftssicht untragbar. Auch im Bereich der geringfügig Beschäftigten fordert der DGB, diese Gruppen in die Sozialversicherung miteinzubeziehen und ein Lohndumping über stärkere Regulierung solcher Beschäftigungsverhältnisse zu unterbinden.

Die *Sozialhilfe* soll nach dem Willen des DGB langfristig in bedarfsorientierte Mindestsicherung überführt werden, die die vorgeschalteten Sicherungssysteme armutsfest machen würde. Der DGB will dadurch die automatische Aufstockung von Lohnersatzleistungen unterhalb des Sozialhilfenivaus erreichen. Die Sozialhilfereform in 1996 hat für den DGB gewisse Parallelen zur Reform des Arbeitsförderungsgesetzes. Auch hier zielen Zuschüsse zum Lohn, die den Arbeitgebern ausgezahlt werden, zwar einerseits auf die Integration von Langzeitarbeitslosen, bereiten den Gewerkschaften aber andererseits Probleme durch Lohnkonkurrenzen.

Familienpolitik beschränkt sich für den DGB nicht auf bestimmte Lebensformen. Vor allem die Alleinerziehenden sollten nach seiner Ansicht besser in die familienpolitischen Regelungen im Steuerrecht und im Familienlastenausgleich integriert werden. Das Ehegattensplitting solle abgeschafft werden, weil es unabhängig von der Familie funktioniere. Desweiteren fordert der DGB einen dreijährigen Elternurlaub ohne Kündigung des Arbeitsverhältnisses sowie mit öffentlichen Beiträgen zur Absicherung in der Sozialversicherung. Die *Frauenpolitik* ist für den DGB vor allem die Herausforderung, die Berufschancen von Frauen zu verbreitern.

68

7. Arbeitgeberverbände

7.1 Programmatische Grundlagen und Interessenbasis

Im Konzert der Wirtschaftsverbände sind die Arbeitgeberverbände im Vergleich zum Bundesverband der Deutschen Industrie (BDI) für die Sozial- und Tarifpolitik zuständig. Die Bundesvereinigung der Deutschen Arbeitgeberverbände (BDA) als Dachverband der Branchen-Arbeitgeberverbände hat selbst keine Tariffunktionen, koordiniert aber die Haltung der Arbeitgeber in der Sozialpolitik.

Die Arbeitgeberverbände ziehen einen Großteil ihrer Legitimation aus der Tarifautonomie. Daher lehnen sie eine Gleichstellung von Betriebsvereinbarungen und Tarifverträgen ab, weil dies ihre Position stark schwächen würde. Systemveränderungen in der Sozialversicherung werden von den Arbeitgebern auch deshalb nicht unterstützt, weil ihre Vertreter seit Jahrzehnten mit den Gewerkschaften die Selbstverwaltung organisieren und institutionell in die Sozialversicherung eingebunden sind.

Der starke Lohnbezug der Sozialversicherung ist für die Arbeitgeberverbände auch deshalb wichtig, weil dadurch aus ihrer Sicht die Bedeutung einer wachsenden Volkswirtschaft für die Leistungskraft der Sozialpolitik demonstriert werden kann (vgl. Sozialstaat vor dem Umbau 1994). Das eingespielte System der beitragsbezogenen und paritätisch verwalteten Sozialversicherung (inklusive der Tarifautonomie) gilt der BDA – anders als manchen Vertretern im BDI – als Garant sozialer Stabilität. Thematisch gibt es insbesondere ein Thema, was sie mit dem DGB eint: die Senkung der Lohnnebenkosten durch die Steuerfinanzierung gesamtgesellschaftlicher Aufgaben, weil dies Unternehmen und Arbeitnehmer gleichermaßen entlastet.

Mit umgekehrten Vorzeichen gilt die arbeitsmarktpolitische Bedeutung der Sozialhilfe als indirektem Mindestlohn auch für die BDA. Denn niedrige Lohngruppen können nur dann eingerichtet werden, wenn die Sozialhilfe dazu einen Abstand wahrt.

7.2 Aktuelle Positionen in einzelnen Feldern

In der *Rentenversicherung* – wie auch den anderen Zweigen der Sozialversicherung – hält die BDA am grundsätzlichen Modell fest, will aber die Beitragsbemessungsgrenze einfrieren, um mehr Raum für privatrechtliche Zusatzversicherungen zu bekommen. Die strukturellen Reformen – die Nettoanpassung, das Zurückführen des Rentenniveaus auf 64 Prozent u.a. – werden von der BDA begrüßt. Traditionell setzt sich die BDA aber vor allem für eine steuerliche Verbesserung der betrieblichen Altersvorsorge ein. Gemeinsam mit den Gewerkschaften plädiert die BDA – entgegen manchen Stimmen aus CDU und SPD – dafür, die sogenannten versicherungsfremden Leistungen stärker über Steuern zu finanzieren, um die Lohnnebenkosten zu senken.

Versicherungsfremde Leistungen

Dieser Terminus bezieht sich insbesondere auf Leistungen der gesetzlichen Rentenversicherung, die nicht durch Beitragseinnahmen gedeckt sind. Hierzu zählen insbesondere die Anrechnungszeiten für Ausbildung oder die Pflege von Angehörigen, die Sonderleistungen nach dem Fremdrentengesetz für die Überleitung der DDR-Renten, die aufgestockten „Renten nach Mindesteinkommen" sowie die Erwerbsunfähigkeits- und Vorruhestandsrenten. Dieses Leistungen machen mit rund 102 Mrd. DM ein Drittel des Rentenvolumens aus. In der Krankenversicherung ragt die beitragsfreie Mitversicherung von Ehegatten und Familienangehörigen heraus. Es ist umstritten, ob diese Leistungen aufgrund des fehlenden Beitragsbezugs schon als „versicherungsfremd" zu bezeichnen sind. Anhänger eines breiteren Solidarprinzips in dem primär nach dem Äquivalenzprinzip von Einkommen und Rente organisierten Systems entgegnen, daß diese Umverteilungsmechanismen integraler Bestandteil der Versicherung seien. Um die langfristige Stabilität der Rentenversicherung zu sichern, plädieren jedoch viele Experten dafür, mehr Steuermittel als bislang für diese „nicht beitragsgedeckten" Leistungen aufzuwenden.

In der *Gesundheitspolitik* verficht die BDA das Modell steuernder Selbstbeteiligung der Versicherten. Dabei soll ein fester Prozentsatz des individuellen Einkommens bis zu einer Obergrenze als Beteiligung an den gesamten Krankheitskosten festgeschrieben werden, verbunden mit einer Härtefallregelung. Die BDA votieren außerdem für die Möglichkeit von Versicherten, sich individuelle Leistungspakete zusammenstellen zu lassen sowie bei Nicht-Inanspruchnahme begrenzte Beitragsrückerstattungen gewährt zu bekommen. Das Vertragswesen sollte differenziert und die Vergütungsformen varriiert werden können. Der Staat sollte lediglich den Ordnungsrahmen dafür festlegen.

In der *Pflege* gibt es ein vorrangiges Ziel für die BDA: die Verwendung der bisherigen Überschüsse der Pflegeversicherung für eine Senkung der Beitragssätze um 0,2 Prozent. Und auch hier plädieren die Arbeitgeber dafür, die Beitragsbemessungsgrenze einzufrieren, um die kapitalgedeckte Vorsorge zu stärken.

Die *Arbeitsmarkt- und Beschäftigungspolitik* ist neben der Rentenversicherung das zentrale Thema in der BDA-Sozialpolitik. Bei den geringfügigen Beschäftigungsverhältnissen vertritt die BDA die Position, daß diese nicht in die Sozialversicherungspflicht miteinbezogen werden sollten, weil sie als Berufseinstieg wichtig und außerdem eine flexible Größe für Produktionsspitzen seien. Arbeitsmarktpolitische Forderungen beziehen sich auf die stärkere Ausrichtung von Arbeitsbeschaffungsmaßnahmen auf die Märkte, die Vermeidung von Konkurrenzen zwischen ABM und gewerblichen Tätigkeiten sowie die die stärkere Überprüfung von „Arbeitswilligkeit". Kreditfinanzierte Beschäftigungsprogramme lehnt die BDA ab.

In der *Sozialhilfe* gibt es eine unmittelbare Überschneidung mit der Arbeitsmarktpolitik. Denn die BDA setzt sich für das Konzept der „Kombi-Löhne" ein. Über größere Anrechnungsfreibeträge, wie schon in der Sozialhilfereform von 1996 vorgesehen, werden Kombinations-möglichkeiten aus geringen Löhnen und aufstockender Sozialhilfe geschaffen. In Verbindung mit verstärkten negativen Sanktionen bei Ablehnung einer Arbeit will die BDA so einen Niedriglohn-Sektor entwickeln. Weiterhin plädiert die BDA für eine verschärfte Wahrung des Lohnabstandsgebotes, weil auf diese Weise die untersten Lohngruppen Bestand haben können.

Für *Familienpolitik* und *Frauenpolitik* fühlen sich die Arbeitgeber nur begrenzt zuständig, weil sie sich enger als der DGB an die Säulen der Sozialversicherung und die Tarifpolitik gebunden fühlen. Die generell kostenwirksamen Maßnahmen dieser Politikfelder sind außerdem in Mitgliederverbänden von Unternehmen zu konfliktreich.

8. Kirchen und Wohlfahrtsverbände

8.1 Programmatische Grundlagen und Interessenbasis

Aus sozialpolitischer Sicht treffen sich Kirchen und die sechs Wohlfahrtsverbände[6] in ihrer satzungsgemäßen Absicht, die Interessen von Hilfebedürftigen und Schwachen zu vertreten. Für die Kirchen bilden Gerechtigkeit und Barmherzigkeit dabei ein Orientierungspaar, bei dem Barmherzigkeit die Gerechtigkeit voraussetzt. Als Leitlinie für die Sozialpolitik verknüpfen die Kirchen den subsidiären Vorrang der kleineren Gesellschaftseinheiten wie Familie oder Gemeinde mit der solidarischen Hilfe zur Selbsthilfe, die auch die Verantwortung des Staates mit einschließt (vgl. Für eine Zukunft in Solidarität und Gerechtigkeit 1997).

Für die Wohlfahrtsverbände ist Barmherzigkeit ebenfalls die Richtschnur für die Interessenwahrnehmung Dritter, und zwar je nach weltanschaulicher

---

6   Das sind der Deutsche Caritasverband (DCV), das Diakonische Werk (DW), das Deutsche Rote Kreuz (DRK), die Arbeiterwohlfahrt (AWO), der Deutsche Paritätische Wohlfahrtsverband (DPWV) sowie die Zentrale Wohlfahrtsstelle der Juden in Deutschland (ZWSt).

Prägung des Verbandes nach den Prinzipien der christlichen Soziallehre, des demokratischen Sozialismus oder der Achtung vor der Menschenwürde (vgl. Bundesarbeitsgemeinschaft der Freien Wohlfahrtspflege 1998).

Zur „advokatorischen Interessenvertretung" kommt sowohl bei den Kirchen als auch bei den Wohlfahrtsverbänden hinzu, daß sie selbst Dienste und Hilfen für unterschiedliche Notlagen anbieten. Beide befinden sich somit in einer Doppelrolle. Zum einen nehmen sie Stellung zur Sozialpolitik aus der Perspektive ihrer Adressaten, zum anderen nehmen sie Stellung zur Sozialpolitik als Arbeitgeber, der selbst im Sozialhilfe-, Pflege-, arbeitsmarktpolitischen Bereich oder im Gesundheitswesen Träger von Diensten ist, die auf sozialrechtlicher Basis finanziert und organisiert werden. Die Kirchen wie die Wohlfahrtsverbände betonen die Bedeutung des Subsidiaritätsprinzips, das beiden eine herausgehobene Stellung in der Wohlfahrtspflege einräumt, insbesondere den Vorrang vor der öffentlichen Trägerschaft sozialer Dienste und Hilfen.

Die vielfachen Beziehungen zur Sozialpolitik ergeben sich für die Kirchen auch dadurch, daß sie eigene sozialarbeiterische und sozialpolitische Unterabteilungen geschaffen haben, etwa den Kirchlichen Dienst in der Arbeitswelt der evangelischen Kirche.

8.2 Aktuelle Positionen in einzelnen Feldern

Die Kirchen haben sich unlängst in ihrem gemeinsamen Wort „Für eine Zukunft in Solidarität und Gerechtigkeit" zur sozialen Lage in der Bundesrepublik geäußert. Allerdings sind die Kapitel weniger als programmatische Äußerung, sondern vielmehr als generelles Diskussionsangebot zu verstehen. Die Wohlfahrtsverbände konzentrieren sozialpolitische Positionen gemäß ihren eigenen Arbeitsschwerpunkten im Bereich Sozialhilfe, Pflege, Gesundheitswesen und Beschäftigungsmaßnahmen auf diese Felder. Einzelne Standpunkte von Wohlfahrtsverbänden werden daher in den folgenden Ausführungen in die Äußerungen der Kirchen miteingewoben.

In der *Rentenpolitik* befürworten die Kirche die aktuellen Rentenreformgesetze als Stabilisierung eines Systems, das in die Vertrauenskrise geraten sei. Die Begrenzung des Beitragsanstiegs mit unterschiedlichen Instrumenten innerhalb des bestehenden Systems halten sie für die vordringliche vertrauensbildende Maßnahme. Für die Mitglieder in Vesorgungssystemen fordern sie eine stärkere Eigenbeteiligung an der Finanzierung.

In den Stellungnahmen zur *Gesundheitspolitik* und zur *Pflege* erkennt man die Rolle der Kirchen und der konfessionellen Wohlfahrtsverbände als Träger von Krankenhäusern und anderen Einrichtungen im Gesundheitswesen. Sie warnen vor zu harten Kostensenkungsmaßnahmen auf Seiten der Leistungserbringer, die die Vielfalt des Angebots bedrohen könnten. Betont wird, daß es auch weiterhin eine medizinische Vollversorgung für alle geben müsse. Eine starke Rationalisierung von Pflege- und Gesundheitsleistungen, um die Ausgaben abzubremsen, wird abgelehnt. Die Wohlfahrtsverbände als dominante Anbieter im Altenhilfe-Bereich haben unzählige Stellungnahmen zur Pflegeversicherung abgefaßt. Dort wird die Verschiebung der medizinischen Behandlungspflege kritisiert, die Verwendung der Einnahme-Überschüsse für die Verbesserung der Pflege-Infrastruktur verlangt oder die Überbürokratisierung der Pflege durch Rechtsverordnungen hervorgehoben. Viele dieser Punkte berühren allerdings auch unmittelbar die Interessen der Wohlfahrtsverbände als Anbieter von Pflegeleistungen.

Im Bereich der *Arbeitsmarkt- und Beschäftigungspolitik* betonen die Kirchen die Verantwortung der Tarifpartner und die Bedeutung einer Kultur der Selbständigkeit. Sie plädieren deutlich für mäßige Tarifabschlüsse, die nicht oberhalb der Produktivitätsrate liegen. Trotz arbeitsplatzrationalisierender Effekte von Technologien fordern die Kirche neue Anreize für technologische Innovationen, um über neue Wachstumsfelder auch neue Beschäftigungspotentiale zu erschließen. Arbeitszeitverkürzungen ohne vollen Lohnausgleich, Teilzeitarbeitsplätze, flexiblere Arbeitszeiten und den Abbau von Überstunden sehen sie ebenfalls als Mittel der Wahl an. Gleichzeitig betonen sie, daß öffentlich geförderte Arbeit auch weiterhin unverzichtbar sei, weil das „Menschenrecht auf Arbeit" durch Marktkräfte allein nicht mehr garantiert werden könne. Bei den Wohlfahrtsverbänden wird insbesondere betont, daß die Gemeinwesenarbeit – neben den Brückenmaßnahmen der Arbeitsmarktpolitik – stärker von der Beschäftigungspolitik erfaßt werden müsse, weil Erwerbsarbeit häufig nicht mehr prägendes Element im Lebensverlauf sei.

Die *Sozialhilfe* ist Kirchen und Wohlfahrtsverbänden gleichermaßen wichtig, weil sie das letzte Instrument zur Verhinderung von Armut ist. Besonders intensiv hat sich der Paritätische Wohlfahrtsverband während der Sozialhilfereform-Diskussion 1996 zu Wort gemeldet. Er verlangt eine klare Orientierung am Bedarfsdeckungsprinzip und wertet die Verschärfung des Lohnabstandsgebots sowie die neuen statistischen Festlegungsmethoden für die Regelsätze als eine Abkehr davon. Der Verband selbst hat – ebenso wie andere Wohlfahrtsverbände – Eckpunkte für eine bedarfsorientierte Grundsicherung vorgelegt, die die Sozialhilfe ersetzen soll. Die Kirchen fordern eine steuerfinanzierte Sockelung von Rente und Lohnersatzleistungen auf dem Niveau der Sozialhilfe, damit die Sozialhilfe entlastet und die vorrangigen Sicherungssysteme armutsfest gemacht würden. Auch sei der Familienlastenausgleich zu verbessern, weil dessen Mängel dafür verantwortlich seien, daß das Lohnabstandsgebot in manchen Fällen nicht gewährleistet sei.

> **Bedarfsprinzip**
>
> Mit diesem Prinzip, das die Grundlage für die Berechnung der Sozialhilfe bildet, wird die Koppelung von Einkommen und sozialer Sicherung aufgehoben und die Zahlung stattdessen am tatsächlichen Lebensbedarf festgemacht. Lange Zeit wurde daher für die Sozialhilfesätze ein sogenannter „Warenkorb" zusammengestellt, dessen finanzieller Gegenwert dann Richtschnur für die Leistungshöhe war. Vor geraumer Zeit ist dieser Warenkorb jedoch durch das „Statistikmodell" ersetzt worden, bei dem sich die Sozialhilfe an Durchschnittswerten der untersten Lohngruppen orientiert. Kritiker bemängeln hieran, daß diese Orientierung wegen der Einrechnung vieler real nicht existenzsichernder Löhne das Bedarfsprinzip aushebele.

Die *Familienpolitik* ist gerade für die Kirchen als „Bewahrer" des Subsidiaritätsprinzips von großer Bedeutung. Sie weisen daraufhin, daß Alleinerziehende mit ihren familialen Leistungen den anderen Familientypen gleichgestellt werden müssen. Zentral ist für die Kirchen, daß die soziale Absicherung nicht nur an Beschäftigungsverhältnissen anknüpfen darf, sondern verstärkt auch über Steuern Erziehungs- und Pflegezeiten berücksichtigt werden. Doch auch die Verantwortung der Kommunen in der Wohneigentumsbildung von jungen Familien wird unterstrichen.

Die *Frauenpolitik* knüpft bei den Kirchen eng an die familienpolitischen Vorstellungen an und betont die Bedeutung des Berufs und der eigenständigen sozialen Sicherung von Frauen, auch auf der Basis lückenhafter Erwerbsbiographien. Daneben wird die forcierte Weiterbildung als Qualifikationsstrategie empfohlen, um Frauen ein weiteres Spektrum an Berufen zu öffnen.

9. Reformergebnisse: Abbau, Umbau oder Stau ?

In den wesentlichen sozialpolitischen Feldern sind in der letzten Zeit Reformgesetze verabschiedet und die politischen Positionen zu strukturellen Problemen der sozialen Sicherung dargelegt worden. Erstmalig ist im letzten Rentenreformgesetz von 1997 das klassische Modell einer parlamentarischen Großen Koalition von SPD und CDU/CSU gesprengt worden, da die SPD die Rentenreform in wesentlichen Teilen bei einem Wahlsieg 1998 zurücknehmen will.

Auch bei der Novellierung der Sozialhilfe 1996, bei der zweiten Stufe des Gesundheitsstrukturgesetzes oder bei der Reform des Arbeitsförderungsgesetzes wurden prinzipielle Auseinandersetzungen geführt. Zeigen sich hier die Vorbooten eines Abbaus des Wohlfahrtsstaates ? Zumindest die Einführung der Pflegeversicherung in Zeiten sozialpolitischer Spargesetze scheint nicht in dieses Muster zu passen. Mißt man die Qualität der Reformen und Debatten an den Herausforderungen, vor denen die Systeme der sozialen Sicherung stehen, so wird man die bisherigen Ergebnisse differenzierter beurteilen müssen. Der Strukturwandel in der Arbeitswelt und die Entstehung neuer Formen von Beschäftigungsverhältnissen erfordern sogar noch dringender als in der Vergangenheit einen funktions- und wandlungsfähigen Wohlfahrtsstaat.

Lohnarbeitszentriertheit

Dieser Begriff zielt auf ein wesentliches Charakteristikum des deutschen Sozialstaates ab, der anders als in anderen Ländern in der Hauptsache von Sozialversicherungen getragen wird, für die Beiträge vom individuellen Erwerbseinkommen entrichtet werden müssen. Die Einnahmenseite der Sozialversicherungen hängt somit vor allem von der Beschäftigungsentwicklung ab. Bei steigender Massenarbeitslosigkeit schrumpfen die Einnahmen; diese Entwicklung ist besonders kritisch für die Arbeitslosenversicherung, weil auf sie in dieser Situation zusätzlich höhere Ausgaben für Arbeitslosengeld zukommen. Die Lohnarbeitszentriertheit der sozialen Sicherung soll verbürgen, daß Wirtschaftswachstum und soziale Leistungen miteinander verkoppelt sind. Andererseits baut die Stabilität der Systeme dadurch auf einer positiven Beschäftigungssituation auf, die in Zeiten der Massenarbeitslosigkeit immer brüchiger wird.

Für die meisten entscheidenden Personen – insbesondere in den Parteien – steht auch ein schleichender „Systemwechsel" nicht zur Disposition. Stattdessen versuchen insbesondere SPD und CDU, über unterschiedliche Varianten die Einnahmenbasis der Sozialversicherungen zu verbessern und zu verbreitern. Die Option, Versicherungspflicht- und Beitragsbemessungsgrenzen zu erhöhen, steht der CDU allerdings nicht zur Verfügung, weil sie ihrem programmatischen Anspruch, mehr Spielräume für die private Vorsorge zu schaffen, damit widersprechen würde.

Daher ist bei der Bewertung der Begriffe Vorsicht geboten. Zwar ist der Terminus „Umbau" häufig verdächtig, einem realen Abbau von Leistungen Rückendeckung zu geben. Doch das Ausbleiben von Umbauten kann ebenso die Stagnation des Wohlfahrtsstaates bedeuten, insbesondere dann, wenn die strukturellen Probleme zugunsten finanzpolitischer Konsolidierung von Sicherungssystemen ungelöst bleiben. Fehlender Umbau gerät dann zusehends in einen Stau. Im folgenden werden an Sozialpolitikbereichen, in denen größere Reformgesetze verabschiedet wurden, die Aspekte des Abbaus, Umbaus und verschiedener Blockaden in Kurzform diskutiert.

9.1 Rentenversicherung

Gegen den Einspruch des Bundesrates hat der Deutsche Bundestag am 11. Dezember das Rentenreformgesetz beschlossen, das 1999 in Kraft treten soll. In der Rentenanpassungsformel wird ein zusätzlicher Faktor eingeführt, der die längere Lebenserwartung berücksichtigt und damit zu niedrigeren Rentensätzen führen wird. Die Standards bei Berufs- und Erwerbsunfähigkeitsrenten werden herabgesetzt sowie Kindererziehungszeiten stärker miteingerechnet. Bei der Umfinanzierung der Renten gab es Einigkeit mit dem Bundesrat, wodurch zumindest für 1998 der Beitragssatz stabil bleibt.

Diese Reform setzt einen Trend fort, der sich in der Rentenversicherung schon seit längerem, auch in der informellen Großen Koalition zwischen CDU/CSU und SPD, gebildet hat, nämlich die Dominanz der finanziellen Konsolidierung über inhaltliche Überlegungen (vgl. Nullmeier/Rüb 1993). Die Positionen beider großer Parteien reflekltieren einen zentralen Widerspruch. Es besteht Einigkeit, daß zur eigenständigen Sicherung von Frauen sowie zur adäquaten Sicherung lückenhafter Erwerbsbiographien neue Regelungen gefunden werden müssen. Die beitragsfinanzierte Finanzierung der Rentenversicherung kann dies aber ohne eine kaum durchzusetzende, spürbare Erhöhung des Bundeszuschusses nicht leisten.

An diesem Punkt setzen daher die meisten Überlegungen für eine Sockelung der Leistungen über eine bedarfsorientierte Mindestsicherung an. Hier wäre also ein Hebel für den notwendigen Umbau. Doch die dafür notwendige Diskussion über einen größeren steuerfinanzierten Anteil der Sozialpolitik stößt vielfach auf ordnungspolitische und haushaltspolitische Bedenken. Die Rentenversicherung gibt daher ein Beispiel für eine Reform ab, die einen verzögerten Leistungsabbau ohne einen wirklichen Umbau vollzieht. Diese fehlende Verknüpfung mündet eindeutig in einen Abbau von Standards.

9.2 Gesundheitswesen

Die Reformen im Gesundheitswesen und der Krankenversicherung – die letzte am 1. Juli 1997 gegen den Widerstand der Opposition – setzen an zwei Hebeln an. So werden die Zuzahlungen der Patienten erhöht, teilweise um absolute Gelbeträge wie auch um prozentuale Anteile, etwa bei Heilmitteln oder beim Zahnersatz, hier sogar um 55 Prozent. Neben dieser negativen Kostenbeteiligung wurde jedoch auch eine positive Kostenbeteiligung eingeführt. Wenn Versicherte wenig Leistungen in Anspruch nehmen, haben sie

Anrecht auf eine partielle Beitragsrückerstattung. Zudem werden Optionen eingeräumt, Wahl- und Regelleistungen der Kassen anzubieten.

Zugleich wird der Zuzahlungsmechanismus wiederum genutzt, um den Wettbewerb der gesetzlichen Krankenkassen zu mobilisieren. Denn es wurde ein Automatismus eingeführt, nach dem die Zuzahlungen der Patienten steigen, wenn die Kasse den Beitragssatz erhöht. Durch den möglichen Kassenwechsel soll so der Effizienzdruck auf die Kassen steigen.

In Umrissen ist hier durchaus ein Umbau der Krankenversicherung zu erkennen, indem das Solidarprinzip eingegrenzt wird. Gute Risiken finanzieren schlechte Risiken, dieser Grundsatz wird durch Beitragsrückerstattung sowie Wahl- und Regelleistungen infragegestellt, weil den Kassen hier nicht zweckgebundene Summen als interne „Subventionsbeträge" verloren gehen. Eine Teilprivatisierung von Gesundheitskosten ist sozialpolitisch dann unproblematisch, wenn die Patienten reale Entscheidungsalternativen haben oder wirksame Anreize für gesundheitsbewußtes Verhalten gesetzt werden. Die pauschale Zuzahlung zu Medikamenten entfaltet jedoch überhaupt keine Steuerungswirkung, weil hier meist keine Alternativen bestehen.

Resümiert man die Breitenwirkung aller Gesundheitsreformgesetze seit 1995, so haben nur wenig strukturelle Reformen gegriffen, die über das Ziel einer kurzfristigen Stabilität der Beitragssätze hinausgehen. Obwohl eine „solidarische Wettbewerbsordnung" unter den Krankenkassen konstruiert wurde, existieren auf der Seite der Leistungserbringer weiterhin die regionalen Monopole der Kassenärztlichen Vereinigungen. Das Vergütungssystem der niedergelassenen Ärzte wurde auch nicht angegangen. Das verwinkelte und berufspolitisch brisante Feld der Gesundheitspolitik steht weiterhin im Stau (vgl. Bandelow 1998). Experimente bei Versorgungs- oder Vergütungsstrukturen haben keine Chance, solange die negative Beschäftigungsentwicklung die ganze Aufmerksamkeit auf die Beitragsstabilität der Gesetzlichen Krankenversicherung lenkt. Auch hier zeigt sich deutlich, daß die Lohnarbeitsfixierung in der deutschen Sozialpolitik strukturelle Reformen über die Grenzen der Sozialversicherung hinaus erschwert.

9.3 Pflege

Ohne jeden Zweifel stellt die Einführung der gesetzlichen Pflegeversicherung eine „institutionelle Innovation in der deutschen Sozialpolitik" (Hinrichs 1995) dar. Ob sie langfristig im negativen Sinne das traditionelle Sozialversicherungsprinzip mit seinen Elementen des Solidarausgleichs und der Bedarfsorientierung aushebelt, muß weiterhin als offene Frage behandelt werden. Der Übergang vom Bedarfs- zum Budgetprinzip wurde jedenfalls schon durch Reformen in der Krankenversicherung vor Einführung der Pflegeversicherung markiert (vgl. Rothgang 1996). Die Frage, ob die Pflegeversicherung prinzipiell und langfristig an ihren Wirkungen gemessen das klassische Sozialversicherungsprinzip in Frage stellt, ist kaum zu beantworten. Denn das Sozialversicherungsprinzip als generalisiertes Prinzip ist ein Konstrukt. Solidar-, Äquivalenz- oder Finalprinzip gelten nicht in jedem Zweig der Sozialversicherung in gleicher Weise.

Dennoch ist erkennbar, daß die Pflegeversicherung den Weg der Budgetierung und Rationierung, der in der Krankenversicherung mit den letzten Reformgesetzen beschritten worden ist, weiter geht. Und sicherlich ist die echte Integration der Pflegeversicherung in die Krankenversicherung deshalb ausgeschlossen gewesen, weil die fehlende Deckelung in Kombination mit dem Sachleistungsprinzip enorme Kostenschübe bedeutet hätte (vgl. Landenberger 1994). Ob es aber gerechtfertigt ist, die Pflegeversicherung als „Vorbote eines neuen Sozialstaates" (ebenda) zu charakterisieren, ist fraglich. Rothgang verweist zu Recht darauf, daß es methodisch nicht statthaft sei, zum Vergleich immer die Sozialversicherung mit den jeweils größten Unterschieden zur Pflegeversicherung heranzuziehen (vgl. Rothgang 1994: 170).

Auch die hälftige Beitragsfinanzierung ist keineswegs das Herz der deutschen Sozialstaatlichkeit, sondern hängt an den zu versichernden Risiken. Diese paritätische Finanzierung trägt ohnehin alle Merkmale einer „sozialpolitischen Illusion" (Groser 1994). Weil die Unfallversicherung etwa ausschließlich über Beiträge der Unternehmen finanziert wird, wäre es nicht unlogisch gewesen, das kaum von den Unternehmen mitzuverantwortende Pflegerisiko ganz den Versicherten „anzulasten".

Bei der Umsetzung der Pflegeversicherung – und in der Debatte um die Kompensation des Arbeitgeberbeitrages – ist noch deutlicher geworden, daß die Stabilisierung von Institutionen der Sozialpolitik für viele Eliten Vorrang vor einer inhaltlichen Evaluation der Wirkungen staatlicher Sozialpolitik hat. Die These, sozialpolitische Institutionen seien ein Eigenwert an sich (vgl. Kaufmann 1993), mag weiterhin eine gewisse Gültigkeit besitzen; doch sie sollte nicht als Barriere gegen strukturelle Änderungen aufgerichtet werden. Dieses Risiko pflanzt jedoch auch die Pflegeversicherung fort.

9.4 Arbeitsmarkt

Die Reform des Arbeitsförderungsgesetzes 1996 bot vor allem den Gewerkschaften einen zentralen Diskussionsanker: die Lohnkosten- und Einarbeitungszuschüsse sowie diverse andere Anreize, um insbesondere Langzeitarbeitslose wieder in den Arbeitsmarkt zu integrieren. Aus gewerkschaftlicher Sicht muten solche Instrumente meist als Einfallstore für einen Niedriglohn-Sektor an. Außerdem setzt es sie selbst unter Druck, wenn vor Ort unterschiedliche Löhne gezahlt werden, weil ein Arbeitnehmer zusätzliche Aufstockungen erhält.

Doch es läßt sich nicht leugnen, daß es einen prinzipiellen und keinen ideologischen Zielkonflikt zwischen der Integration von Langzeitarbeitslosen und der gewerkschaftspolitisch angestrebten Abschottung der Löhne nach unten gibt. In diesen Zielkonflikt ist im übrigen auch das Unternehmerlager verwickelt. So bereitwillig manche von ihnen Lohnkostenzuschüsse „mitnehmen" würden, so sehr befürchten andere Unternehmer Wettbewerbsverzerrungen durch solche Instrumente. Es zählt zu den Eigentümlichkeiten der deutschen Diskussion, daß von möglichen Experimenten in diesen Bereichen – wie sie etwa die Niederländer favorisieren – aus Sicht unterschiedlicher Beteiligter zunächst einmal ordnungspolitische und strategische Bedrohungen ausgehen. Da sehr viele Statusfragen von Organisationen berührt sind, ist der Spielraum für „Probephasen" sehr eng. Zudem kann jeder Probephase leicht attestiert werden, als Einfallstor für schärfere Maßnahmen zu dienen.

Verschärft wurden die Anreize für Arbeitnehmer, im Falle von Arbeitslosigkeit auch geringerqualifizierte und schlechter bezahlte Tätigkeiten anzunehmen. Überdies wurden Arbeitslosenhilfe und der steuerfinanzierte Bundeszuschuß zum Haushalt der Bundesanstalt für Arbeit gekürzt. Letzteres verschärft die kontraproduktive „prozyklische Finanzierung" der Arbeitsmarktpolitik: Ausgerechnet in Zeiten der Massenarbeitslosigkeit verringern sich die Mittel für die Arbeitsförderung, weil die Zahl der beschäftigten Beitragszahler abnimmt; hier zeigt sich besonders plastisch, wie sich die starke lohnarbeitsbezogene Sozialversicherung auswirkt.

Eigentlich müßte die Politik über mehrdimensionale Szenarien zur Reduktion der Arbeitslosigkeit diskutieren, wie sie etwa das Institut für Arbeitsmarkt und Beschäftigung (IAB) vorgelegt hat (vgl. Klauder/Schnur/Zika 1996). Das Arbeitsförderungsgesetz – obwohl mehrfach novelliert – stammt in seiner Grundkonstruktion aus einer Phase mit annähernder Vollbeschäftigung; es wurde bereits 1969 verabschiedet. Für die Bekämpfung der Massenarbeitslosigkeit ist es jedoch kaum geeignet. Zugleich sind große kreditfinanzierte Beschäftigungsprogramme nicht nur haushaltspolitisch kaum vertretbar, sondern auch in ihrer strukturellen Wirkung nur schlecht abzuschätzen. Je nach volkswirtschaftlicher Lage können sie durch eine Verteuerung der Zinsen die Investitionen verlangsamen und dadurch sogar indirekt Arbeitsplätze bedrohen.

In einer solchen Situation kommt den Tarifpartnern weitaus mehr Verantwortung zu als in der Vergangenheit. Das bezieht sich keineswegs auf die Standardforderung nach „maßvollen Tarifabschlüssen", auch wenn die Produktivitätsrate zweifellos eine magische Grenze darstellt. Neue Teilzeit- und Altersteilzeitkonzepte, variable Modelle der Arbeitszeitverkürzung, Vereinbarungen über Investivlöhne; solche Instrumente fallen in die Kompetenz von Arbeitgebern und Gewerkschaften. Gerade auch für die neue Balance zwischen Flächentarifverträgen und Betriebsvereinbarungen geben diese Themen wichtige Wegmarken ab. Allerdings ist das Arbeitgeberlager derzeit noch desorientierter als die Gewerkschaften (vgl. Czada 1998; Heinze 1998; Streeck 1996). Das ist das grundlegende Dilemma der deutschen Situation. Ein gravierender wirtschafts- und sozialstruktureller Wandel greift die Fundamente genau der Organisationen an, die zur Bewältigung dieses Wandels prädestiniert sind.

Angefacht von der Diskussion über die sozialversicherungsfreien 620-Mark-Jobs zeichnet sich im losen Bündnis zwischen Sozialdemokratie und Gewerkschaften im übrigen ein weiterer Konflikt ab. Einige Sozialdemokraten mißtrauen der Forderung der Gewerkschaften, solche Jobs generell pflichtzuversichern. Sie vermuten, daß diese Strategie eine Reihe solcher – häufig von den Personen genau in dieser Form gewünschten Jobs – vernichten würde und zudem die neu erworbenen Ansprüche an die Sozialversicherung minimal sind.

Gewerkschafter hingegen wollen verhindern, daß Unternehmen sich dieser Arbeitsformen systematisch bedienen, um Kosten zu sparen. Zugleich ist in ihrer Denktradition jede Form der Erwerbsarbeit mit sozialer Sicherung verkoppelt. Vollbeschäftigung im Sinne der Gewerkschaften würde demnach bedeuten, daß jede Form der Arbeit dann auch sozialversichert sein muß. Doch diese Einschätzung birgt Zündstoff für Kontroversen im eigenen Lager.

9.5 Sozialhilfe

Aus internationaler Sicht macht die Sozialhilfe den programmatischen Kern des Sozialstaatsumbaus aus. „Arbeit statt Sozialhilfe", dieser Grundsatz ist am stärksten in den USA, Großbritannien, aber auch in den Niederlanden in Gesetzesform gebracht worden. Auch die deutsche Sozialhilfereform von 1996 hat negative wie positive Anreize zur Arbeitsaufnahme hervorgehoben. Zugleich sollen die Kommunen stärker in die Pflicht genommen werden, indem sie Sozialhilfeempfängern verstärkt Arbeitsplätze anbieten. Die Reform enthält aber auch einige Ansätze, die die für den föderalen Sozialstaat der Bundesrepublik so typischen Verschiebebahnhöfe zwischen großen Sozialversicherungsträgern, Arbeitsamt und kommunalen Sozialämter erschweren. Beispielsweise wurden vorrangige Sozialleistungsträger zu Abschlagszahlungen verpflichtet, wenn Bescheide der Sozialvesicherungen verzögert werden (vgl. Fink 1996).

Die stärkere Berücksichtigung der realen Kosten ist in der Sozialhilfe besonders heikel. Denn hier – im letzten Auffangnetz der Sozialpolitik – gilt das Bedarfsprinzip besonders stark. Daher sind zwei Regelungen der Sozialhilfereform zumindest diskussionswürdig: Die Anpassung der Sozialhilfesätze – vergleichbar der neuen Anpassung der Renten – an die Netto- und nicht die Bruttolöhne wird eine Absenkung der Regelsätze mit sich bringen, ebenso wie die Neuregelung des Lohnabstandsgebots. Ab 1999 soll die Sozialhilfe um mindestens 15 Prozent unter dem verfügbaren Nettoeinkommen eines verheirateten Alleinverdieners mit drei Kindern in der unteren Lohngruppe liegen.

Dieser „Vergleichs-Haushaltstyp" ist nicht nur statistisch vernachlässigenswert in der Bundesrepublik, er läßt auch die Defizite des gesetzlichen Kindergeldes außer acht. Denn im Gegensatz zum allgemeinen Kindergeld richtet sich die Sozialhilfe in ihren Sätzen nach der „Düsseldorfer Tabelle", die Familienrichter als unverbindliche Richtschnur aufgestellt haben. Daher treten beim jetzt gesetzlich normierten Vergleichshaushalt tatsächlich Fälle auf, in denen der Sozialhilfehaushalt ein höheres Einkommen als der Arbeiterhaushalt hat. Außerdem sind die Löhne in den untersten Lohngruppen teilweise abgesunken. Durch diesen extremen Vergleich wird das Bedarfsprinzip eher bedroht als durch die Netto-Anpassung.

Dennoch ist die Beurteilung der Sozialhilfereform schwierig. „Arbeit vor Sozialhilfe", sowohl mit größeren Anrechnungsbeträgen als auch mit stärkeren Verpflichtungen, wird von vielen Sozialpolitikern als normativer Kern der Sozialhilfe betrachtet, den Bund, Land und Kommunen nicht druckvoll genug umsetzen würden. Dieser Punkt berührt die Balance aus Rechten und Pflichten, die in der Sozialhilfe besonders zur Geltung kommt. Zuweilen entsteht allerdings der Eindruck, daß die wichtige Diskussion um bedarfsorientierte Grundsicherungsmodelle die weiterhin dringliche Strukturreform der Sozialhilfe ins Abseits drängt.

Ein weiterer Reform-Ansatz, der in der 96er-Novellierung des Gesetzes nur bedingt angegangen worden ist, ist die institutionalisierte Verschiebung von Verantwortung im föderalen deutschen Wohlfahrtsstaat. Die – bundesweit von der Bundesanstalt für Arbeit finanzierten – örtlichen Arbeitsämter haben kein Interesse an der Vermittlung von kommunal finanzierten arbeitslosen Sozialhilfeempfängern. Denn nach erneuter Arbeitslosigkeit hätte diese Klientel meist einen Anspruch auf Arbeitslosengeld. Die Kommunen wiederum orientieren ihre beschäftigungspolitischen Aktivitäten häufig daran, wie sie in AB-Maßnahmen münden können, um weniger Sozialhilfe zahlen zu müssen. Die inhaltliche Perspektive kommt dabei zu kurz. Diese „Verschiebebahnhöfe" zwischen Sozialleistungsträgern sind charakteristisch für die Situation in Deutschland. Hier wären Umbauten dringend nötig., um die falsch gesetzten institutionellen Anreize zu korrigieren. Die Debatte um die „Modernisierung des öffentlichen Sektors" hat hier auch ein sozialpolitisch bedeutsames Feld vor sich.[7]

---

7   Vgl. stellvertretend zur Diskussion um die Modernisierung des öffentlichen Sektors Bogumil/Naschold 1997.

10. Anhang

Literatur und Quellen

Allgemein

Internet: http://www.bma.de (Bundesarbeitsministerium)

CDU/CSU

Internet: http://www.cdu.de
            http://www.csu.de
Grundsatzprogramm: „Freiheit in Verantwortung", Hamburg 1994.

FDP

Internet: http://www.fdp.de
Grundsatzprogramm: "Wiesbadener Grundsätze. Für die liberale Bürgergesellschaft", Wiesbaden 1997.

SPD

Internet: http://www.spd.de
Grundsatzprogramm der Sozialdemokratischen Partei Deutschlands, Berlin 1989.
„Deutschland erneuern – Damit es wieder aufwärts geht". Kompendium der sozialdemokratischen Politik in der 13. Wahlperiode des Deutschen Bundestages. Planungsgruppe der SPD-Bundestagsfraktion, Bonn 1998.

Bündnis90/Die Grünen

Internet: http://www.gruene.de
Wahlprogramm, Magdeburg 1998.

PDS

Internet: http://www2.pds-online.de
Programm und Statut, Berlin 1993.

Gewerkschaften

Internet: http://www.dgb.de
Grundsatzprogramm, Düsseldorf 1996.
Sozialpolitisches Grundsatzprogramm des DGB, Düsseldorf 1990.
Zukunft der Sozialpolitik. Fakten, Argumente, Reformvorschläge, Düsseldorf 1995.

Arbeitgeberverbände

Internet: http://www.bda-online.de
Strategiepapier „beschäftigungsorientierte Sozialpolitik", Köln 1997.
Sozialstaat vor dem Umbau. Leistungsfähigkeit und Finanzierbarkeit sichern. Köln 1994, Neufassung voraussichtlich April 1998.

Kirchen

Internet: http://www.ekd.de
**   http://www.kath.de**
„Für eine Zukunft in Solidarität und Gerechtigkeit". Wort des Rates der Evangelischen Kirche in Deutschland und der Deutschen Bischofskonferenz zur wirtschaftlichen und sozialen Lage in Deutschland (Gemeinsame Texte 9), Hannover/Bonn 1997.

Im folgenden drucken wir in gekürzter Fassung einige Zeitungsartikel ab, die die deutsche Reformdebatte um den Umbau des Wohlfahrtsstaates aus unterschiedlichen Perspektiven in den Blick nehmen. Darunter finden sich sowohl ausländische Meinungen als auch Positionen klassischer Sozialstaatsbefürworter wie auch der Reformer. Die geäußerten Meinungen sind zwar nicht repräsentativ, legen aber die wesentlichen Fäden der Diskussion offen.

Anhang 1: Der Spiegel 4/1996

Solidarität und Globalismus
Joschka Fischer über die Zukunft des Sozialstaates

(...) Der Sozialstaat in Westeuropa organisierte sich um zwei Kernbereiche: erstens um die staatlich garantierte Vorsorge gegen die großen Lebensrisiken wie Alter, Krankheit und Invalidität, Arbeitslosigkeit, Obdachlosigkeit und Armut, bezahlt durch die Beiträge von Arbeitnehmern und Arbeitgebern und durch die steuerliche Umverteilung eines nicht unerheblichen Teils des Bruttosozialprodukts. Und zweitens um die staatliche Finanzierung und Vorsorge für die Ausbildung der nachwachsenden Generation und die Durchsetzung gleicher Bildungschancen für alle Bevölkerungsschichten.

Die Schaffung von wirtschaftlichem Reichtum war in der Nachkriegszeit in Westeuropa also niemals Selbstzweck, sondern diente vor allem dem Zusammenhalt der Gesellschaften, der gesellschaftlichen Integration mittels sozialer Sicherheit und Wohlstand für die Masse der abhängig Beschäftigten. Marktwirtschaft, Demokratie und Sozialstaat heißt die erfolgreiche Zauberformel.

Der Zeitgeist hat sich radikal geändert. Nunmehr wird das „Ende des sozialdemokratischen Jahrhunderts" verkündet. Die Zeiten scheinen definitiv vorbei zu sein, in denen die verschiedenen nationalen Marktwirtschaften nicht nur um ihren jeweiligen Anteil am Wohlstand konkurrierten, sondern auch um die effizientesten sozialen Sicherungs- und Bildungssysteme.

(...)

Das eigentliche Problem für den europäischen Sozialstaat liegt in der Neuordnung der globalen Ökonomie: Nationale Wirtschaftsräume verlieren endgültig ihr makroökonomisches Steuerungspotential zugunsten der internationalen Finanzmärkte, die allein nach Markt- und Renditekriterien global über ihre Investitionen entscheiden.

Der Druck der Globalisierung auf die Arbeitsmärkte in Westeuropa führt zu einem kontinuierlichen Anstieg des Sockels der Dauerarbeitslosigkeit, welcher wiederum den Druck auf die Finanzierbarkeit der sozialen Sicherungssysteme erhöht. Die daraus resultierenden Finanzierungsprobleme verstärken eine wachsende Legitimationskrise entlang der Kosten des Sozialstaates. Was in den Zeiten der Systemkonkurrenz mit dem Kommunismus als eine soziale Investition in die innere Stabilität der westlichen Industriegesellschaften akzeptiert wurde, wird heute mehr und mehr als bloßer Kostenfaktor betrachtet und deshalb zunehmend abgelehnt.

Dieser durch die ökonomische Globalisierung bedingte Verlust der sozialen Konsensgrundlage in den westlichen Gesellschaften wird noch durch den innergesellschaftlichen Prozeß der Individualisierung verstärkt. Er ist das direkte Ergebnis der Ära der Vollbeschäftigung zwischen den fünfziger und den siebziger Jahren, der Durchsetzung der westlichen Konsumgesellschaft, der gelungenen Sozialstaatsintegration und des dadurch ausgelösten sozialen Fortschritts.

(...)

Die eigentliche Krise des westeuropäischen Sozialstaats liegt in einer Beschäftigungskrise, zu deren Lösung es bis heute keine überzeugende ökonomische und zugleich soziale Antwort gibt. Diese Beschäftigungskrise ist struktureller und nicht konjunktureller Natur, und sie ist keineswegs regional beschränkt. Die strukturellen Ursachen der Arbeitslosigkeit sind im wesentlichen das Ergebnis von langfristig wirkenden Faktoren: der Produktivitätsrevolution und des Verlustes von Arbeitsplätzen an neue Märkte und Standorte. Allerdings ist der Kampf gegen die Massenarbeitslosigkeit allein durch eine Optimierung von Produktion und Dienstleistungen und durch eine ökologische Erneuerung der Infrastruktur, so wichtig diese auch ist, nicht zu gewinnen.

Die Verkürzung der durchschnittlichen Wochen-, Jahres- und Lebensarbeitszeit ist dabei die nächstliegende Antwort. Nun war zum Beispiel der Einsatz von tarifvertraglichen Arbeitszeitverkürzungen in Deutschland alles andere als erfolglos, aber auch sie greifen in ihrer bisherigen Form angesichts der wachsenden strukturellen Arbeitslosigkeit zu kurz. Wenn es sich bei der Produktivitätsrevolution des westlichen Kapitalismus tatsächlich um eine säkulare Tendenz handelt, das heißt, daß immer weniger Menschen immer mehr produzieren werden, dann muß das überkommene Verhältnis Arbeits- und

Lebenswelt, von Arbeits- und Lebenszeit in diesen Gesellschaften völlig neu überdacht und entsprechend tiefgreifend verändert werden.

Die Verkürzung von Wochen- und Jahresarbeitszeit wird in absehbarer Zeit ihre Grenzen erreichen und dennoch den Wettlauf mit der Produktivitätsrevolution verlieren. Warum? Erstens, weil es für die übergroße Mehrzahl der erwachsenen Menschen keine Alternative zur Arbeit als entscheidendem Lebensinhalt, als wichtigstem Zugang zur gesellschaftlichen Teilhabe und als bedeutendstem Einkommensfaktor gibt. Die Freizeitgesellschaft ist eine abgeleitete Funktion der Arbeitswelt. Und zweitens werden weitere Reduzierungen der Wochen- und Jahresarbeitszeit, wenn sie unter dem Gesichtspunkt der Beseitigung der Arbeitslosigkeit schnell wirken sollen, mit zusätzlichem Lohnverzicht einhergehen müssen.

Bereits gegenwärtig gibt es ja gerade in Deutschland eindeutig einen Überhang der Interessen der älteren Generation und der Singles und kinderlosen Paare zu Lasten der Jüngeren und der Familien und Alleinerziehenden mit Kindern. Die Nettoverlierer des deutschen Sozial- und Steuersystems sind nach 13 Jahren christdemokratischer Regierung nach wie vor die Familien und Alleinerziehenden, was gelinde gesagt ein Skandal ist.

Das traditionelle Verhältnis von Arbeits- zur Lebenswelt, dessen Ausgleich und Absicherung zu wesentlichen Teilen Sozialstaat und Tarifpartner übernommen haben, besteht darin, daß die Mehrzahl der Menschen während ihres Lebens alle dieselben biographischen Instanzen durchlaufen, daher in etwa dieselben Bedürfnisse gegenüber den daran gekoppelten Institutionen entwickeln und auch in etwa dieselben Leistungen in denselben Lebensabschnitten erbringen und erwarten: Vorschulzeit, Schule, berufliche Ausbildung oder weiterführende Schule und Universität, aktive Berufszeit, Familiengründung, eigene Kinder und schließlich das Rentenalter bis hin zum seligen Ende.

Das zukünftige Verhältnis von Arbeits- und Lebenswelt wird sich aufgrund von Individualisierung, Globalisierung und technischem Wandel von diesen starren biographischen Abläufen lösen, und Politik und Tarifpartner werden auf die Möglichkeit der vielfältiger werdenden Lebensentwürfe und Arbeitsbiographien eine neue sozialstaatliche Antwort finden müssen.

Diese neue Sozialstaatsverfassung wird sich nicht mehr in Gestalt biographisch klar durchstrukturierter Lebensabschnitte organisieren lassen, sondern sie wird mehr den Charakter eines Netzes haben müssen (der Begriff des Netzes meint hier nicht das soziale Netz zum Auffangen der sozial Schwachen), das den Ein-, Aus- und Umstieg zwischen verschiedenen Berufen und Tätigkeiten, Vollzeit- und Teilzeitarbeit, Arbeit und arbeitsfreier Zeit, Familie und Fortbildung, Selbständigkeit und abhängiger Beschäftigung, Rente und Alterstätigkeit zuläßt, ohne daß damit für die Betroffenen der soziale und berufliche Abstieg oder gar die soziale Deklassierung verbunden ist.

(...)Die westeuropäischen Gesellschaften werden immer älter und die Rentenzeiten, gerade in Deutschland aufgrund der zahlreichen Frühverrentungen, immer länger. Damit wird nicht nur der jüngeren Generation eine große Finanzierungshypothek aufgeladen, sondern auch ein gewaltiges produktives Kapital an Berufs- und Lebenserfahrung und an Qualifikation einfach verschwendet.

Gewiß, wenn das Arbeitsleben aus 30, 40 und mehr Jahren höchster Produktivität, ja Maloche besteht, so ist die Freude auf einen frühen Ruhestand nur zu verständlich. Nur, wird dies auch noch unter den zukünftigen Bedingungen gelten, wenn dieses Arbeitsleben eben ganz anders organisiert wird und bereits während aktiver Zeit Möglichkeiten der Unterbrechung und des Umstiegs bestanden haben und genutzt wurden?

In einer Gesellschaft, in der die Alten immer zahlreicher werden, wird dies zu einer zunehmenden Belastung der Jüngeren durch den Unterhalt der Alten oder zu einer Zunahme der Verarmung im Alter führen. Die dritte Alternative heißt eine längere Beteiligung der Alten am Erwerbsleben. Warum soll es nicht variable Möglichkeiten des Ruhestands geben? Spezifische Altenarbeitsplätze mit abnehmender Belastung? Umstieg in andere Tätigkeitsfelder, wo Traditionsvermittlung und soziales Engagement zählen und die Belastungen gering sind?

Der europäische Sozialstaat bedarf einer dringenden Effizienzrevolution, wenn er eine Zukunft haben soll, und diese muß er haben. Aber jenseits seiner effizienten Erneuerung muß er auch das Spannungsverhältnis zwischen Freiheit und Solidarität neu definieren und in Reformen umsetzen. Die Sozialstaatssicherung war die Antwort der klassischen kapitalistischen Arbeitsgesellschaften auf die Gerechtigkeits-, die Sicherheits- und Aufstiegsbedürfnisse von Millionen abhängig Beschäftigter. Die westeuropäischen Mittelschichtgesellschaften sind nach 50 Jahren Frieden aber alles andere als arm, wenn man sich die privaten Vermögenswerte und die Einkommen betrachtet.

Also wird das Spannungsverhältnis zwischen Freiheit und sozialer Gerechtigkeit neu justiert werden müssen. Die Linke wird sich allerdings dabei fragen müssen, wieweit sie mit ihren alten Lehrsätzen in der Steuerpolitik nicht dazu beiträgt, daß ein sozial ungerechtes Steuersystem nominal die Spitzeneinkommen hoch besteuert, real diese aber schon längst aus der notwendigen Solidarität hat entkommen lassen und die Hauptlast bei denen abländt, die in die Progression hineinwachsen. Die entscheidende Frage wird dabei sein, wieweit sozialstaatliche Strukturen verstärkt Selbsthilfe und Hilfe auf Gegenseitigkeit, Gemeinsinn und Solidarität also, zu Lasten großer bürokratischer Apparate zu fördern in der Lage sein werden. Auf den Kern der Sozialstaatsstrukturen wird aber, bei aller notwendigen Bürokratiekritik, nicht zu verzichten sein. Ebenso wird der Zusammenhang zwischen sozialer Gerechtigkeit und Erbschaftsrecht in diesen reichen Gesellschaften neu bestimmt werden müssen.

Eine grundsätzliche Neuverteilung der gesellschaftlichen Arbeit wird allerdings einer Umstellung der sozialen Sicherungssysteme auf Grundsicherungsmodelle bedürfen. Nur so wird die neue Variabilität der Arbeit nicht zu sozialer Ausgrenzung und Abstieg führen. Freilich wird dies nicht mit einer Ausdehnung der sozialstaatlichen Umverteilung einhergehen können, denn diese wird sich, selbst wenn man eine solche Entwicklung für wünschbar hält, praktisch als illusionär und demnach als nicht machbar erweisen.

Jeder Sozialstaat hat seine Finanzierungsgrenze und hängt von den wirtschaftlichen Erträgen ab. Letztendlich gründet er aber auf der Erkenntnis, daß soziale Solidarität den inneren Frieden, verläßliche wirtschaftliche Rahmenbedingungen, politische Stabilität und die Zukunft der Demokratie gewährleistet. Europa wird auch im Zeitalter des Globalismus auf diesen wesentlichen Bestandteil seines demokratischen und auch wirtschaftlichen Erfolges nicht verzichten können und nicht verzichten dürfen. Den Sozialstaat in Europa aber als solchen in Frage zu stellen heißt mit dem Feuer zu spielen und die Axt an die Wurzeln der Demokratie zu legen.

Anhang 2: Schwerpunktkommission Gesellschaftspolitik beim SPD-Parteivorstand (Hg.): Abschlußbericht der Schwerpunktkommission Gesellschaftspolitik beim Vorstand der Sozialdemokratischen Partei Deutschlands. Bonn, Juli 1997.

(...) 6. Empfehlungen der Schwerpunktkommission Gesellschaftspolitik für das Regierungsprogramm 1998

Unsere Gesellschaft wird in hohem Maße durch Arbeit integriert; hieraus erwachsen individuelle Einkommen, soziale Strukturen und die Basis für den modernen Sozialstaat. Massenarbeitslosigkeit, wie sie derzeit herrscht, gefährdet die Grundlagen des Zusammenlebens und führt zur Anomie. Funktionierende und lebenswerte Gesellschaften benötigen daher eine Politik, die die Mechanismen der Integration stärkt, nicht nur durch Beschäftigung, sondern auch im Rahmen der Familie und durch ein entsprechendes sozialmoralischen Fundament, auf dem sich der Bürgersinn entfalten kann. Nur auf dieser Basis läßt sich der Weg in die Informations- und Wissensgesellschaft erfolgreich bewältigen. Die nachfolgenden Ausführungen verdichten die vorangegangenen Überlegungen in Empfehlungen für das Regierungsprogramm 1998. Im einzelnen sind folgende Schritte notwendig:

Im Programmbereich „Arbeit und Beschäftigung":

- Jede Politik der Bekämpfung der Arbeitslosigkeit und der Steigerung der Erwerbsbeteiligung muß zu einer weiteren Tertiarisierung von Wirtschaft und Beschäftigung führen. Im Bereich der Know-how-basierten Dienstleistungen ergeben sich vor allem bei der Nutzung der Informations- und Kommunikationstechnologien neue Beschäftigungsfelder, die auch durch staatliche Hilfe bei der Bereitstellung einer geeigneten Infrastruktur weiter erschlossen werden können. Außerdem können und müssen die produktionsnahen und sachgebundenen Dienstleistungen ausgebaut werden – von der Marktforschung bis hin zur Kundenbetreuung.
- Auch bei den personenbezogenen qualifizierten Dienstleistungen besteht eine umfangreiche potentielle Nachfrage, etwa in den Bereichen der Bürgerberatung, der Altenpflege und der Kinderbetreuung. Wachstumschancen bei geringer qualifizierten Dienstleistungen, die außerhalb internationaler Konkurrenz im Binnenmarkt angeboten werden, müssen ebenfalls voll ausgeschöpft werden. Dabei muß dafür gesorgt werden, daß damit für diejenigen, die sie erbringen, keine unzumutbaren Arbeitsbedingungen verbunden sind.

Alle sozialen Schutzregeln müssen in Zukunft auch auf Teilzeitbeschäftigte voll angewendet werden. Die Möglichkeiten der Rückkehr zur Vollzeitarbeit und zur Weiterbildung müssen verbessert werden. Teilzeitbeschäftigten dürfen auch keine Nachteile in der Altersversorgung entstehen. In diesem Zusammenhang wird einer steuerfinanzierten bedarfsorientierten Grundsicherung, die die beitragsbezogene Alterssicherung nicht ersetzt, sondern ergänzt, in Zukunft besondere Bedeutung zukommen.

Leiharbeit, Heimarbeit, befristete Arbeitsverhältnisse, Teilzeit- und Werkvertragsarbeit können wir so gestalten, daß sie nicht zu unzumutbarer sozialer Unsicherheit führen; dies beinhaltet auch, daß Weiterbildung und Altersversorgung für Arbeitnehmer in allen Arten von Beschäftigung zugänglich sind.Das Entstehen einer Unterschicht von arbeitenden Armen muß ausgeschlossen werden. Dies kann durch eine nur teilweise, mit dem Einkommen linear wachsende Anrechnung von Zusatzverdiensten auf Lohnersatz- und Sozialhilfeleistungen oder durch eine gestaffelte staatliche Übernahme der Sozialbeiträge geschehen, die insbesondere bei einfachen Tätigkeiten ein Beschäftigungshindernis darstellen.

Unter diesen Voraussetzungen muß die 610-DM-Freigrenze ersatzlos gestrichen werden. Um die unvermeidliche Differenzierung der Beschäftigungsverhältnisse, die Expansion von Beschäftigung auch außerhalb des industriellen Kerns und des Sektors hochqualifizierter Dienstleistungen sowie nicht zuletzt die notwendige signifikante Zunahme der Teilzeitbeschäftigung sozial akzeptabel zu gestalten, ist es unter anderem erforderlich, einen Teil der Alterssicherung in der Form einer steuerfinanzierten bedarfsorientierten Grundsicherung auszugestalten. Dies entspräche der in anderen europäischen Ländern längst gängigen Praxis, Altersarmut durch beitragsunabhängige Mindestrenten zu verhindern, die steuerfinanziert sein können. (...)

Im Programmbereich „Familien und partnerschaftliches Miteinander":

Die Familie ist eine wichtige Grundlage der Gesellschaft; sie erbringt viele Leistungen, doch ist eine Ausrichtung auf mehr Partnerschaft nötig. Der Wunsch vieler junger Mütter und Väter nach partnerschaftlicher Kindererziehung erfordert:

- Mit dem Elternurlaub werden durch den Anspruch auf Reduzierung der Arbeitszeit für beide Eltern flexible Kombinationen der Erwerbs- und Familienarbeit während der ersten drei Lebensjahre des Kindes ermöglicht.
- Mit dem Elterngeld stellen wir den Eltern ein Budget zur Verfügung, das je nach Bezugsdauer in unterschiedlich hohen Monatsraten ausgezahlt wird. Mittelfristig werden wir die Einkommensgrenze für den Bezug des Elterngeldes anheben und es zur Lohnersatzleistung weiterentwickeln.

Ein wichtiger Teil der Einkommensteuerreform ist die Entlastung von Familien und Arbeitnehmern. Dazu gehören:

- die schrittweise Erhöhung des Kindergeldes. Dabei werden wir prüfen, welche Spielräume es gibt, denjenigen, die aufgrund sehr hohen Einkommens ihre Kinder aus eigener Kraft großziehen können, nicht auch noch staatliche Transfereinkommen oder Steuererleichterungen zukommen zu lassen. Das Kindergeld orientiert sich an den tatsächlichen Lebenshaltungskosten und wird regelmäßig an ihre Entwicklung angepaßt. Die Erhöhung des Kindergeldes wird aus den Steuermitteln durch den Übergang zur Individualbesteuerung unter Berücksichtigung des Familienunterhalts finanziert;
- die steuerliche Berücksichtigung von Kinderbetreuungskosten;
- die Entlastung der unteren und mittleren Einkommen durch Erhöhung des steuerfrei gestellten Existenzminimums und Absenkung des Eingangssteuersatzes.
- Das vorhandene Volumen des Familienlastenausgleichs wird von der Komponente „Ehe" auf die Komponente „Kinder" umgeschichtet. Das heißt: Additive Anrechnung der Kindererziehungszeiten beim Zusammentreffen mit Beitragszeiten und Bewertung mit 100 Prozent statt mit bisher 75 Prozent des Durchschnittslohnes aller Versicherten; Ausbau der Rente

nah Mindesteinkommen zum Dauerrecht und gezielte Verbesserung für Versicherte mit Kindern, indem bei langjährig Versicherten die Pflichtbeitragszeiten bis zum 10. Lebensjahr des Kindes auf 75 Prozent des Durchschnittslohnes aufgewertet werden;

- Einführung des Rentensplittings, d. h. der gleichberechtigten Teilhabe der Eheleute und Partner in Lebensgemeinschaften an den Rentenansprüchen, die innerhalb der Ehe bzw. Partnerschaft aufgebaut wurden. Das Rentensplitting löst langfristig die Hinterbliebenenversorgung für verwitwete Eheleute ab.

Im Progammbereich „Sozialstaat umbauen und aktive Bürgerschaft stärken":

Die großen staatlichen Solidarsysteme sind für eine humane Gesellschaft der Zukunft unverzichtbar. Sie sind Ausdruck einer auf Kooperation und Solidarität angelegten Gesellschaft – zwischen Alten und Jungen, zwischen Arbeitsplatzbesitzern und Arbeitslosen, zwischen Gesunden und Kranken. Ihre Aufgabe ist es, vor individueller Not zu schützen und das individuelle soziale Engagement zu stützen. Wir wollen neue Brücken zwischen Solidarität und Subsidiarität bauen und die aktive Bürgerschaft stärken. Wir wollen die Zusammenarbeit der Generationen, die elterliche Verantwortung, das ehrenamtliche Engagement, sozio- und interkulturelle Arbeit, Nachbarschaft und Teilhabe an kommunaler Politik unterstützen und zu kooperativen Lebensformen ermutigen. Diese Überlegungen in die Praxis umzusetzen erfordert eine Vielfalt von Maßnahmen, die die politische Wahl- und Beteiligungsmöglichkeiten der Bürgerinnen und Bürger verbessern und sozialstaatliche Leistungen bürgernah gestalten. Zum Beispiel:

- Förderung des organisierten gegenseitigen Austausches von Fähigkeiten und Fertigkeiten der Mitglieder von Selbsthilfegruppen in der öffentlichen Altenarbeit;
- Initiierung und Aktivierung von Bürgerforen und Nachbarschaftsversammlungen;
- Versicherten- sowie Patientenrechte gegenüber den Anbietern und Trägern der Gesundheitspolitik (z.B. Krankenversicherung), sowie auch den staatlichen Leistungserbringern (z.B. Patienten-Ombuds-Leute im Krankenhaus);
- gleichberechtigte Nutzung der neuen Informationstechnologien in der Kommunalpolitik.

Ungeeignet für Tabula rasa. Der Sozialstaat muß sich anpassen, aber er darf nicht als Lastesel mißbraucht werden. Ein Plädoyer des Bundesarbeitsministers

Von Norbert Blüm

(...) Es wird Zeit, daß der Sozialstaat wieder Verteidiger findet. Er ist nicht der ungezogene Balg unserer Republik, der endlich domestiziert werden müßte. Sozialpolitik ist für eine Tabula rasa ein ungeeignetes Feld. In ihm sind Lebensplanungen, Erwartungen und Sicherheiten eingebaut, auf die eine verantwortliche Lebensführung angewiesen ist. Weiterentwicklung, nicht *creatio ex nihilo* ist die Aufgabe moderner Sozialpolitik. Aber die fatale Sicherheit, mit der manche Patenrezepte angeboten werden, steht oft im umgekehrt proportionalen Verhältnis zur Kenntnis des bestehenden Systems. Sachkenntnis verunsichert mancherorts, nur so wird die Selbstgewißheit mancher Diskutanten verständlich.

Das sozialstaatliche Sicherungssystem basiert in unserem Lande auf drei Pfeilern: Versicherung, Versorgung, Fürsorge.

Das Versicherungsprinzip ist immer auch an einen Risikoausgleich geknüpft. Die Sozialversicherung ergänzt den Risikoausgleich allerdings im Unterschied zur Privatversicherung mit sozialem Ausgleich. So ist zum Beispiel in der Renten-, Kranken-, Unfall-, Pflegeversicherung, die Familienmitversicherung von Anfang an eingebaut, ohne daß dafür höhere Beiträge gezahlt werden müssen. In der Arbeitslosenversicherung erhalten die Arbeitslosen mit Kindern eine höhere Leistung.

Es läßt sich auf der Welt geradezu eine Konvergenz zugunsten unseres Konzeptes der Sozialversicherung beobachten. die Vereinigten Staaten erfahren gerade schmerzhaft, daß eine lediglich privatversicherungsrechtliche Ergänzung des Fürsorgesystems nicht ausreicht, das Armutsproblem zu lösen. auf der anderen Seite sind versorgungsstaatliche Systeme ebenso an das Ende ihrer Steuerungsfähigkeit geraten. Schweden, das Musterland steuerfinanzierter Versorgung, versucht, mit Hilfe einer beitragsbezogenen Sozialversicherung sein Sicherungssystem zu korrigieren. Dem steht allerdings hierzulande der entgegengesetzte Trend zu einer allgemeinen Privatisierung wie zur Verstaatlichung sozialer Risiken entgegen. Man kann eine solche Absatzbewegung vom Solidarprinzip der Sozialversicherung mit dem Verhalten von Geisterfahrern vergleichen, die auf ihre Weise vorwärts zu kommen suchen, wobei die Ergebnisse aus dem Straßenverkehr bekannt sind. Den stärksten Zuspruch in der aktuellen sozialpolitischen Diskussion findet die Forderung, der Sozialstaat solle sich gefälligst auf die Bedürftigen konzentrieren. Im Ergebnis bedeutet diese Umstellung jedoch Reduzierung des Sozialstaates auf die steuerfinanzierte Fürsorge, denn weder Sozialversicherung noch Versorgung orientieren sich lediglich an den Bedürftigen. Die Sozialversicherung gewährt ihre Leistungen auf Grund von Vorleistung durch Beiträge, und die Versorgung etwa der Kriegsopfer entschädigt hauptsächlich Ansprüche auf Grund von Opfern, die der Allgemeinheit gebracht wurden. In beiden Institutionen – Sozialversicherung wie Versorgung – steht nicht die Bedürftigkeit im Vordergrund. Eine Lebensversicherung käme nie auf die Idee, im Versicherungsfall Bedürftigkeit zu prüfen. Ein Sozialstaat, der die Gesellschaft mit Bedürftigkeitsprüfungen überzieht, könnte sich leicht als ein naher Verwandter des Polizeistaates entpuppen.

Mit dem Verdrängen der Sozialversicherung aus seinem Zentrum würde sich der Sozialstaat prinzipiell verändern. Er würde wieder das Armenhaus der Gesellschaft. Es war gerade das Verdienst der Sozialversicherung, daß sie den Sozialstaat auf das Gegenseitigkeitsverhältnis "Leistung für Beitrag„ aufbaute und nicht auf huldvolle Zuwendung der Obrigkeit.

Durch die Reformen der Rentenversicherung in den vergangenen Jahren wurde gerade das Versicherungsprinzip gestärkt und Umverteilung zurückgedrängt. Die Reduzierung beitragsfreier Zeiten als Anspruchsgrundlage stärkte das Äquivalenzprinzip "Leistung für Gegenleistung„.

Die interpersonale Umverteilung hat ihren Hauptort im Steuersystem. Die Sozialversicherung ist dagegen die solidarische Umsetzung der Selbsthilfe. Ziel der leistungsbezogenen Rentenversicherung ist die Lebensstandardsicherung, nicht die Armutsvermeidung. Trotzdem: Kein Alterssicherungssystem der Welt war so erfolgreich in der Armutsbekämpfung wie unser Rentensystem. Ein Beweis dafür ist, daß sich der Anteil der über Sechzigjährigen bei den Sozialhilfeempfängern seit 1970 von 37 auf 9 Prozent verringert hat.

Es ist leicht zu erkennen, daß das Ziel der Lebensstandardsicherung eine Entscheidung gegen interpersonale Umverteilung ist. Wenn vier Fünftel der Bevölkerung Mitglied der Sozialversicherung sind und alle den gleichen Beitragssatz zahlen, hat die interpersonale Umverteilung ein begrenztes Spielfeld. Selbst der Bundeszuschuß verändert dieses Grundverhältnis nicht. Die Umverteilung in der Rentenversicherung ist vorwiegend intertemporaler Natur. In ihr wird Einkommen von der Erwerbsphase in die Altersphase umverteilt. Das geschieht nicht im nominalen Geldwert, sondern im Arbeitswert, aus dem der Beitrag abgezweigt wird und dessen Veränderung mit der Produktivität der Arbeit korrespondiert.

Anders sieht es bei der Armutsbekämpfung durch die Sozialhilfe aus. Es entspricht verteilungspolitischer Klugheit, die auf Armutsvermeidung zielende interpersonale Umverteilung dem Staat und dem Steuerzahler zu überlassen. Denn erstens sind nicht alle Staatsbürger sozialversicherungspflichtig, und zweitens zahlen die Sozialversicherungspflichtigen nur von jenem Teil ihres Einkommens Beiträge, der unterhalb der Beitragsbemessungsgrenze liegt. Die

Armutsbekämpfung mit Beitragsmitteln wäre eine eklatante Entlastung der höheren Einkommensguppen zu Lasten der niedrigen. Die Pflicht zur Hilfe für diejenigen, die sich nicht selbst helfen können, ausgerechnet den Beitragszahlern aufzubürden hieße das Solidaritätsprinzip auf den Kopf stellen.

Zwei Bedrohungen gefährden unser Sozialsystem: Arbeitslosigkeit und Geburtenrückgang. Dies trifft jedoch weltweit jedes System, es kann organisiert sein, wie es will. Denn bezahlt wird der Sozialstaat immer von denen, die erwerbstätig sind. Wobei das Arbeitsvolumen nicht lediglich von der Kopfzahl der Arbeitenden abhängt. Entscheidend ist die Fruchtbarkeit der Arbeit: die Produktivität. Das Sozialprodukt in Westdeutschland stieg zwischen 1950 und 1990 um 478 Prozent. Die Zahl der Beschäftigten allerdings nur um 40 Prozent.

Arbeit für alle ist ein Gebot des Sozialstaates. Der Kampf gegen die Arbeitslosigkeit kann allerdings nicht mit den Bordmitteln der Sozialpolitik gewonnen werden. In einem Wettbewerbssystem liegt die Hauptverantwortung für die Schaffung von Arbeitsplätzen in der Wirtschaft selbst. Wobei der Staat nicht auf den Zuschauerbänken verharren darf, sondern jene Rahmenbedingungen schaffen muß, die Initiative und Investitionen fördern. Dazu gehört auch – nicht nur – die Senkung von Steuer- und Abgabenlasten.

Das Verhältnis der Zahl der Beitragszahler zur Zahl der Rentenempfänger entscheidet auch über die Höhe des Beitrags, und dieser spielt für die Lohnzusatzkosten eine entscheidende Rolle. Die Rentenreform 1989 nahm erstmals demographische Elemente auf. Mit der Erhöhung des Beitrags sinkt in einem nettolohnorientierten System auch die Höhe der Rentenanpassung. Gleichzeitig wurde der Bundeszuschuß nicht mehr an die Einnahmen, sondern an die Ausgaben und Beiträge gekoppelt. Auf diese Weise schließt sich ein selbststeuernder Regelkreis.

Ob dieser Regelkreis allerdings bereits alle Steuerungselemente enthält, um auf die demographische Herausforderung ausreichend reagieren zu können, wird verstärkt bezweifelt. Eine erste Antwort auf die verlängerte Lebensdauer der Versicherten ist die Erhöhung der Altersgrenze. Das ist die individualisierte Antwort auf veränderte demographische Verhältnisse. Nachgedacht werden muß, ob wie in unserem Rentensystem weitere solidarische beitragsstabilisierende Elemente einbauen müssen.

Eine Kapitaldeckung löst das Problem des Geburtenrückgangs aber nicht. Einen Ausfall von Beitragszahlern durch die Kapitaldeckung zu kompensieren, hieße, ausgerechnet zu jenem Zeitpunkt, zu dem Beitragszahler fehlen, den Investitionen den Kapitalnachschub zu entziehen. Für eine moderne Volkswirtschaft ist das die falsche Therapie. Der einzelne Wirtschaftsbürger oder eine Gruppe kann sparen und im Risikofall entsparen. Die gesamte Gesellschaft hat diese Möglichkeit als Altersvorsorge nicht. Im Falle des Bevölkerungsrückgangs würde der Entsparungsprozeß den des Ansparungsprozesses übertreffen. Für die Auffüllung des Kapitalstocks fehlte die entsprechende Zahl von Beitragspflichtigen.

Ein Umlagesystem gibt die Aufwendungen an die Nachfrager zurück. Ein Kapitaldeckungssystem bedeutet Machtzusammenballung bei den Kapitalsammelstellen. Amerikanische Pensionsfonds haben auf diesem Weg schon erhebliche Marktmacht erlangt. Der Wettbewerbswirtschaft hat das nicht gutgetan.

Wenn man unser Rentensystem von einer Umlagefinanzierung auf eine Kapitaldeckung umstellen wollte, müßte man dazu einen Kapitalstock von rund zehn Billionen Mark aufbauen. Das ist ein Mehrfaches des heute in unserer Volkswirtschaft produktiv angelegten Kapitals. Eine Rentenversicherung mit einer solchen Kapitalmacht wäre eine Variante zur Sozialisierung der Wirtschaft. Die allgemeine Strategie der Privatisierung würde auf einen Schlag durch ein solches Rentensystem konterkariert.

Private Eigentumsbildung hat auch in Zukunft eine wichtige Sicherungsfunktion. Sie muß die gesetzliche Rentenversicherung, die nie den Anspruch erhoben hat, eine Rundumversorgung zu finanzieren, ebenso ergänzen, wie die betriebliche Alterssicherung das zum soll. Je kräftiger die Säule der betrieblichen Alterssicherung und der privaten Altersvorsorge ist um so mehr kann die gesetzliche Rentenversicherung entlastet werden. Ersetzen kann jedoch weder die betriebliche Alterssicherung noch die private Vorsorge die gesetzliche Rentenversicherung.

Das große Volumen der Erbschaften, das auf die nächste Generation zukommt, ist höchst unterschiedlich verteilt. Die Hälfte der Rentnerhaushalte verfügt über keine nennenswerten Vermögen und kann deshalb auch nicht viel vererben. Die andere Hälfte hat unterschiedlich hohe Vermögen. Wer dies ändern will, muß für eine breite Streuung des Eigentums in Arbeitnehmerhand eintreten. Das Rentenniveau senken, aber den Tarifpartnern Regelungsbefugnis für Investivlohn oder investive Ertragsbeteiligung entziehen ist ein Verhalten nach dem Motto: Wasch mir den Pelz, aber mach mich nicht naß. (...)

Die Sozialversicherung wird schlanker, sie muß von Fremdleistungen entlastet werden. Die Fahrtrichtung – Stärkung des Versicherungsprinzips durch Entlastung von Fremdleistungen – stärkt die Wettbewerbsposition der deutschen Wirtschaft, wenn sie die Belastung der Arbeit mit Beiträgen auf die Belastung der Verbraucher durch die Mehrwertsteuer verschiebt. Die Beitragsbelastung folgt dem Produkt rund um den Erdball, denn sie bleibt im Reis enthalten. Die Mehrwertsteuer jedoch trifft nur den inländischen Verbraucher und endet an den Grenzen der Volkswirtschaft. Das ist für eine exportorientierte Wirtschaft ein schlachtentscheidender Unterschied.

(...)"

III. Internationale Reformdebatten in der Sozial- und Arbeitsmarktpolitik

1. Der Vergleich verschiedener Wohlfahrtsstaaten: Grundfragen und Ansätze

1.1 Universelle Probleme, unterschiedliche Lösungen und politische Lernprozesse

Die politischen Debatten um die Krise und die Zukunft des modernen Wohlfahrtsstaates sind kein deutscher Sonderfall, sondern Alltag in allen Ländern – zumindest der ersten und der ehemaligen zweiten Welt. Überall sind die Dinge aus den Fugen geraten, werden Um- und Abbaupläne geschmiedet, um den neuen Herausforderungen und Problemen gerecht zu werden.[8] Die Szenarien der Krise gleichen sich dabei in den wesentlichen Punkten. Mangelndes Wirtschaftswachstum, Staatsverschuldung, Massenarbeitslosigkeit, demographischer Wandel etc. (vgl. Kap. I) zwingen überall zum Umdenken in der Sozial- und Arbeitsmarktpolitik.

Allerdings gibt es zum einen bemerkenswerte Unterschiede im Umfang und im Zeitpunkt, zu dem die Probleme virulent werden, und zum anderen fallen die Reaktionen nicht überall gleich aus. Dazu sind die politisch-institutionellen Handlungsbedingungen und die Strukturen der etablierten Wohlfahrtsstaaten zu unterschiedlich. Schon ein grober erster Blick auf einige Länder zeigt, daß es neben Bewegung und Reform auch Beharrung und Blockade gibt – wobei in der Bundesrepublik derzeit letzteres dominiert (vgl. Czada 1998; Dettling 1998; Heinze 1998).

Zudem zeigt sich exemplarisch auf der Output-Seite des Wohlfahrtsstaates, daß unterschiedliche sozialpolitische Leistungen angeboten werden und, daß darüber hinaus manch deutsches Tabuthema andernorts schon realisiert worden ist (siehe Tabelle 1). An dieser Stelle soll dieser Umstand nicht näher ausgeführt und bewertet werden, sondern nur verdeutlichen, daß es *den* Wohlfahrtsstaat bzw. *die* Herausforderung nicht gibt, sondern vielfältige und unterschiedliche Konstellationen existieren. Eine differenziertere Darstellung der jüngsten Entwicklung oder einzelner Politikfelder, wie sie in den folgenden Abschnitten erfolgt, bestätigt dieses Bild.

---

8   Vgl. aus unterschiedlichen politischen Richtungen exemplarisch die Beiträge in Die Mitbestimmung 5/98 sowie die Beiträge in Winterberg u.a. 1996.

Tabelle 1: Sozialpolitische Leistungen im europäischen Vergleich

	Deutschland	**Großbritannien**
Arbeitslosengeld	bis zu 32 Monate 60-67 Prozent des Nettolohns, dann 53-57 Prozent (Arbeitslosenhilfe)	nach 3 Karenztagen einheitlicher Wochensatz von 105 DM, nach einem Jahr 13 Monate Beschäftigung nötig, sonst Sozialhilfe
Lohnfortzahlung/ Krankengeld	6 Wochen 100 Prozent des Bruttolohns Lohnfortzahlung, dann 78 Wochen 80 Prozent als Krankengeld	3 Karenztage, 28 Wochen Pauschale bis 118 DM/ Woche, Arbeitgeber stockt meist auf den vollen Nettoverdienst auf.
Rentenversicherung	Rentenhöhe ist an Nettolöhne gekoppelt, ein Durchschnittsverdiener erhält ca. 1900 DM nach 45 Versicherungsjahren	Grundrente 130 DM/ Woche, verdienstbezogene Zusatzrente
Sozialhilfe	Regelsätze für den Durchschnittsbedarf, Paare mit zwei Kindern je nach deren Alter 1848 bis 1802 DM, erhebliche Zuschläge	Familien- und Einkommenshilfe; Paare mit zwei Kindern 1613 DM
	Schweden	**Niederlande**
Arbeitslosengeld	5 Karenztage, dann 12 Monate (für ältere 15 Monate) 75 Prozent des Bruttolohns, Arbeitslosenhilfe für Nichtversicherte	6 Monate bis 5 Jahre (von Beschäftigungsdauer abhängig), 70 Prozent des Bruttolohns, anschließend ein Jahr erhöhte Sozialhilfe
Lohnfortzahlung/ Krankengeld	1 Karenztag, am 2. und 3. Tag 75 Prozent, bis 15. Tag 90 Prozent des Bruttolohns; 1 Jahr 80 Prozent, dann 70 Prozent als Krankengeld	Krankengeld ist privatisiert. Arbeitgeber leisten ein Jahr Lohnfortzahlung, dagegen versichern sie sich am Markt
Rentenversicherung	Grundrente 840 DM/ Monat und Zusatzrenten von 2165 DM/ Monat (nach 3 Jahren Einkommen) werden aus Steuermitteln finanziert	Grundrente 1238 DM/ Monat, Anpassung an Mindestlöhne, betriebliche Zusatzrenten
Sozialhilfe	keine einheitliche Höhe; ohne Wohngeld für Paar mit zwei Kindern nach deren Alter 1669 bis 1890 DM	Regelsätze an Mindestlöhne gekoppelt, dazu Familienzulagen; vierköpfige Familie 1680-1879 DM

Quelle: Schmid 1996a; aktualisierte Werte

Es sind aber ebenfalls Prozesse der Annäherung bzw. der Konvergenz der Wohlfahrtsstaaten erkennbar, was in der sozialwissenschaftlichen Forschung zu einigen Kontroversen geführt hat. Ob sich die westeuropäischen Wohlfahrtsstaaten im Laufe ihrer jüngeren Geschichte mehr oder weniger ähnlich geworden sind, ist dabei freilich nicht nur eine akademische, sondern durchaus auch eine Frage für die praktische Politik. Je nachdem, wie sie beantwortet wird, ergeben sich entsprechende Auswirkungen vor allem für eine weitergehende europäische Integration und die Transnationalisierung der Sozial- und Arbeitsmarktpolitik.

Hartmut *Kaelble* (1987) hat z.B. eine solche konvergenzorientierte Interpretation der europäischen Geschichte der letzten 100 Jahre vorgelegt. Insbesondere die fortschreitende Industrialisierung hat demnach nationale Unterschiede früherer Epochen massiv verringert. Aber auch die unterschiedlichen Startpositionen und Sonderbedingungen in den Nationen haben sich abgeschliffen und üben spätestens seit dem 2. Weltkrieg keine nennenswerten Einflüsse mehr aus. Kurzum: Die Länder bilden einen „europäischen Wohlfahrtsstaat".

Gegen eine solche Perspektive der Konvergenz sprechen allerdings die Ergebnisse einer Varianzanalyse politisch-sozialer Indikatoren, die Klaus *Armingeon* (1993) durchgeführt hat. Er kommt zum Schluß, daß nur bei vier der insgesamt 34 untersuchten Variablen eine wachsende Ähnlichkeit der Wohlfahrtsstaaten sichtbar wird, während ebenfalls vier Variablen für ein deutliches Auseinanderdriften sprechen. Die meisten Indikatoren weisen allerdings keine wesentlichen Veränderungen auf, was insgesamt für die These einer Beibehaltung der Unterschiede zwischen den nationalen Wohlfahrtsstaaten spricht. Diese Divergenz wird sogar noch gefördert, weil die Politik in den einzelnen Staaten unterschiedlich auf die Herausforderungen reagiert, denen der Wohlfahrtsstaat derzeit gegenübersteht (vgl. zusammenfassend Schmid 1998b).

Die existierenden Unterschiede und Ungleichzeitigkeiten machen aus den (westlichen) Wohlfahrtsstaaten zugleich ein Laboratorium. Dieses Laboratorium genauer zu betrachten trägt nicht nur zu einem besseren Verständnis der eigenen Strukturen bei, sondern erweitert ebenfalls die Vorstellungen darüber, was politisch möglich ist.[9] In vielen Fällen ist Darüber hinaus Lernen bzw. eine Politikdiffusion möglich, da man auf diesem Wege brauchbare ausländische Lösungen (best practices) übernehmen kann, ohne daß dieselben Voraussetzungen wie Entwicklungsstand, politische Mehrheiten oder ähnlichen Probleme als Grundlage einer politischen Entscheidung vorliegen müssen.

---

9   Vgl. dazu die umfangreiche Serie von Peter Christ in der Zeitung „Die Woche", Nr. 16 -18, 1998, in der gesellschaftspolitische Reformen in unterschiedlichen Ländern analysiert werden.

Hier trifft das Motto „Ein gutes Vorbild und praktische Erfolge sind allemal besser als bloße Appelle oder graue Theorie" zu. Demnach können Unterschiede in den wohlfahrtsstaatlichen Arrangements auch danach analysiert werden, ob sie interessant und nachahmenswert sind, bzw. ob hier in bezug auf einzelne Probleme bereits Lösungsansätze bestehen, die über das hinaus weisen, was im eigenen Land existiert (vgl. dazu Kap. IV).

Ein gutes historisches Beispiel hierfür sind die Reaktionen, die im vorigen Jahrhundert die Bismarcksche Sozialversicherung in den Nachbarländern ausgelöst hat. Robert *Cox* (1993) hält „policy borrowing" (Kopieren von Politiken) geradezu für den Schlüssel zum Verständnis der niederländischen Sozialpolitik der Nachkriegszeit und für einen in der vergleichenden Wohlfahrtsstaatsforschung unterschätzten Einflußfaktor. Auf diese Weise erklärt sich in seinen Augen die eigentümliche Mischung aus „deutschen" und „englischen" Elementen im niederländischen Wohlfahrtsstaat. Auch die neokonservative Wende in den USA, Großbritannien und mit Abstrichen den anderen westeuropäischen Ländern in den späten 79er und frühen 80er Jahren weist Formen eines „Diffusionsprozesses" auf; insbesondere das Vorbild Thatchers hat hier stilbildend gewirkt und ist häufig kopiert worden – freilich auch in diesem Falle mit unterschiedlichen Ergebnissen.

Hierbei spielen Ideen, Kommunikation und Wissen sowie der Einfluß von Experten und „policy professionals" aus Verwaltung und Wissenschaft eine wichtige Rolle (z.B. gut zu erkennen in der aktuellen Dominanz von neoliberalen sowie monetaristischen Gedanken und Akteuren). Die längerfristigen Auswirkungen solcher Diffusionsprozesse liegen häufig in einer Harmonisierung bzw. einer Angleichung der wohlfahrtsstaatlichen Arrangements hinter dem Rücken der Akteure.

In den Ländern der EU kommt hinzu, daß Einflüsse und Ideen aus Brüssel eine Rolle spielen, die dann wiederum das Verhalten der nationalen Regierungen beeinflussen. Im übrigen lassen sich diese Muster der Politikdiffusion ebenfalls im Rahmen des deutschen Föderalismus identifizieren, wo bekanntlich nicht selten „abgekupfert" wird, d.h. bestimmte Programme übernommen werden. Die Karriere des Konzepts „Sozialstationen" in den 70er Jahren kann zum Beispiel auf diese Weise rekonstruiert werden (vgl. Schmid 1990).

Zugleich ist eine gewisse Nähe (im räumlichen Sinne, aber auch bezüglich der Problemkonstellationen und Reformkoalitionen) ein guter Ausgangspunkt für die Übertragung von ausländischen Lösungen. In diesem Zusammenhang ist etwa auf das Konzept der „Länder-Familien" (Castles 1993) zu verweisen, das von kulturell eng verwandten Nationen – den deutschsprachigen, den angelsächsischen und den skandinavischen – ausgeht und die auffälligen Ähnlichkeiten in der Staatstätigkeit untersucht. Diese basieren auf Gemeinsamkeiten wie den sprachlichen, religiösen, kulturellen und rechtssystematischen Grundlagen dieser Ländergruppen, die die aktuellen Politikergebnisse im Allgemeinen und die Strukturen des Wohlfahrtsstaats im Besonderen prägen.

Hieran schließt sich ein anderer einflußreicher Ansatz an (siehe unten), der die nationalen Muster der Sozialpolitik in drei ideale Typen bzw. Regimen des Wohlfahrtsstaats bündelt. Darunter versteht man die spezifischen institutionellen Arrangements, die in Gesellschaften kulturell gewachsen sind und Arbeit und Wohlfahrt regulieren.

2.2 Wohlfahrtsstaatstypen als Instrument vergleichender Analysen

Um dieser strukturierten Vielfalt einerseits gerecht zu werden, sie andererseits aber auch für Vergleiche auf ein verständliches Maß zu reduzieren, werden in der vergleichenden Wohlfahrtsstaatsforschung häufig Typen gebildet. Klassisch ist etwa die Gegenüberstellung des Bismarck- und des Beveridge-Modells, d.h. der Beitrags- oder der Steuerfinanzierung der Sozialpolitik (siehe Anhang 1). Derzeit stellen die von Gösta *Esping-Andersen* entwickelten „drei Welten" des modernen Wohlfahrtsstaats den einflußreichsten Versuch in dieser Richtung dar; sie umfassen qualitative und quantitative Aspekte wie politische Akteure und Machtverhältnisse, administrative Organisationsformen, Rechtsgrundlagen und Ausgaben der Sozialen Sicherheit sowie die spezifische Ausrichtung von Arbeitsmarktregimen.

Die wichtigsten Dimensionen seines liberalen, konservativen und sozialdemokratischen Typus sind in der folgenden Aufzählung und in Tabelle 2 zusammengefaßt (Esping-Andersen 1990; s.a. Schmidt 1998; Schmid 1996a). Für die einzelnen Typen sind folgende Aspekte wichtig:

- Die *liberalen Wohlfahrtsstaaten* (Großbritannien, USA, Australien, Neuseeland) betonen vor allem die Rolle des freien Marktes und der Familie; soziale Anspruchsrechte sind niedrig angesiedelt, ja mit individuellen Bedürftigkeitsprüfungen verbunden und ihr Bezug ist häufig mit Stigmatisierung behaftet. Die Finanzierung erfolgt vorwiegend aus dem Staatshaushalt. Interventionen in den Arbeitsmarkt erfolgen – falls überhaupt – vor allem zur Auflösung von Verkrustungen und zur Wahrung der Vertragsfreiheit.
- Der *konservative Typ* des Wohlfahrtsstaats (Frankreich, Italien, Deutschland, Niederlande) interveniert zwar stärker, freilich eher temporär und primär aus staatspolitischen Gründen. Er ist ferner stark lohnarbeits- und sozialversicherungszentriert mit der Folge, daß soziale Rechte stark an Klasse und Status gebunden sind und die Ansprüche auf Beiträgen (im Sinne von Eigentumsrechten) basieren. Grundlage dieses Modell sind Normalarbeitsverhältnisse, die auch politisch stabilisiert werden – soweit dies möglich ist.
- Die *sozialdemokratischen Regimes* (Schweden, Norwegen, Dänemark) sind universalistisch ausgerichtet; es wird Gleichheit auf dem höchsten Niveau angestrebt, und die Anspruchsgrundlage bilden soziale Bürgerrechte. Die Finanzierung erfolgt ebenfalls aus dem Staatshaushalt; zugleich werden hier fast alle Leistungen

vom öffentlichen Dienst erbracht, der damit einen sehr hohen Umfang annimmt und somit nicht nur sozialpolitisch, sondern auch arbeitsmarktpolitisch eine Schlüsselfunktion besitzt. Insgesamt sind hier die Bemühungen um eine aktive Politik der Vollbeschäftigung am stärksten ausgeprägt.

Den Ergebnissen von Manfred G. *Schmidt* (1998) zufolge zeigen sich erhebliche Unterschiede im Ausmaß der sogenannten „Dekommodifizierung" – der Lockerung des Zwangs zur Existenzsicherung durch Erwerbsarbeit und der Schutz vor Marktkräften und Einkommensausfällen – etwa zwischen dem Spitzenreiter Schweden und dem Schlußlicht Australien. Allerdings wird gleichfalls deutlich, daß zwischen der komplexen empirischen Realität der OECD-Länder und den drei Idealtypen von *Esping-Andersen* einige Abweichungen auftreten bzw. nur wenige Länder voll in die Schematik passen. So weisen die Bundesrepublik, aber auch die Niederlande von jedem Typus einige Elemente auf, während Schweden und die USA „puristische" Vertreter des sozialdemokratischen bzw. liberalen Modells sind.

In die institutionellen Besonderheiten der jeweiligen Modelle sind auch kulturelle Faktoren wie Leitbilder sowie gemeinschaftliche Vorstellungen von Gleichheit und Gerechtigkeit verwoben. So drücken sich beispielsweise in den Sozialversicherungen des konservativen Wohlfahrtsstaatstyps eher einfache Gerechtigkeitskonzepte aus. Im Zentrum der wichtigsten Versicherungszweige steht hier das Äquivalenzprinzip, die Koppelung von individuellem Beitrag gemessen am Einkommen und entsprechender Höhe der Sozialleistungen. Die konservativen Konzepte sind weniger egalitär und moralisch anspruchsloser als die der sozialdemokratischen Wohlfahrtsstaaten (vgl. Mau 1997).

Die unterschiedlichen Modelle des Wohlfahrtsstaates sind auch in ihrer realen, praktischen Gestalt über sehr lange Zeiträume stabil geblieben, und sie lassen sich beispielsweise durch veränderte Wahlergebnisse kaum von ihrem jeweiligen Entwicklungspfad abbringen bzw. grundlegend verändern. In der einprägsamen Formel von Manfred G. *Schmidt*, wonach ein Regierungswechsel nur zu Kurskorrekturen von fünf Prozent führt, kommt die institutionelle Trägheit wohlfahrtsstaatlicher Entwicklungen treffend zum Ausdruck. Nach dieser Lesart sind die Spielräume für Reformen sowie die Lerneffekte über ausländische Vorbilder eher als bescheiden einzustufen (vgl. differenzierter Kap. IV).

102

Tabelle 2: Typen des Wohlfahrtsstaats nach Esping-Andersen

Typus des Wohlfahrtsstaates	**liberal**	**konservativ**	**sozialdemokrat.**
Klassische Vertreter	*Großbritannien*	*Deutschland*	*Schweden*
Dekommodifizierung: Schutz gegen Marktkräfte und Einkommensausfälle - Einkommensersatzquote - Anteil individueller Finanzierungsbeiträge	schwach	mittel	stark
Residualismus - Anteil von Fürsorgeleistungen an gesamten Sozialausgaben	stark	stark	schwach
Privatisierung - Anteil privater Ausgaben für Alter bzw. Gesundheit an den Gesamtausgaben	hoch	niedrig	niedrig
Korporatismus/Etatismus - Anzahl von nach Berufsgruppen differenzierten Sicherungssystemen - Anteil der Ausgaben für Beamtenversorgung	schwach	stark	schwach
Umverteilungskapazität - Progressionsgrad des Steuersystems - Gleichheit der Leistungen	schwach	schwach	stark
Vollbeschäftigungsgarantie - Ausgaben für aktive Arbeitsmarktpolitik - Arbeitslosenquote, gewichtet mit Erwerbsbeteiligung - Staat als Arbeitgeber	schwach	mittel	stark

In Bezug auf die aktuelle Krise des Wohlfahrtsstaates bzw. den Abbau von Leistungen sind die Reaktionen und Effekte je nach Wohlfahrtsstaats-Typ unterschiedlich zu beurteilen. Weniger stark verrechtlichte sowie steuerfinanzierte Systeme des liberalen Typs sind, wie das englische Beispiel mit Margret Thatcher eindringlich belegt hat, leichter im Leistungsniveau abzusenken, da in diesem Fall keine „Eigentumsrechte" (durch Beitragszahlung) berührt sind wie im deutschen Fall. Die konservativen Wohlfahrtsstaaten tendieren hingegen eher dazu, spezifische Zielgruppen von Sparmaßnahmen auszunehmen (z.B. Kernarbeiterschaft, Bauern und Beamte in Deutschland), während liberale Modelle in schlechten Zeiten verstärkt die Spaltung zwischen Reichen und Armen reproduzieren (vgl. zur umfassenderen Debatte die Beiträge in Borchert u.a. 1997; Schmid/Niketta 1998; Sozialer Fortschritt 1-2/1997 sowie Schulte 1997 und Schmid 1998c).

Aus den verschiedenen Möglichkeiten bieten sich vor allem sieben Länder für eine weitere Untersuchung an, die sowohl wegen ihrer aktuellen Politik (bzw. deren Rezeption in Deutschland) als auch wegen den skizzierten wohlfahrtsstaatstheoretischen Überlegungen von hohem Interesse sind.[10] Es handelt sich um Neuseeland, die Niederlande und Dänemark, die Weiterentwicklungen und Modifikationen des liberalen, konservativen und sozialdemokratischen Modells des Wohlfahrtsstaates von Esping-Andersen darstellen. Gerade die beiden Nachbarländer Niederlande und Dänemark sind u.E. besonders interessant, da es sich um sozial-, wirtschafts- und arbeitsmarktpolitische Mischmodelle handelt, in denen sich durchaus „deutsche" Spuren finden.

Im Unterschied dazu kann man davon ausgehen, daß die Extremfälle wie die USA und Schweden, auf die hier etwas knapper eingegangen wird, erheblich schwerer als „Kopiervorlagen" dienen können und damit unter politisch-praktischen Gesichtspunkten weniger interessant sind. Weniger wegen ihrer typologischen als ihrer aktuellen parteipolitischen Relevanz werden die Fälle Großbritannien und Frankreich behandelt, da es hier zu gewichtigen Regierungswechseln und Machtverschiebungen gekommen ist. Freilich zeigen gerade diese beiden Beispiele, daß die alte These einer gemeinsamen wohlfahrtsstaatlichen Orientierung der Linksparteien nicht mehr uneingeschränkt gültig ist; zumindest weisen die beiden sozialdemokratischen Regierungen erhebliche Differenzen auf – was wiederum überzogene Erwartungen an eine Konvergenz der Systeme relativiert.

Die Auswahl der folgenden Länder ist in erster Linie fall- und problembezogen, weniger systematisch oder theoretisch angeleitet. Es werden Länder behandelt, welche die derzeit besonders intensiv diskutierten Elemente sozialpolitischer Reformen wie Deregulierung, Liberalisierung des Arbeitsmark-

---

10 Zu den jüngsten, gut lesbaren Überblicken über erfolgreiche Wohlfahrtsstaatsreformen in anderen Ländern zählen etwa die Artikelserie in der Woche (Nr. 17, 24.4.1998, ff.) und die Beiträge in Die Mitbestimmung Nr. 5/1998. Vgl. ferner die ausgewählten Zeitungsartikel im Anhang zu diesem Kapitel.

tes oder neue Arbeitszeitmodelle mit besonderen Akzenten versehen haben. Die problemorientierten Abschnitte werden durch einige systematische und stärker methodische Teile ergänzt.

2. Neuseeland und USA als Vorbilder für die Zukunft des liberalen Wohlfahrtsstaates?

1.1 Die Reform des Arbeitsmarkts und des Tarifsystems als liberales Credo

Neuseeland wird in letzter Zeit oft als ein positives Beispiel für eine grundlegende Reform des Wirtschafts- und Sozialsystems sowie der staatlichen Verwaltung genannt. Zuvor hatte das Land allerdings einen dramatischen ökonomischen Niedergangs erlebt: Es fiel vom dritten Platz der reichsten Länder auf den 16. Rang, die Arbeitslosigkeit nahm erheblich zu, und es herrschte ein Zahlungsbilanzdefizit von zehn Prozent des Bruttosozialprodukts sowie eine Staatsverschuldung von über 60 Prozent des BSP. Zu Beginn der 80er Jahre wurde zugleich das Scheitern der staatlichen, nachfrageorientierten Wirtschaftspolitik deutlich (vgl. Evans u.a. 1996). Mit dem Wahlsieg von Labour und dem Regierungswechsel von 1984 erfolgte ein „marktwirtschaftlicher Siegeszug" (Dauderstädt 1977: 3; s.a. Knorr 1997) in dessen Folge eine erste Phase von Reformen eingeleitet worden ist.

Im Mittelpunkt standen zunächst Liberalisierungs- und Deregulierungsmaßnahmen sowie die Reform des öffentlichen Sektors (vgl. Eysell 1992; Gröschel 1987). Dabei wurden alle handels- und währungspolitischen Schutzmechanismen abgeschafft und so die neuseeländische Ökonomie dem Druck des Weltmarktes ausgesetzt, ebenso wurden die umfangreichen Subventionen drastisch gekürzt, die Ladenöffnungszeiten, das Transport- und Verkehrswesen etc. liberalisiert. Zugleich wurde durch eine restriktive Geldpolitik die Inflation bekämpft und eine Steuerreform (Vereinfachung des Systems, Senkung der Steuersätze, Einführung der Mehrwertsteuer) durchgeführt. Vor allem im Rahmen des State Sector Act (1988) ist versucht worden, die Effizienz und Effektivität des öffentlichen Dienstes zu erhöhen und die Zahl der Beschäftigten erheblich zu reduzieren.

Nach dem Regierungswechsel von 1990 hat die National Party diesen Reformkurs weitergeführt und sie auf die Sozial- und Arbeitsmarktpolitik ausgeweitet. So ist die Sozialhilfe um bis zu 25 Prozent gekürzt, das Arbeitslosengeld vereinheitlicht und das Rentenalter von 60 auf 65 Jahre erhöht worden. Ferner sind die Eisenbahn und andere wichtige Staatsbesitze privatisiert sowie das Haushaltsrecht reformiert worden. So wird nun auch eine Vermögensbilanz erstellt, die Verbindlichkeiten wie Renten- und Pensionsverpflichtungen umfaßt. Im Rahmen der Reform des Arbeitsmarktes ist das etablierte Gewerkschafts- und Tarifsystem grundlegend verändert worden: Closed Shops und Zwangsmitgliedschaft wurden verboten, das Streikrecht restriktiv geregelt etc. Als zentrale Merkmale des Arbeitsvertragsgesetzes gelten (vgl. Kasper 1996: 48 ff.):

- Statt kollektiver Verträge auf Branchenebene gibt es nun individuelle Verträge;
- die Inhalte der Arbeitsverträge werden nicht gesetzlich vorgegeben, es gibt nur eine Bestimmung über Mindestlöhne;
- die Pflichtmitgliedschaft in Gewerkschaften wird abgeschafft;
- Streiks gibt es nur auf Unternehmensebene.

Schon dieser kurze Überblick zeigt, daß der Einfluß der etablierten Tarifverbände, allen voran der Gewerkschaften, massiv beschnitten wurde. So gesehen paßt dieses Entwicklungsszenario recht gut in die neoliberale Argumentation in Deutschland, derzufolge das durch die Tarifautonomie vorgegebene Verhandlungsmonopol zwischen Gewerkschaften und Arbeitgebern endlich aufgelockert werden sollte.

Vor allem mit dem Hinweis auf die hohe Zahl von Arbeitslosen und die schlechten Wiedereingliederungschancen von langfristig Arbeitslosen (übrigens auch im Kontrast zu Neuseeland, wo sich die Zahl der Langzeitarbeitslosen deutlich verringerte) wird der traditionelle Flächentarifvertrag sowohl von wissenschaftlicher Seite (vgl. etwa Siebert 1996 und Soltwedel 1996) als auch in den Printmedien zur Disposition gestellt. So bemerkt etwa der einflußreiche Publizist Gross, „daß große Wirtschaftsnationen ganz ohne vertragsschließende Arbeitgebervereine auskommen und Flächentarife gar nicht kennen. Es sind die gegenwärtig Erfolgreichsten" (1997: 3).

Vor dem Hintergrund der bundesdeutschen Diskussionen um den Fortbestand und die (Dys-)Funktion des Flächentarifvertrags wird Neuseeland vor allem aus neoliberaler Sicht als Musterknabe für eine angewandte Deregulierung und mehr Vertragsfreiheiten auf dem Arbeitsmarkt gelobt. Und in der Tat sind die wirtschafts- und beschäftigungspolitischen Erfolge in den letzten zehn Jahren auf den ersten Blick durchaus beeindruckend: Anfang der 90er Jahre lag die Arbeitslosenquote bei rund 11 Prozent; heute ist sie mit 6 Prozent relativ niedrig (Spenneberg 1997 und mit weiteren statistischen Angaben New Zealand Official Yearbook 1997). Die Wettbewerbsfähigkeit auf den Weltmärkten hat sich deutlich verbessert, zwischen 1991 und 1995 wurden etwa 150.000 neue Arbeitsplätze geschaffen. Seit 1993 weist der Staatshaushalt sogar einen Überschuß auf.

Es kann an dieser Stelle nicht ausdiskutiert werden, ob die positiven Entwicklungen auf dem Arbeitsmarkt auf die tiefgreifenden institutionellen Reformen durch das Arbeitsvertragsgesetz oder „nur" auf einen Konjunkturaufschwung Anfang der 90er Jahre zurückzuführen sind. Die meisten Beobachter sind sich jedoch einig darin, daß die fundamentalen Veränderungen des traditionellen, kollektiven Verhandlungssystems und die Schaffung flexiblerer Regelungen (mit dem Arbeitsvertragsgesetz von 1991) auf betrieblicher Ebene maßgeblichen Anteil daran haben. Das Beispiel Neuseeland ist schon deshalb erst zu nehmen, weil es sowohl hinsichtlich der Abschaffung von Flächentarifverträgen als auch des Abbaus anderer traditioneller kollektiver Regelungen (z.b. im Kündigungsschutz) direkte Nachahmer in Deutschland gefunden hat. Diese können nun sogar mit „harten" ökonometrischen Analysen argumentieren, daß über eine Flexibilisierung der Arbeitslandschaft und mehr Vertragsfreiheit ein beachtliches Produktions- und Beschäftigungswachstum zu erzielen sei.

Die institutionellen Veränderungen des Arbeitsmarktes in Neuseeland sind aber nur vor dem Hintergrund der tiefgreifenden Krise Anfang der 80er Jahre zu verstehen, nachdem das Land von den 50er bis in die 70er Jahre hinein eine Vollbeschäftigungsperiode mit einem hohen Lebensstandard hatte. Seit Mitte der 70er Jahre verschlechterten sich die grundlegenden sozio-ökonomischen und sozialen Bedingungen, was auch in verschiedenen Formen sozialer Desintegration (wachsende Arbeitslosigkeit mit allen negativen sozialen Konsequenzen wie wachsende Kriminalität etc.) zum Ausdruck kam. Bedingt durch die ökonomische Krise stiegen die Kosten für staatliche Sozialleistungen drastisch an, die staatlichen Defizite wurden immer höher, die Auslandsverschuldung wuchs, und Neuseeland „geriet an den Rand des Staatsbankrotts" (Kasper 1996: 24; s.a. Methfessel/Winterberg 1998: 215ff.).

Zwei weitere politisch-institutionelle Aspekte kommen hinzu. Neuseeland gehört wie Großbritannien zu den sog. Westminster Modellen, die auf eine starke politische Führung ausgerichtet sind und die es ermöglichen, Reformen als „Blitzkrieg" (Godoy 1997: 841) zu inszenieren. Damit handelt es sich um ein unitarisches System mit einem kleinen Parlament mit nur 99 Sitzen und einer Kammer; kontrollierende Verfassungselemente wie etwa ein Bundesverfassungsgericht fehlen.

Zudem sorgt das Wahlrecht für stabile Mehrheiten. Allerdings ist jetzt nach Beendigung der meisten Reformen das Verhältniswahlrecht eingeführt worden – möglicherweise wegen der zu erwartenden stabilisierenden und mäßigenden Effekte. Auch im Bezug auf die eingangs skizzierten Modelle des Wohlfahrtsstaates weist Neuseeland einige Besonderheiten auf, was *Castles* und *Mitchel* (Castles 1993) dazu gebracht hat, einen weiteren Wohlfahrtsstaatstyp zu konstruieren, den sie als „radikal" bezeichnen. Hier wird Sozialpolitik zwar nur mit einem realtiv geringen Ausgabenvolumen, aber dafür massiv mit umverteilenden und regulativen Instrumenten betrieben. Zugleich ist aus historischen Gründen die machtpolitische Basis des Wohlfahrtsstaates labil, weil keine stabilen sozialen Koalitionen zustande gekommen sind.

1.2 Schlanker Staat – gesunde Wirtschaft?

Vor dem Hintergrund dieser dramatischen ökonomisch-sozialen Entwicklung, die – und dies ist ein wichtiger Baustein für das Verständnis der grundlegenden Reformen – von allen wichtigen politischen Akteuren als Krise diagnostiziert wurde, konnten grundlegende Reformen zunächst im Staatssektor vorangetrieben werden. Die Modernisierung des öffentlichen Sektors (manche Beobachter sprechen von einer „Roßkur" für den Staat) hat mittlerweile schon „Kultstatus" erreicht; viele Europäer schauen auf dieses weit entfernte und kleine Land, um Anregungen für die auch bei uns dringend anstehende Verwaltungsreform zu bekommen:

„Der zentrale Punkt der Reformen war die Infragestellung der Rolle des Staates. Es galt, ihn vom allgegenwärtigen Löser aller Probleme zu einer regelsetzenden Institution zu wandeln, die nur die Rahmenbedingungen vorgibt und private, spontane Initiativen schützt" (Kasper 1996: 38; s.a. Claasen 1996; Stöbe 1995).

Wie weitgehend die Maßnahmen sind, zeigt das Beispiel des Verkehrsministeriums. Seine Personalstärke ist im Zuge der Reformen von 4000 auf 60 Personen geschrumpft.

Die grundlegende Umgestaltung in Richtung auf einen „schlanken Staat" mit erheblich weniger Beschäftigten zeigt sich nicht nur hinsichtlich des sozialpolitischen Engagements (das nur noch in Form einer Grundabsicherung besteht), sondern auch hinsichtlich eines radikalen Abbaus von Subventionen (z.B. für Bauern oder andere exportorientierte Wirtschaftsbranchen). Dadurch hat die Wirtschaft einen massiven strukturellen Wandlungsprozeß durchlebt, ist aber im Ergebnis auf den Weltmärkten konkurrenzfähig geworden. Ist dieses Land, das manche schon als Paradies für Marktwirtschaftler feiern, nun ein Vorbild für das „verkrustete" Europa und die Bundesrepublik ? Schaut man sich etwa die wirtschaftspolitischen Erfolge und vor allem auch die Umgestaltung des Staates an, so sind zweifellos einige Strategien ebenfalls für die Bundesrepublik interessant. Die tiefgreifende Umstrukturierung der öffentlichen Verwaltung mit einer weitgehenden Dezentralisierung, Auslagerung von Aufgaben und auch einem neuen Paradigma bei der Aufgabenerledigung kann Modernisierungsanstrengungen in Deutschland beflügeln. Eindeutige Verlierer der Deregulierungs- und Flexibilisierungsstrategien auf dem Arbeitsmarkt sind die Gewerkschaften, die parallel zur Anwendung des Arbeitsvertragsgesetzes seit Anfang der 90er Jahre rund 50 Prozent der Mitglieder verloren haben (1990: 675.000 Mitglieder; 1995: 345.000 Mitglieder).

Allerdings gab es während der Umstrukturierung mit Phasen hoher Arbeitslosigkeit keine großen Arbeitskämpfe. Die wirtschaftliche Situation war so schlecht, daß die Mehrheit der Bevölkerung auch bereit war, einen grundlegend neuen Wirtschaftskurs mitzutragen. Zudem wird argumentiert, daß die neuseeländische Gesellschaft relativ homogen sei und sich durch einen grundlegenden sozialen Konsens auszeichnet. Verantwortlich für den relativ reibungslosen Übergang war die konzertierte und rasche Umsetzung der Reformen. Sie wurden nicht schrittweise eingeführt, sondern eher als „big-bang" Ansatz durchgesetzt – allerdings mit hohen politischen Kosten und dies nicht nur für die Gewerkschaften:

„Zwei Regierungen und praktisch ein Generationswechsel waren nötig, um die Reformprogramme abzuschließen und die institutionellen Bedingungen zu schaffen, die die Marktwirtschaft effizient und für die Mehrheit der Neuseeländer erstrebenswert machten" (Kasper 1996: 37).

Diese hohen politischen Kosten des tiefgreifenden Reformprozesses müssen bedacht werden, wenn über eine Übertragung von Elementen dieses Modells spekuliert wird, was ohnehin durch die fundamentalen ökonomischen, sozialen und kulturellen Unterschiede zu Deutschland kaum möglich ist. Daß sich die politischen Akteure zu einem solchen Schritt haben mitreißen lassen, ist wohl nur aufgrund der schon kurz geschilderten spezifischen Ausgangslage (tiefgreifende ökonomische Verunsicherung, gemeinsam erstellte Diagnose etc.) möglich gewesen. Eine Kopie des „Musterlandes" Neuseeland ist also nicht zu erwarten, schon hinsichtlich der Diagnose einer tiefgreifenden Krise gibt es in Deutschland keinen Konsens; ganz zu schweigen von einem „neuen" sozio-ökonomischen Paradigma, das gemeinsam von den Eliten erarbeitet wurde.

1.3 Ein Blick auf den Parallelfall USA

Ein anderes Land, das derzeit ebenfalls ständig sowohl in den Medien als auch in wissenschaftlichen Publikationen auftaucht, wenn es um deutlich niedrigere Arbeitslosenquoten, eine starkes Wachstum des Dienstleistungssektors und einen anderen Wohlfahrtsstaat geht, sind die USA. Hier wird aber kaum über nachahmenswerte Innovationen in der öffentlichen Verwaltung (mit Ausnahme einzelner Kommunen, etwa Phönix/Arizona), sondern vielmehr über das rapide Beschäftigungswachstum in den USA gesprochen, das zentral dafür verantwortlich ist, daß die Arbeitslosenquote in den USA inzwischen auf unter fünf Prozent gerutscht ist.

Auf den ersten Blick ist auch eine höhere Beschäftigungsdynamik in den USA als in Europa zu verzeichnen. Während in der Europäischen Union in den letzten drei Jahren Arbeitsplätze abgebaut wurden, konnten die USA ein Wachstum von 8,5 Mio. zusätzlichen Arbeitsplätzen verbuchen. In der Bundesrepublik wird angesichts dieser Zahlen schnell behauptet, die neu entstandenen Arbeitsplätze wären fast alle „bad jobs" (manche sprechen von

„McJobs") und schon deshalb aus sozialen Gründen für die Bundesrepublik nicht nachahmenswert. Ohne an dieser Stelle in eine intensive Analyse einsteigen zu können, muß man doch mit solchen Verallgemeinerungen vorsichtig sein. *Büchtemann* (1996) kommt in einem Vergleich der neu entstandenen Beschäftigungsmöglichkeiten zu dem Ergebnis, daß es sich „mehrheitlich keineswegs um Jobs handelt, die ein Arbeitsloser in Europa als ‚unzumutbar' ablehnen müßte".

Ein anderer Gesichtpunkt sollte ebenfalls beachtet werden, nämlich die im Vergleich zu Europa deutlich besseren Wiedereinstiegsmöglichkeiten für Arbeitslose, auch bei geringeren Qualifikationen:

„Und selbst wenn viele dieser Arbeitskräfte zunächst nur zum Mindestlohn (oder auch darunter) einen Job finden (können), liegt darin der Wert, überhaupt in die Arbeitswelt einsteigen zu können. Auch ein schlecht bezahlter Einstieg ist besser als keiner. Mit der Möglichkeit, Berufspraxis und ‚on-the-job-training' zu erhalten, wächst die Chance, aus eigener Kraft vorankommen zu können. Eine Studie, die amerikanische Mindestlohn-Arbeitskräfte im Zeitablauf verfolgte, zeigt, daß nach drei Jahren nur noch 15 v.H. von ihnen auf dem Mindestlohnniveau waren, die anderen hatten besser bezahlte Jobs" (Soltwedel 1996: 15; s.a. Methfessel/Winterberg 1998: 206ff.).

Wenn auch die Beschäftigungsdynamik in den USA vergleichsweise stark ausgeprägt ist und auf diese Weise die in Europa immer deutlicher werdende Spaltung auf dem Arbeitsmarkt in „in's" und „out's" dadurch verringert wird, ist dennoch darauf hinzuweisen, daß in den USA sowohl die Realeinkommen sinken als auch die Lohn- und Einkommensungleichheiten gewachsen sind. Viele Personengruppen sind aufgrund des sinkenden Lebensstandards gezwungen, einen zusätzlichen Arbeitsplatz (zumeist im Dienstleistungssektor) anzunehmen. So wuchs denn auch die Zahl von „Doppelverdiener"-Haushalten in den letzten Jahren deutlich an, was sich wiederum auch in verstärkten Beschäftigungschancen für andere Personengruppen niederschlägt:

„Mit zunehmender zeitlicher Belastung der Haushalte durch Erwerbsarbeit (zu der man noch die meist langen Wegstrecken von und zur Arbeit hinzurechen muß) sinkt der Umfang der Haushaltsproduktion und steigt die Markt-Nachfrage nach Gütern und Dienstleistungen, die früher von den Haushalten selbst erstellt bzw. erbracht wurden. Dies ist vor allem dort der Fall, wo der Preis für derartige Güter und Dienstleistungen, auch auf Grund der zunehmenden Schere bei den Realeinkommen, deutlich niedriger ist als der durch vermehrte Erwerbsarbeit erzielte Zusatzverdienst" (Büchtemann 1996: 3).

Der Zusammenhang zwischen sinkenden Realeinkommen und zunehmender Erwerbsbeteiligung ist auch an den Erwerbsquoten der Frauen ablesbar. In den letzten 20 Jahren stieg sie in den USA von rund 55 Prozent auf knapp über 70 Prozent (in Europa liegt sie durchschnittlich noch gut 10 Prozent darunter). Im Vergleich zu Deutschland ist zudem noch darauf hinzuweisen, daß die Steigerung der Frauenerwerbstätigkeit nicht nur wie bei uns durch die wachsende Teilzeitarbeit geprägt wird, sondern durch eine starke Zunahme der weiblichen Vollzeiterwerbstätigkeit und eine entsprechende Senkung der Teilzeitquote (rund 75 Prozent aller erwerbstätigen Frauen arbeiten in Vollzeit).

Kritische Entwicklungen wie die rapide wachsenden Lohn- und Einkommensspreizungen sollten jedoch nicht dazu verleiten, die amerikanische Beschäftigungsdynamik entweder pauschal zu diskreditieren oder zu einem Beschäftigungswunder hochzustilisieren. Die Entwicklungen auf dem amerikanischen Arbeitsmarkt, der im Gegensatz zur bundesrepublikanischen Situation und ähnlich wie in Neuseeland eher dereguliert und flexibilisiert ist, sind vielschichtig und nicht pauschal in Richtung „bad jobs" im Dienstleistungssektor zu qualifizieren. Obwohl in den USA das Wirtschaftswachstum in den letzten zehn Jahren durchschnittlich niedriger lag als in Europa, ist das Beschäftigungswachstum weitaus höher. Dies schlägt sich auch in einer generell höheren Beschäftigtenquote nieder; sie wuchs in den letzten 20 Jahren von gut 63 Prozent auf knapp 71 Prozent, in der europäischen Union hat sich diese Quote demgegenüber im gleichen Zeitraum von ebenfalls 63 Prozent auf 60 Prozent verringert.

Ein großer Teil – allerdings nicht die Mehrheit – dieser neuen Jobs sind im Niedriglohnsegment angesiedelt (z.B. im Bereich der personenbezogenen Dienste im privaten Haushalt, die in den letzten Jahren rapide gewachsen sind). Diese Entwicklung ist durchaus problematisch:

„Einerseits können durch die vermehrte Abwicklung niedrigproduktiver und unentlohnter Dienste über den Markt wesentlich mehr Menschen einer Erwerbsarbeit nachgehen. Ob dadurch jedoch der Wohlstand der Bevölkerung steigt oder nicht vielmehr stagniert oder sogar sinkt, muß sich erst noch erweisen. Denn auch in Deutschland wird die große Mehrzahl dieser Dienste erbracht, entweder über den Markt, dann aber häufig durch Maschinen, das heißt durch den vermehrten Einsatz von Wissen und Kapital, oder außerhalb des Marktes im privaten Haushalt, in Eigen- oder ggfs. Schwarzarbeit. Im Ergebnis wird auch in Deutschland gefrühstückt, werden Schuhe geputzt und Autos gewaschen. Derartige Dienste auf dem Markt anzubieten gilt hierzulande – nicht zuletzt aufgrund ihrer geringen Bezahlung – verbreitet als entwürdigend, sie auf dem Markt nachzufragen als anmassend" (Kommission für Zukunftsfragen 1996: 131f.; s.a. Häußermann/Siebel 1995).

Der Hinweis auf die Expansion des Dienstleistungssektors in den USA als alleinigem Grund für das hohe Beschäftigungswachstum steht allerdings empirisch auf schwachen Füßen. Der in den offiziellen Statistiken ausgewiesene Dienstleistungsvorsprung basiert auf einer sektoralen Gliederung der Volkswirtschaft und fällt in sich zusammen, wenn man eine Zuordnung nach den ausgewiesenen Tätigkeiten vornimmt:

„Während 1993 in Westdeutschland nur 59 vH aller Beschäftigten in Dienstleistungs-
branchen arbeiteten, waren es in den USA 72 vH. Berücksichtigt man allerdings, daß innerhalb der jeweiligen Sektoren sowohl Dienstleistungen als auch industrielle Tätigkeiten erbracht werden, ergibt sich ein verändertes Bild. Dann nämlich besteht zwischen
den USA und Deutschland kein Unterschied mehr. Dies liegt einmal daran, daß in Westdeutschland der Anteil der Dienstleistungstätigkeiten im sekundären Sektor mit 43 vH
um etwa 5 Prozent Punkte höher ist als in den USA. Zugleich liegt der Anteil der industriellen Tätigkeit im tertiären Sektor in den USA mit 15 vH deutlich über dem entsprechenden Wert in Westdeutschland (5 vH). Dieses Resultat ist darauf zurückzuführen,
daß in den USA Dienstleistungen häufiger als in der Bundesrepublik in eigenständige
Betriebe ausgelagert werden" (Haisken De New u.a. 1996: 232f.; s.a. Schettkat 1996).

Was die soziale Lage in den USA zusätzlich beeinflußt, ist das geringe Niveau der sozialen Sicherung. Nicht nur, daß in Zeiten der ökonomischen Krise der – für die USA äußerst bedeutsame – Anteil an betrieblichen Leistungen sinkt, vielmehr reduziert der Staat auch seine Programme und erhöht den
Zwang zur Arbeit wie bei der Reform der Sozialhilfe. Konkret bedeutet dies,
daß beispielsweise ca. 40 Mio. Menschen nicht krankenversichert sind, was
inzwischen bis weit in Kreise der Mittelschicht ein erhebliches Risiko darstellt, oder daß dort rund 1/6 der Beschäftigten ein Einkommen unterhalb der
Armutsgrenze beziehen und zu den sogenannten „working poor" zählen. Entsprechend nimmt auch die Ungleichheit in der Einkommensverteilung massiv
zu und die Gefahr der sozialen Desintegration v.a. durch steigende Kriminalität wächst (vgl. Murswiek 1997).

1.4. Von den USA und Neuseeland lernen?

Die Empfehlungen, die aus den USA und Neuseeland abgeleitet werden, sind
eindeutig: „Daß durch die Tarifautonomie geschaffene bilaterale Verhandlungsmonopol zwischen Arbeitgebern und Gewerkschaften sollte im Interesse der Arbeitslosen geöffnet werden", so der Präsident des Instituts für Weltwirtschaft an der Universität Kiel, Horst Siebert (1996: 7), und weiter: „Der
Kündigungsschutz sollte weniger extensiv gestaltet und interpretiert werden.
Zwar erreicht der Kündigungsschutz für diejenigen, die Arbeitsplätze haben,
sein Ziel, aber in der langen Frist ist es ein Anreiz für die Unternehmen,
Neueinstellungen zu vermeiden" (S. 8); zudem sollen die „Fehlanreize" der
sozialen Sicherungssysteme korrigiert werden:

„Es muß ein hinreichender Abstand zwischen dem Einkommen aus Arbeit und dem
Einkommen aus Nichtarbeit, das der Staat bereitstellt, gegeben sein. Ist dies nicht der
Fall, so sind Fehlanreize für das Regelwerk des Arbeitsmarktes unausweichlich: Das
Interesse, intensiv nach einem Arbeitsplatz zu suchen und eine Arbeit anzunehmen,
ist weniger stark ausgeprägt, wenn das Einkommen aus Nichtarbeit so bemessen ist,
daß es nahezu das Einkommen aus Arbeit erreicht" (S. 8).

Insgesamt geht es aus dieser Sicht um die tendenzielle Auflösung kollektiver Arbeitsrechte und speziell des Tarifvertragsrechts. Da nicht zu erwarten ist, daß der Staat das traditionelle System der industriellen Beziehungen in Deutschland (von neoliberaler Seite als „Tarifkartell" bezeichnet) auflöst, werden vor einer grundlegenden Novellierung aller Möglichkeiten betriebsspezifische Lösungen favorisiert. Und wenn man sich die Tarifvereinbarungen im Jahre 1996 und Anfang 1997 anschaut, dann haben parallel zur Lohnzurückhaltung auch betriebsspezifische Regelungen deutlich an Gewicht gewonnen. Vor allem im Bereich der Arbeitszeitregulierung (durch Arbeitszeitkonten und absatzorientierte Arbeitszeitvereinbarungen) ist die Bedeutung betriebsspezifischer Lösungen stark gewachsen.

Neoliberale Handlungsvorschläge, auch wenn sie sich auf erfolgreiche Vorbilder aus Übersee berufen, werden bislang nur in einzelnen arbeitspolitischen Themenbereichen akzeptiert. Allerdings strahlen sie weit in die Arbeitgeberverbände in Deutschland aus. Hier herrscht derzeit hinsichtlich wachstums- und beschäftigungspolitischer Strategien eine durchaus konfus zu nennende Situation; die „Zeit" spricht von „Krach" bei den Kapitalisten, der „Spiegel" von „chaotischen Kapitalisten" und selbst Bundespräsident Herzog sah sich angesichts der ständigen Querelen der Wirtschaftsverbände über die angemessene politische Strategie bei der Jahrestagung der Bundesvereinigung Deutscher Arbeitgeberverbände (BDA) genötigt, das deutsche Modell der industriellen Beziehungen zu verteidigen, das jahrzehntelang der Garant für volkswirtschaftlichen Erfolg war und auf das viele andere Länder noch immer neidvoll blicken.

Die Risse im Arbeitgeberlager sind allerdings in den letzten Jahren, vor allem bedingt durch den Wandel der gesamtwirtschaftlichen Rahmenbedingungen (Öffnung der Grenzen nach Osten, wachsende Globalisierung etc.), aber auch durch persönliche Eitelkeiten der Verbandsfunktionäre größer geworden und bedrohen durchaus das traditionelle „Modell Deutschland". Die Zahl der Unternehmen wächst, die sich „an den Verbänden vorbei" vom Tarifvertrag verabschieden und vor allem große Unternehmen wirken inzwischen immer weniger über die Lobbytätigkeit der Verbände auf staatliche Entscheidungen ein, sondern präferieren den direkten Zugang zur Politik:

„Ohne starke und repräsentative Arbeitgeberverbände kann es jedoch keinen Flächentarif und langfristig sehr wahrscheinlich auch keine Industriegewerkschaften geben. (...) Wie in vielen anderen Bereichen scheint auf der Arbeitgeberseite eine Neubewertung der aus der Nachkriegszeit stammenden Institutionen durch eine jüngere und ungeduldigere Generation in Gang gekommen sein, die die traditionellen Rituale als unnötig langwierig und einschränkend empfindet. Zum Teil dürfte dies auch auf Erfahrungen bei der laufenden Umstrukturierung der Unternehmen zurückgehen, bei der in schneller Reaktion auf veränderte Märkte neue, betriebsspezifische Lösungen gefunden werden müssen" (Streeck 1996: 94f.).

Über das Vordringen neoliberaler Strategien im Arbeitgeberlager und die damit verbundene nachlassende Steuerungs- und Verpflichtungsfähigkeit der Arbeitgeberverbände wird indirekt das in Deutschland bewährte und soziale Ungleichheiten reduzierende Flächentarifvertragssystem ausgehöhlt. Die Inselstellung Deutschlands in dem Sinne, daß Löhne und Arbeitsbedingungen weitgehend durch Flächentarifverträge reguliert werden, ist also bedroht. Der in anderen angelsächsischen Ländern schon länger bestehende Trend in Richtung betriebsspezifischer Lösungen bahnt sich auch im klassischen Verbändeland Deutschland den Weg. Die Schritte zum „disorganized capitalism" (Offe) werden immer heftiger diskutiert und auch deutlich sichtbar in der wachsenden Verbändeabstinenz und den damit zusammenhängenden Legitimationsproblemen der Tarifverbände.

Bis zur Bundestagswahl im September 1998 ließ die konservativ-liberale Regierungskoalition keinen Schwung in Richtung einer tatsächlich neoliberalen Wirtschafts- und Beschäftigungspolitik erkennen. Ähnlich wie im Arbeitgeberlager schwelt aber ein Konflikt um die „richtige" Strategie; während der Arbeitnehmerflügel in zentralen Fragen des Wohlfahrtsstaates (z.B. bei der Renten- und Arbeitslosenversicherung) mit dem klassischen Sozialpolitikflügel der sozialdemokratischen Partei übereinstimmt, werden in anderen Machtzentren der Koalition (z.B. in der Umgebung des Fraktionsvorsitzenden der CDU-Bundestagsfraktion) durchaus strategische Überlegungen angestellt, wie man etwa den Flächentarifvertrag tendenziell zugunsten betriebsspezifischer Lösungen verändern könnte. Bekannt geworden ist aus den letzten Monaten ein Strategiepapier des stellvertretenden Fraktionsvorsitzenden der CDU-Bundestagsfraktion (Repnik), in dem mögliche Varianten einer Aufweichung der Tarifverträge diskutiert werden (vgl. Die Zeit v. 31.1.1997).

Vor allem mit Blick auf Ostdeutschland, wo das klassische Deutsche Modell der industriellen Beziehungen zwar rasch nach der Wende eingeführt, sich aber dennoch nicht durchsetzen konnte (nur rund ein Drittel der ostdeutschen Industriebetriebe sind Mitglied in einem tariffähigen Arbeitgeberverband; vgl. zusammenfassend Heinze/Schmid/Voelzkow 1997), werden neue Varianten jenseits der kollektiven tarifvertraglichen Regelungen durchgespielt.

Zwar bemüht man sich derzeit auf Ebene der Bundesregierung um einen moderaten Kurs gegenüber den Gewerkschaften, die sich nach dem Scheitern des „Bündnisses für Arbeit" und der gesetzlichen Einschränkung der Lohnfortzahlung ohnehin nicht mehr als gleichberechtigter Partner der Regierung akzeptiert fühlen. Dennoch sollten diese strategischen Überlegungen über Differenzierungs- und Härteklauseln sowie generelle Abweichungsmöglichkeiten (z.B. hinsichtlich der Arbeitszeiten) in den Tarifverträgen ernstgenommen werden, da sie von realen Veränderungen bei den neu abgeschlossenen Tarifverträgen Ende 1996/Anfang 1997 begleitet werden. Den Gewerkschaften gelang es zwar, in vielen Tarifvereinbarungen die 100prozentige Lohnfortzahlung zu verankern, allerdings oft nur um den Preis betriebsspezifischer Öffnungen und geringer Lohnsteigerungen. Der Abschied vom Flächentarifvertrag ist eingeleutet, die Schleusen in Richtung betriebsspezifischer Lösungen sind Schritt für Schritt bereits geöffnet worden.

3. Niederlande: eine konsensorientierte Sanierungs-Strategie

3.1 Eine außergewöhnliche Mischform des Wohlfahrtsstaates

Den Wohlfahrtsstaat in den Niederlanden zeichnet eine besondere Mixtur von Konzepten aus. Trotz der Ausdehnung des begünstigten Personenkreises auf die gesamte Bevölkerung wurde das Versicherungsprinzip nicht verworfen. Es gibt ein Nebeneinander von Volksversicherungen und den klassischen Arbeitnehmerversicherungen. Die Synthese zwischen diesen beiden sozialpolitischen Konzeptionen hat zu einer besonderen Mischform des Wohlfahrtsstaates geführt, die in Westeuropa durchaus einmalig ist. Im Vergleich zu anderen Staaten fällt ebenfalls auf, daß die Niederlande bis zu den 70er Jahren eher zu den unterentwickelten Wohlfahrtsstaaten in Europa zählten und der ausgebaute Wohlfahrtsstaat sich erst nach 1960 entwickelte (vgl. zusammenfassend Schmid 1996a; Kleinfeld 1997a und Schmidt 1998).

Allgemein gelten starke Gewerkschaften mit hohem Organisationsgrad, parlamentarische Dominanz der Sozialdemokratie, ein zentralisiertes politisches System und eine offene, auf Export ausgerichtete Wirtschaftsstruktur als Faktoren, die in der vergleichenden Politikforschung den Ausbau des Wohlfahrtsstaates erklären. Im Fall des niederländischen Wohlfahrtsstaates sind diese Faktoren jedoch nicht hinreichend. Eine besondere Rolle in der niederländischen Entwicklung spielen die Kirchen und der Faktor „Religion".

Das Phänomen der „Versäulung", d.h., die Tendenz gegenseitiger Abkapselung von verschiedenen kulturellen, religiösen und politischen Gruppierungen, hat bis in die 60er Jahre das Leben bestimmt (vgl. Becker/van Kersbergen 1986 und Becker 1998). Die Versäulung ist durch das Zusammenfallen von katholischen Emanzipationsbestrebungen und mittelständisch-protestantischem Widerstand gegen die beginnende Industrialisierung einerseits und einer generellen christlichen Protesthaltung gegenüber dem liberalen Geist der Revolutionen des 18. und 19. Jahrhunderts andererseits entstanden. Dies führte dazu, daß sich die Bevölkerung in sozialen und politischen Vereinen und Organisationen zusammenfand, die als protestantische oder katholische Institutionen deutlich voneinander getrennt waren.

In den 60er Jahren setzte auch in den Niederlanden ein Säkularisierungsschub ein, der durch die sozialstrukturellen und kulturellen Veränderungsprozesse ausgelöst wurde und zu einer schrittweisen „Entsäulung" führte. Obwohl die Trennungslinien zwischen den Konfessionen an Bedeutung verloren, haben Religion und Aspekte der christlichen Ideologie noch bis heute im niederländischen Wohlfahrtsstaat eine gewisse Bedeutung. So wird in den Niederlanden auch der Gegensatz von Lohnarbeit und Kapital viel mehr als in anderen Staaten als ein Verhältnis sozialer Partner interpretiert. Auch bei den christlichen Parteien in den Niederlanden, die am Ausbau des Wohlfahrtsstaates maßgeblich beteiligt waren, ist die christliche Komponente noch immer von besonderer Bedeutung. Dieser Sachverhalt erklärt auch, warum die bürgerlichen Parteien in den Niederlanden sich nicht ohne weiteres mit anderen konservativen Partein (etwa in Großbritannien) vergleichen lassen. Manche Autoren sprechen auch von einem „christlichen" Wohlfahrtsstaat, um auf die besondere Rolle der Kirchen und der Religion in der niederländischen Entwicklung des Sozialstaates hinzuweisen.

Aber auch in den Niederlanden werden die Probleme anderer westlicher Wohlfahrtsstaaten sichtbar: hohe Arbeitslosigkeit, demographischer Wandel, steigende Kosten im Gesundheitswesen und insgesamt ein wachsender Anteil der Bevölkerung, der auf Transfereinkommen angewiesen ist. Die Problematik wird in den Niederlanden noch durch die Tatsache verschärft, daß die Leistungen der sozialen Sicherungssysteme sich zum größten Teil am gesetzlich garantierten Mindestlohn orientieren. Dies führt auf der einen Seite zur Aufhebung der Einkommensdifferenzen, stellt auf der anderen Seite eine nicht unbedeutende Belastung der Sozialversicherungen dar, wenngleich der reale Wert des Mindestlohnes zwischen Ende der 70er Jahre und Mitte der 90er Jahre um knapp 30 Prozent gesunken ist (vgl. Salverda 1997: 62ff.).

Der Sozialstaat in den Niederlanden ist deshalb auch schon zu Beginn der 80er Jahre an seine Grenzen gestoßen. Seit dieser Zeit wurden auch Maßnahmen zur Kosteneinsparung beschlossen und umgesetzt (etwa im Bereich der Arbeitslosenhilfe). Bis 1987 betrug die Arbeitslosenhilfe 80 Prozent des zuletzt erhaltenen Entgelts, wurde danach aber auf 70 Prozent abgesenkt. Als ein besonderes Problem hat sich die Invaliditätsversicherung erwiesen. Jeder siebte Niederländer arbeitet nicht, weil er als arbeitsunfähig gilt; die Leistungen betragen 70 Prozent des gesetzlichen Mindestlohns. In diesem hohen Leistungsniveau wird von den Kritikern des niederländischen Modells der Grund für die hohe Zahl der Leistungsbezieher (bzw. Arbeitsunfähiger) gesehen.

Tabelle 3: Arbeitslosenquote der Niederlande 1979 - 1996

1979:	1983:	1990:	1993:	1996:
5,4 %	11,9 %	7,7 %	6,3 %	6,4 %

Damit ist zugleich auch ein bestehendes Dilemma des Sozialstaates in den Niederlanden umrissen: Auf der einen Seite soll eine ausreichende Staatsbürgerversorgung durch die Volksversicherungen mit einem relativ hohen Leistungsniveau umgesetzt werden, auf der anderen Seite besteht dadurch kaum ein Anreiz, etwas an der eigenen Situation zu verändern. Der niederländische Wohlfahrtsstaat gehört daher auch zu den „passiven" Wohlfahrtsstaaten. Auf den Eintritt von sozialen Risiken wird mit der Zahlung von Leistungen (Arbeitslosenversicherung) oder der Gewährung von Hilfen reagiert. Es fehlen jedoch Ansätze zur Wiedereingliederung von Betroffenen (etwa aktive Maßnahmen, um die Zahl der Arbeitslosen zu senken oder eine umfassende Bedürftigkeitsprüfung bei der Sozialhilfe). Aufgrund des wachsenden finanziellen Problemdrucks wurden allerdings auch in den Niederlanden Kürzungen und Einsparungen nötig und auch – und dies zeichnet die Situation Mitte der 90er Jahre aus – politisch durchgesetzt.

3.2 Von der Krise zur Reform

Die niederländischen Sanierungsstrategien sind auch für die Bundesrepublik interessant. Die ausgeprägte Konsensorientierung ist ein zentrales Kennzeichen bei der durchaus tiefgreifenden Umstrukturierung des „überlasteten" Wohlfahrtsstaates. Bereits Anfang der 80er Jahre wurden strukturelle Krisen deutlich sichtbar:

„Der Versorgungsstaat hat sich verausgabt. Der Wunsch, der Staat müsse immer in allen Notlagen helfen, war schlicht unbezahlbar geworden. Die Inflation und der Anteil des Haushaltsdefizits stiegen auf über zehn Prozent am Bruttoinlandsprodukt, Steuern und Abgaben hatten das Maß des Erträglichen längst überschritten. Am bedrohlichsten entwickelte sich das Rückgrad des Sozialstaates, der Arbeitsmarkt: Die Arbeitslosigkeit erreichte mit zwölf Prozent Rekordhöhe" (Pinzler 1997: 15; s.a. Schmid 1997).

Vor diesem Hintergrund analysierte die niederländische Regierung mit den Tarifverbänden die ökonomische Situation, und beide vereinbarten Arbeitszeitverkürzungen sowie einen Lohnstop. Diese Maßnahmen haben gegriffen, auch wenn sie nicht von allen Sozialpartnern (z.B. den Gewerkschaften) in allen Aspekten geteilt wurden. Die Lohnstückkosten haben sich deutlich verringert, Arbeitsplätze wurden geschaffen und im nächsten Schritt konnten die Lohnnebenkosten auch noch weiter abgesenkt werden. Begleitet wurde die „konzertierte Aktion" auf dem Arbeitsmarkt von einer umfassenden Sozialreform des Staates. Ministerpräsident *Lubbers* von den Christdemokraten (zur damaligen Zeit regierte eine große Koalition zusammen mit den Sozialdemokraten) diagnostizierte in Anspielung auf die rapide angewachsene Arbeitsunfähigkeit, daß die Niederlande offensichtlich „krank" seien.

Mit einer durchgreifenden Strategie des Abbaus von Haushaltsdefiziten und einer deutlichen Effizienzsteigerung der staatlichen Verwaltungen wurde eine Wende eingeleitet, die heute die Niederlande zu einem Vorbild für die konsensorientierte und an klassischen korporatistischen Formen orientierte Sanierung eines hochentwickelten Wohlfahrtsstaates machen:

„Ein erfolgreiches Modell hierfür stellt die niederländische ‚Stiftung der Arbeit' dar. Diese von Gewerkschaften und Arbeitgebern paritätisch geführte private Einrichtung dient den Sozialpartnern zunächst als Plattform dazu, sich gemeinsam ein Bild über drängende Probleme zu machen und die jeweiligen Standpunkte zu deren Lösung auszutauschen. In paritätisch besetzten Arbeitsgruppen werden tarifpolitische Leitlinien als Empfehlungen für die Tarifverhandlungen auf Branchen- bzw. Betriebsebene formuliert. Die Stiftung dient schließlich als Schnittstelle zwischen den Tarifparteien und der Politik und wird regelmäßig zur Klärung aktueller wirtschafts- und sozialpolitischer Fragen in Anspruch genommen" (Esch 1998: 7; s.a. Kleinfeld 1997 und Visser/Hemerijck 1997).[11]

Im Rahmen der durchaus schmerzhaften Sanierungsstrategie sind u.a. die folgenden Maßnahmen ergriffen worden:

- Viele Leistungen, v.a. im Bereich der sozialen Dienste, werden privatisiert und kommunalisiert. Der Kontrolle der Leistungsempfänger wird erheblich mehr Aufmerksamkeit geschenkt, v.a. bei der Arbeitsunfähigkeit und bei Sozialhilfeempfängern, von denen inzwischen ein aktiveres Verhalten verlangt wird: „Bei der Sozialhilfe ist mehr Nachdruck auf eine Rückkehr ins Arbeitsleben gelegt worden. Arbeitsamt und die kommunalen Sozialdienste arbeiten eng zusammen, um Sozialhilfeempfänger wieder in den Arbeitsmarkt einzugliedern. Die Einstellung der Gesellschaft hat sich geändert: Wo früher berufliche Inaktivität toleriert und die Zahlung von Unterstützung akzeptiert wurde, werden die Sozialhilfeempfänger jetzt angehalten, sich einen Arbeitsplatz zu suchen oder sich ggfs. umschulen oder fortbilden zu lassen" (IABkurzbericht Nr. 12/1997: 8; s.a. Salverda 1997).
- Seit März 1996 ist die Lohnfortzahlung im Krankheitsfall privatisiert worden, sie obliegt nun den Unternehmen, die sich entsprechend privat versichern können. Die alte gesetzliche Regelung trifft nur noch in Ausnahmefällen zu, z.B. bei Arbeitslosen. Ähnliches wird für die Invalidenversicherung diskutiert.
- Gegenwärtig werden für den Zeitraum von 1995-98 Einsparungen in Höhe von 15 Mrd. DM (= 2,75 Prozent des BIP) anvisiert. Weitere Maßnahmen sind neben den genannten die Kostenbeteiligung im Gesundheitswesen, die Entkoppelung der Sozialleistungen von der Lohnentwicklung, Leistungsreduzierungen beim Kindergeld und der Studienförderung.
- Ein weiteres in der Öffentlichkeit oft diskutiertes Beispiel sei noch vorgestellt, die Rente: „Schon jetzt bekommt jeder Niederländer vom Staat eine Basisrente, allerdings nur in Höhe von siebzig Prozent des Mindestlohnes. Durch tarifvertraglich vereinbarte Zahlungen in Pensionsfonds erhöht sich diese Summe für die meisten Bürger. Wer sich noch besser versorgen will, der muß eine private Zu-

---

11 Der für die korporatistischen Arrangements wichtige Vertrag von Wassenaar aus dem Jahr 1982 ist dokumentiert in Niederl. Botschaft 1997.

satzversicherung abschließen – und die soll künftig steuerlich begünstigt werden. Cappuccino-Prinzip nennen die Niederländer das: Kaffee für alle, die Sahne leisten sich Arbeitgeber und Arbeitnehmer, das verzierende Kakaopulver muß jeder privat bezahlen. Auch anderswo setzt die Regierung auf eine Mischung aus staatlicher Grundversorgung, tarifvertraglich vereinbarten Zusatzleistungen und individuellen Versicherungen. Das Ziel: Sparen am Sozialbudget, ohne daß die wirklich Bedürftigen durch alle Maschen fallen" (Pinzler 1997: 15).

Wenn man sich die Rente als Kernstück des niederländischen Wohlfahrtsstaates näher anschaut, dann ist noch immer – trotz aller Kürzungen in den letzten Jahren – ein vergleichsweise hohes Niveau sozialer Sicherung festzustellen:

„Die Grundrente, die Sozialhilfe sowie die Mindestsätze der Leistungen bei Krankheit, Arbeitslosigkeit und Invalidität sind allesamt orientiert am Mindestlohn. Dieser beträgt 1998 monatlich umgerechnet ca. DM 2.000,--, netto ca. DM 1.750,--. Der Höchstbetrag der Sozialhilfe (für Ehepaare oder Zusammenlebende) entspricht dem Netto-Mindestlohn, der Höchstbetrag der Grundrente entspricht in etwa dem Brutto-Mindestlohn. Bei anderen Haushaltszusammensetzungen gelten Sätze von 70 bzw. 50 Prozent mit einer maximalen Zuschlagmöglichkeit von 20 Prozent. Die Arbeitslosen- und Invaliditätsunterstützung beträgt 70 Prozent des zuletzt verdienten Bruttolohns, aber nicht weniger als der Mindestlohn, und das gesetzliche Krankengeld beträgt 80 Prozent dieses Lohns (tarifvertraglich können 100 Prozent vereinbart werden)" (Becker 1998: 16, s.a. Hackenberg 1998).

3.3 Das niederländische Teilzeitwunder

Die Erfolge der niederländischen Reformen auf dem Arbeitsmarkt und in den sozialstaatlichen Sicherungssystemen schlagen sich nicht nur in zurückgehenden Haushaltsdefiziten, sondern auch in einer durchaus sichtbaren Beschäftigungsdynamik und einem Rückgang der Arbeitslosenquoten nieder: Sie lag 1997 im Jahresdurchschnitt bei rund 5,5 Prozent; Ende 1997 lag die Quote bei 5,2 Prozent. Der Kurs der nach den letzten Wahlen erneut vom Sozialdemokraten *Kok* angeführten niederländischen Koalitionsregierung wird wohl nicht nur aufgrund dieser Erfolge auf dem Arbeitsmarkt von der Mehrheit der Bevölkerung weiterhin unterstützt. Die historisch gewachsenen Konsensbeziehungen zwischen den sozialen Verbänden und Tarifparteien (im sogenannten „Poldermodell") schaffen die wesentlichen sozial-kulturellen Grundlagen für eine konsensorientierte, aber dennoch oft schmerzhafte Umstrukturierung.

Daß die in ihrer Form weiterhin als „postindustrieller Korporatismus" (Hemerijk/Kloosterman 1995: 287) zu bezeichnende Konfliktregulierung vergleichsweise erfolgreich sein kann, liegt auch daran, daß mit der Kooperation nicht eine Dominanz verkrusteter und nur noch begrenzt handlungsfähiger

„Eliten- oder Tarifkartelle" einhergeht, sondern auch flexible und zukunfts-weisende Lösungen sowohl für die Arbeitgeber als auch die Arbeitnehmer umgesetzt werden. Dies zeigt sich nachhaltig in der Arbeitszeitpolitik; durch eine gemeinsam ausgehandelte Strategie der Arbeitszeitflexibilisierung wur-den neue Arbeitsplätze geschaffen. Der – im Vergleich zu den USA – noch größere Beschäftigungsboom in den Niederlanden ist ganz wesentlich auf den „Teilzeitboom" zurückzuführen.

Die Teilzeitquote ist inzwischen mit rund 38 Prozent im internationalen Bereich außerordentlich hoch. Was die Situation von der in der Bundesre-publik wesentlich unterscheidet: Der Anteil der Männer ist mit gut 16 Pro-zent außerordentlich hoch (vgl. Schröder/van Suntum 1996; Becker 1998 sowie IAB Nr. 12/1997). Die Kombination von Teilzeit, Flexibilität und durchschnittlich niedrigeren Löhnen haben die Expansion des Dienstleis-tungssektors auch dadurch befördert, daß so die sogenannte „Baumol´sche Kostenseuche", d.h. die notorisch niedrige Produktivität im Dienstleistungs-bereich erheblich verringert werden konnte (vgl. Hemerijk/Kloosterman 1995: 294). Allerdings zeichnen sich auch problematische Aspekte ab:

„Bedenklich stimmt dagegen der hohe Anteil geringfügiger Teilzeitbeschäftigung: 31, 5 Prozent (38,4 Prozent bei den Männern und 29,1 Prozent bei den Frauen) der nie-derländischen Teilzeitbeschäftigten arbeiteten 1997 weniger als 10 Wochenstunden. Die entsprechenden Anteile in Deutschland betrugen 19,2 Prozent für alle Teilzeitbe-schäftigten, 27 Prozent bei den Männern und 18 Prozent bei den Frauen. Wegen der niedrigen Arbeitszeit und des daraus zu schließenden niedrigen Einkommens dürfte es sich bei diesen Beschäftigten zum großen Teil um Personen handeln, die ihren Le-bensunterhalt aus anderen Quellen beziehen" (Schmid 1997: 312).

Eine bessere Vereinbarung von Erwerbsarbeit, Familie und anderen, nicht er-werbsarbeitsbezogenen Tätigkeiten wird nicht nur in der Theorie angemahnt, sondern praktisch umgesetzt, wenngleich auch konstatiert werden muß, daß manche Teilzeitbeschäftigungen in den 80er Jahren auch „unfreiwillig" an-genommen wurden:

„Dies hat sicher auch damit zu tun, daß das durch Teilzeit erzielbare Erwerbsein-kommen (bei deutlich weniger Arbeitsstunden) allein häufig noch nicht den Lebens-unterhalt sichert. Nicht zuletzt auch deshalb sind bei uns nach den vorliegenden Er-kenntnissen vor allem solche Teilzeitbeschäftigungsverhältnisse gefragt, die zwischen den traditionellen Vollzeit- und Halbtagsstellen liegen (z.B. Zwei-Drittel oder Drei-Viertel-Stellen) (Walwei 1995: 24).

Die Niederlanden – zu Beginn der 60er Jahre noch ein Land mit einer der niedrigsten Frauenerwerbsquoten – erlebten zudem in den 70er Jahren eine durchgreifende Kulturrevolution. Die Frauen forderten politisch ihre Teilha-be am Erwerbsleben ein, was sie jedoch erfolgreicher als andere Frauenbe-wegungen auch auf den partiellen Verzicht von Männern auf Vollzeitstellen ausdehnten.

Ein weiterer Grund für die hohe Verbreitung von Teilzeit liegt in der vergleichsweise konstruktiven Einstellung der Gewerkschaften und der betrieblichen Personalvertretungen. Die niederländischen Gewerkschaften betrachten Teilzeit als eine gleichberechtigte Option unter vielen für die Beschäftigten. Allerdings erfolgt ihre Zustimmung unter der Bedingung, daß die Teilzeitarbeit freiwillig erfolgt und arbeits- und sozialrechtlich keine Nachteile entstehen.

Ohne eine spezifische Kultur der Gewerkschaften, die nicht so stark auf das traditionelle Normalarbeitsverhältnis fixiert sind (wie etwa die deutschen Gewerkschaften), ist die „sozialverträgliche", aber gleichwohl flexible Arbeitszeitpolitik auf betrieblicher Ebene allerdings kaum möglich. Hinzu kommt die im sozialökonomischen Rat (eine „klassische" korporatistische Institution der Tarifparteien und des Staates) sich organisierende kooperative Problemdiagnose und die dann auch gemeinsam umgesetzte Politik.

Schon diese beiden Gründe (spezifische Kulturen und flexible korporatistische Institutionen wie die „Stiftung der Arbeit" oder der „Sozialökonomische Rat") weisen darauf hin, daß auch dieses politische Konzept der Krisenregulierung des hochentwickelten Wohlfahrtsstaates in der Bundesrepublik wohl nur schwer umzusetzen ist. Gleichwohl ist der niederländische Fall ein gutes Beispiel dafür, daß die Suche nach einem neuen Ausgleich zwischen Wettbewerbsfähigkeit, sozialpolitischen Leistungen und hoher Beschäftigung, erfolgreich sein kann – ohne sich auf das „Glatteis des amerikanischen (und partiell des neuseeländischen; d.V.) ´Wohlfahrtskapitalismus´ zu begeben" (Hemerijk/Kloosterman 1995: 295).

Zudem ist das niederländische Rentensystem – das für die Akzeptanz von Teilzeitarbeit eine wichtige Rolle spielt – zwar komplexer als das deutsche, zugleich aber auch flexibler an die Beschäftigungsverhältnisse angepaßt. Nach dem allgemeinen Altersgesetz (AOW) wird die sogenannte Volksrente ausschließlich von Arbeitnehmerbeiträgen in Höhe von 15,4 Prozent pro Monat finanziert (vgl. Ministerium für Arbeit und Soziale Angelegenheiten 1996).[12] In der allgemeinen Altersversicherung werden zusätzliche Umverteilungszuschläge für Einkommen gezahlt, die unter einer bestimmten Brutto-Grenze liegen; diese Regelung ist insbesondere für die Absicherung bei Teilzeitarbeit interessant. Zusätzlich existieren in den Niederlanden branchenweit ausgehandelte Betriebsrentensysteme.

Trotz dieser unbestreitbaren Erfolge auf dem Arbeitsmarkt, der sich sowohl in einem relativ hohen Wirtschaftswachstum als auch einer deutlichen Reduzierung der Arbeitslosigkeit auszeichnet, gibt es freilich kein Beschäftigungs- oder Jobwunder für alle in den Niederlanden:

---

12 In diesem System – wie in allen anderen niederländischen Sozialversicherungen – werden im übrigen unverheiratet und verheiratet Zusammenlebende gleich behandelt.

„Die Langzeitarbeitslosigkeit ist nur wenig gefallen, der Prozentsatz der Bezieher einer Invaliditätsrente ist doppelt so hoch wie in anderen Ländern, und die Altersgruppe über 55 Jahre ist – da in hohem Maße frühverrentet – nur noch spärlich auf dem Arbeitsmarkt vertreten" (Becker 1998: 12; s.a. Kleinfeld 1997b (Manuskript/Botschaft) und Schmid 1997).

Das Polder-Modell produziert also nicht nur Licht, sondern wirft auch Schatten; allerdings zielen die jüngsten arbeitsmarktpolitischen Maßnahmen, die sog. Melkert-Programme, auf die Schaffung neuer Arbeitsplätze vorrangig für diese Zielgruppe (vgl. Hackenberg 1998).

Eine nüchterne Analyse ergibt, daß den Niederlanden vor allem die reale Abwertung des Guldens in ihrer Beschäftigungspolitik zugute gekommen ist; auch sind nicht auf breiter Basis neue Arbeitsplätze entstanden, sondern die vorhandenen per Teilzeitarbeit neu verteilt worden (vgl. Pohl/Volz 1997). Dennoch ist ein wesentlicher Unterschied zur Situation in Deutschland bemerkenswert: Die maßgeblichen gesellschaftlichen und politischen Kräfte haben sich auf eine gemeinsame Diagnose und auch auf vordringliche Schritte in der Therapie geeinigt.

Dieser „Deutungs-Konsens" schafft die Grundlage für eine konstruktive Sozialpolitik aus lauter kleineren Bausteinen, die die im Amt bestätigte Regierung unter dem Sozialdemokraten Wim *Kok* weiterhin mit Verbänden und Unternehmen abstimmen kann. Die Niederlande demonstrieren – gerade ohne ein durchkomponiertes „Modell" nach deutschen Wunschvorstellungen –, „daß der kontinentaleuropäische Wohlfahrtsstaat auch ohne ‚big bang' reformiert werden kann" (Visser/Hemerijck 1998: 12; s.a. Visser/Hemerijck 1997).

4. Dänemark: Ein skandinavischer Wohlfahrtsstaat im Schatten des großen Nachbarn Schweden

4.1 Das klassische Modell Schweden

Das wirkungsmächtige und von seinen skandinavischen Nachbarn häufig mit Mißgunst betrachtete „schwedische Modell" produziert wie alle Modelle auch eine Reihe von Mythen und Legenden. Der Mythos ist allerdings schon seit längerem schwächer geworden, seitdem die Schweden mit ihrer stark exportorientierten Volkswirtschaft Anfang der 90er Jahre in die internationale Konjunkturkrise hineingerissen wurden. Die große Schere zwischen Lohnhöhe und Produktivität machte in dieser Drucksituation die Wettbewerbsvorteile der schwedischen Industrie zunichte und ließ die Arbeitslosenrate auf bis dahin ungekannte acht Prozent hochschnellen. Gleichzeitig stieg der traditionelle – und bislang ärmere – Konkurrent Norwegen mit zusätzlichen

Gas- und Ölfeldern zum neuen „reichen Mann" Skandinaviens mit niedrigen Arbeitslosenraten und hohen Staatseinnahmen auf, auch wenn dort nun wieder eine kleine Krise hereingebrochen ist.

Begreift man das schwedische Modell als die abstrakte Zusammenfassung unterschiedlicher Bausteine eines weiterhin typisch „schwedischen" Phänomens, so lassen sich diese Einzelteile immer noch erkennen (vgl. Pettersson 1997). Dazu gehören unter anderem:

- eine starke staatliche Regulation der Arbeitsmärkte sowie ein hoher gewerkschaftlicher Einfluß auf die Politik bei gleichzeitig uneingeschränkter privat-unternehmerischer Kontrolle der Wirtschaft. Dieser Kompromiß ist der Kern des 1938 zwischen Arbeitgebern und Gewerkschaften geschlossenen „Saltsjöbadener Abkommens", das letztlich bis heute gilt. Die Einrichtung von gewerkschaftlich kontrollierten Pensionsfonds in den 80er Jahren heizte die Eigentums- und Kontrolldiskussion lediglich rhetorisch an;
- parlamentarisch kennt Schweden – etwa im Unterschied zu Dänemark – seit den 40er Jahren eine Hegemonie der sozialdemokratischen Arbeiterpartei, die nur vereinzelt durch bürgerliche Regierungen unterbrochen wurde;
- ein formal stark zentralisiertes Lohnverhandlungs-System mit Einheits-Gewerkschaften und ihren Dachverbänden, die mit dem schwedischen Arbeitgeberverband SAF übergreifende Tarifabschlüsse vereinbaren. Der auch durch die von den Gewerkschaften verwalteten Arbeitslosen-Versicherungskassen sehr hohe Organisationsgrad von rund 90 Prozent hat dieses System lange Zeit stabilisiert;
- Kennzeichen der zentralen gewerkschaftlichen Tarif-Strategien war bis in die 80er Jahre hinein die sogenannte „solidarische Lohnpolitik": Über Branchen-Grenzen hinweg handelten die Gewerkschaften weitgehend ähnliche Lohnhöhen aus. Die geringe Lohn-Spreizung glich nicht nur die Einkommen der Arbeitnehmer einander an, sondern setzte unrentable Betriebe auch unter einen enormen Anpassungs- und Rationalisierungsdruck. Mußten Betriebe aufgeben, half der Staat meist durch großzügige aktive Arbeitsmarkt-Maßnahmen, daß die ehemaligen Mitarbeiter in anderen Sektoren unterkamen, nicht selten im öffentlichen Dienst;
- im direkten Vergleich zu Dänemark war die schwedische Sozialpolitik immer schon durch eine Reihe „aktivierender" Elemente geprägt. Vor allem in der Arbeitsmarktpolitik ist der Anteil der aktiven Maßnahmen im Vergleich zur passiven Auszahlung von Lohnersatz-Leistungen in Schweden immer weitaus höher gewesen als in anderen europäischen Ländern. Der öffentliche Dienst hat dabei eine Schlüssel-Stellung als „Auffang-Becken" für ehemalige Industrie-Beschäftigte übernommen. In Schweden arbeiten mit 32 Prozent der Beschäftigten mehr als doppelt so viele im öffentlichen Dienst wie in Deutschland mit 15 Prozent;
- die Sozialversicherung ist ähnlich wie in allen nordischen Ländern universalistisch ausgerichtet und bezieht alle Bevölkerungs- und Einkommensgruppen mit ein. Daneben gibt es in der Rentenversicherung steuerfinanzierte Grundrenten-Teile;
- Schweden hat mit 76 Prozent eine der höchsten Frauen-Erwerbsquoten, die fast gleichauf mit der der Männer liegt. Der öffentliche Dienst ist der Hauptarbeitgeber für Frauen. Dieses Charakteristikum des schwedischen Arbeitsmarktes ist jedoch nicht nur auf eine aktive Gleichstellungs-Politik zurückzuführen, sondern verdankt sich auch diversen Steuer-Regelungen, die einen durchschnittlichen

Haushalt so stark belasten, daß der Doppelverdienst meist schlicht notwendig ist. Eine weitere Folge dieser parallelen Männer- und Frauenerwerbsquoten ist das breite Netz an sozialen Dienstleistungen, das einen Teil ehemals familiär erbrachter Dienste wie Kinderbetreuung oder Altenpflege ersetzt.

Diese Säulen des schwedischen Modells wanken jedoch seit geraumer Zeit. Anfang der 90er Jahre geriet Schweden in die internationale Konjunkturkrise, die sich in den exportorientierten schwedischen Industrie-Sektoren besonders stark auswirkte, weil dort Löhne und Produktivität stark auseinanderklafften. Im Jahr 1992 explodierte die Arbeitslosenquote im „Vollbeschäftigungsland" Schweden von 1,5 auf über acht Prozent; ein Viertel der Industrie-Beschäftigung brach weg, die Jugendarbeitslosigkeit unter den 16- bis 24jährigen schnellte von 3,5 auf rund 17 Prozent herauf. Die stärkere Internationalisierung der Geldpolitik bewirkte außerdem, daß die schwedische Regierung die für ihre Expansionspolitik im öffentlichen Sektor wichtige nationale Geldpolitik nicht mehr in dem Maße auf die Sozialpolitik abstimmen konnte. Die Schuldenquote durch einen stark ausgebauten öffentlichen Dienst verringerte zudem die Handlungsfähigkeit der Regierung (vgl. Petterson 1997; Winterberger 1996).

Auch das System der zentralisierten Lohnverhandlungen und der solidarischen Lohnpolitik ist auseinandergebrochen (vgl. Whyman/Burkitt 1995). Schon seit den 80er Jahren sind die Lohnverhandlungen stark dezentralisiert, ist die betriebliche Ebene aufgewertet worden. Der schwedische Arbeitgeberverband SAF betreibt seit längerem eine Politik, die auf eine deutliche Deregulierung des Arbeitsmarktes abzielt und hat sich dabei von zentralen Lohnverhandlungen verabschiedet. Darüber hinaus hat die SAF die Zusammenarbeit in den korporatistischen Gremien der Arbeitsverwaltung seit 1992 aufgekündigt und ihre Repräsentanten abgezogen.

Sozialdemokratische Regierungen haben außerdem das Messer an eine Reihe sozialer Leistungen gesetzt und damit eine Ära der Sparpolitik eingeleitet. So wurden u.a. mehrere Karenztage für die Lohnfortzahlung im Krankheitsfall eingeführt und die Prozentsätze für Arbeitslosengeld gesenkt. Diese Kürzungen vollziehen sich in Schweden allerdings auf einem immer noch hohen Niveau sozialer Sicherheit.[13]

4.2 Die Besonderheiten des dänischen Modells

Als in den 70er und 80er Jahren die skandinavischen Wohlfahrtsstaaten in vielen Analysen und auch auf politischer Ebene bei manchen Akteuren als

---

[13] Eine Expertenkommission hat in einer informativen Dokumentation des Finanzministeriums Ursachen und Maßnahmen analysiert und mit anderen Ländern verglichen (vgl. Schwed. Finanzministerium 1994)

Vorbild galten, starrte man immer auf Schweden. Dänemark fügt sich freilich ebenfalls in die generelle Entwicklungslinie der skandinavischen Wohlfahrtsstaaten, weist jedoch auch einige nationale Besonderheiten auf. Wie in den anderen nordischen Ländern konnte man in Dänemark auf eine ausgeprägte kollektiv-solidarische Tradition zurückgreifen, was sich einerseits in noch erhaltenen Zunftstrukturen und andererseits im hohen Organisationsgrad der Arbeiterschaft und ihrer Sicherungssysteme ausdrückte. Auffälliges Erbe davon ist der Umstand, daß die Arbeitslosenversicherung heute noch freiwillig ist – eine einmalige Institution in Europa – und durch autonome Kassen verwaltet wird, welche allerdings eng mit den Gewerkschaften verzahnt sind (vgl. Schmid 1996a).[14]

Desweiteren wurde in Dänemark (als Charakteristik aller skandinavischen Wohlfahrtsstaaten und im starken Kontrast zur Bundesrepublik) schon früh die Steuerfinanzierung der Sozialversicherungen eingeführt. Dieser Finanzierungsmodus konnte in Dänemark deshalb ohne größere Widerstände eingeführt werden, weil es eine politisch-kulturell stark verwurzelte positive Einschätzung der aktiven Rolle des Staates gab und die Trennung zwischen „öffentlich" und „privat" nie solche Ausmaße erreicht hat wie auf dem übrigen europäischen Kontinent. So gehören staatliche Umverteilungsstrategien, eine starke Betonung fiskalischer Maßnahmen sowie die staaliche Übernahme in anderen Ländern „privater" Aufgaben wie Erziehung, Pflege etc. zu den selbstverständlichen staatlichen Aufgaben in Dänemark. Heute wird die staatliche Sozialversicherung aber auch z.T. aus Beiträgen finanziert (etwa die Arbeitslosenversicherung). Allerdings sind die Gesundheitsversorgung und die Altersgrundrente vollständig steuerfinanziert.

Ein weiteres Merkmal des dänischen Wohlfahrtsstaates ist der universalistische Aspekt der Sozialversicherung; man spricht hier auch von einem Modell der Staatsbürgerversorgung. Hiermit ist gemeint, daß soziale Dienste und Leistungen unabhängig von Status, Einkommen, den gezahlten Beiträgen oder einer Beschäftigung gewährt werden und allein aus dem Staatsbürgerstatus erwachsen. Wer also entweder dänischer Nationalität ist oder aber seinen Wohnsitz für einen Mindestzeitraum in Dänemark gehabt hat (in der Regel reichen sogar sechs Wochen), hat beispielsweise ein Anrecht auf eine Altersrente. Somit ist die dänische Sozialversicherung eine Versicherung für die gesamte Bevölkerung und nicht für spezielle Gruppen (Arbeitnehmer, Angestellte, etc.). Darüber hinaus gibt es aber auch diverse Zusatzversicherungssysteme (vgl. Hastrup 1995; Schmid 1996a).

Dänemark verfolgt in enger Verzahnung mit dem System sozialer Sicherung eine aktive Arbeitsmarktpolitik, diese allerdings verstärkt erst seit den

---

14 Als weitere Besonderheit kann die relative geringe Rolle von Löhnen für die Mitglieder gelten; für diese seien laut Umfragen gute Arbeitsbedingungen entscheidend (Spiegel 16/1998)

80er Jahren, inspiriert durch die aktive Bildungs- und Arbeitsmarktpolitik in Schweden. Auch andere staatliche Strategien wie die Förderung von Teilzeit- arbeit oder die Bildungspolitik werden vor diesem Hintergrund betrieben. Die arbeitsrechtliche Regulierung des Arbeitsmarktes ist jedoch nicht so strikt wie in Schweden oder der Bundesrepublik. Der Kündigungsschutz ist schwächer, die Arbeitgeber haben bei der Anstellung von Mitarbeitern grö- ßere Spielräume (vgl. Goul-Andersen 1996). Man kann darin so etwas wie eine Mischung aus angelsächsischer Arbeitsmarktstruktur und kontinentaleu- ropäischer sozialer Sicherung sehen.

Der dänische Wohlfahrtsstaat beruhte bis in die 70er Jahre hinein auf ei- nem breiten gesellschaftlichen Konsens, und die meisten politischen Refor- men zielten darauf ab, diesen auszubauen oder zumindest zu stützen. Zudem ist auch hier eine hohe Erwerbsbeteiligung der Frauen unterstützt worden – sowohl arbeitsmarkt- wie auch gesellschaftspolitisch (z.B. durch Kindergär- ten). Auf diese Weise hat das ausgebaute System öffentlicher Dienstleistun- gen positive Arbeitsmarkteffekte, die bei dem auf monetäre Tansfers ausge- richteten bundesrepublikanischen Modell nicht in dem Maße anfallen, aber auch nicht an die schwedische Größenordnung heranreichen.

Im Kontrast zu Schweden ist in Dänemark sowohl ein größeres Maß sozia- ler Ungleichheit immer vorhanden gewesen, als auch eine stärkere Opposi- tion gegen den „allmächtigen" und auch durchaus soziale Kontrolle ausüben- den Wohlfahrtsstaat:

„In Dänemark war der Widerstand gegen das schwedische Modell am stärksten, weil hier die Mittelklassen politisch relevanter blieben als in anderen skandinavischen Sy- stemen. Die dänische Wohlfahrtspolitik ließ vor allem im Bereich der Pensionen und der Wohnungspolitik weit größere Ungleichheiten zu als Schweden. Dennoch wurde Dänemark zum Vorreiter einer antiwohlfahrtsstaatlichen Gegenbewegung gegen das skandinavische Modell. Die von Stein Rokkan und Seymour Martin Lipset vor allem an Skandinavien entwickelte Hypothese von den ‚frozen party systems', die in den sechziger Jahren noch die Strukturen aufwiesen, die sich in den zwanziger Jahren entwickelt hatten, wurde zuerst in Dänemark in Frage gestellt. 1973 erhielt die Bewe- gung von Mogens Glistrup auf Anhieb 15,9 Prozent der Stimmen" (von Beyme 1992: 146; s.a. Esping-Andersen/Korpi 1984, 1987).

Obgleich das etablierte Parteiensystem durch die Protestpartei von Glistrup für einen gewissen Zeitraum verunsichert wurde, ging bereits Mitte der 80er Jahre der Stimmenanteil erheblich zurück. Dennoch hat die Sozialdemokratie in Dänemark niemals die Dominanz wie im schwedischen Nachbarland er- reicht. Der dänische Wohlfahrtsstaat gibt im Vergleich mit seinen skandina- vischen Nachbarn und Kontinentaleuropa insgesamt eine Mischform ab. Er beruht einerseits auf universalistischen Prinzipien, indem er letztlich die ge- samte Erwerbsbevölkerung in die Sicherungssysteme einbezieht und steuer- finanzierte Mindestversorgungselemente aufbietet.

Andererseits sind in Dänemark aktive Maßnahmen in der Arbeitsmarkt- und lokalen Beschäftigungspolitik erst in den 80er Jahren schrittweise eingeführt worden; in weiten Teilen gleicht der dänische Staat – obwohl im Sicherungsniveau relativ hoch – eher einem passiven Wohlfahrtsstaats-Modell. Gleichwohl sind im Bereich der aktiven Arbeitsmarktpolitik interessante und innovative Modelle zu beobachten wie etwa „Job Rotation" (vgl. Madsen 1998).

Hierbei werden Arbeitnehmer in einem ausgeklügelten System zur Weiterbildung freigestellt und ihre Arbeit von einem zuvor qualifizierten Arbeitslosen (befristet) übernommen (vgl. Maliszewski 1997; Dän. Arbeitsministerium 1996). Zudem sind die Maßnahmen am Markt und nicht an der Qualifikation des Arbeitssuchenden ausgerichtet, was eine hohe Flexibilität und Mobilität abverlangt:

„Seit 1990 gibt es in Dänemark Job-Rotation. Ob bei der Post, bei Edeka oder in der Kaugummifabrik Dandy (...), überall sind Vicare (d.h. Stellvertreter; d.V.) im Einsatz. 1996 nahmen rund 40 000 Menschen an solchen Programmen teil. Im Schnitt bekommen drei Viertel der Arbeitslosen danach eine feste Stelle. (...) Dabei zielt die Job-Rotation nicht alleine darauf ab, Arbeitslose zu einer Stelle zu verhelfen. `Das ist nur ein Nebeneffekt´, sagt Jens-Jorgen Pedersen, 43, Direktor der Zentral für Job-Rotation in Silkeboprg. Ihm geht es vor allem um die Weiterbildung in den Betrieben: `Dadurch verbessern sie ihre Wettbewerbsfähigkeit und schaffen letzlich wieder Arbeitsplätze´, sagt er." (Der Spiegel 16/1998: 96; s.a. Hammer 1997 sowie IAB-Kurzbericht 1998).

Gerade solche Momente sind es, die den Berichten über das „Erfolgsmodell Dänemark" zugrundeliegen. Programmatisch folgt der neue Kurs der Formel: „From Passive to Active" (Dän. Sozialmisterium 1995).

4.3 Krise im Wunderland?

In den 90er Jahren ist der dänische Wohlfahrtsstaat mit den gleichen Herausforderungen konfrontiert wie andere vergleichbare Länder. Durch die anderen Konstruktionsprinzipien ist das dänische System von diesem Phänomen aber anders betroffen als beispielsweise die deutsche Sozialversicherung. So stellt sich hier das Problem der Pflege im Alter oder der Finanzierung der Renten nicht in der Form wie bei uns, da dies doch über das Steueraufkommen getragen wird.

Dennoch ist der dänische Sozialstaat nach einer expansiven Phase ebenfalls an seine Grenzen gestoßen. Kürzungen – „Kartoffelkur" genannt – werden in Teilbereichen vorgenommen, weil sich bestimmte Strukturen als kaum finanzierbar erwiesen haben. Die Steuer- und Abgabenbelastung liegt mit 52 Prozent an der Spitze der OECD-Länder und ist nicht mehr steigerbar. Diese

Einschätzung wird auch von der sozialdemokratisch geführten Regierung geteilt, die seit 1993 an der Macht ist.

Demzufolge sind auch in Dänemark Sparmaßnahmen angesagt, z. B. im Jahr 1998 rund 1,3 Mrd. DM (d.h. 0,5 Prozent des Bruttoinlandsprodukts). Zudem ist eine Steuerreform durchgeführt worden, die die Einkommenssteuer gesenkt und den Einnahmeausfall durch eine neue Ökosteuer und eine Arbeitsmarktabgabe kompensiert hat (vgl. Dauderstädt 1996: 3). Schwerpunkt der Bemühungen bildet die Beschäftigungspolitik, wo einerseits durch Vorruhestandsregelungen und andererseits durch umfangreiche Qualifizierungsmaßnahmen die Arbeitslosigkeit bekämpft werden soll. Mit einigem Erfolg:

„Die Dänen sind zwar noch immer ein gutes Stück von der Vollbeschäftigung entfernt, aber dennoch können die Deutschen von einer derartigen Entwicklung der Arbeitslosenzahlen nur träumen. In den letzten Monaten des vergangenen Jahres registrierten die Statistiker in Dänemark nur noch eine Erwerbslosenquote von 7,7 Prozent – Tendenz: weiter fallend. 1993 hatte die Arbeitslosigkeit beim Nachbarn im Norden den Gipfel erreicht und damals mit 12,3 Prozent weit über der deutschen Rate gelegen" (Zank 1997: 28).

Im Januar 1998 lag die Quote bei 7,4 Prozent. Dabei folgt die Strategie dem Motto der Aktivierung (vgl. Cox 1996). Der Druck auf Leistungsempfänger, sich wieder dem Arbeitsmarkt zur Verfügung zu stellen bzw. eine Aus- und Weiterbildung aufzunehmen, ist erheblich gestiegen. Damit ist ein erheblicher Wechsel in der Philosophie des Wohlfahrtsstaates eingeleitet worden, den man als Übergang vom „Safety Net to Trampoline" (Cox 1997) bezeichnen kann. Die eher passive Orientierung des dänischen Wohlfahrtsstaates über Lohnersatzleistungen oder andere Geldleistungen wandelt sich zusehends in eine Neuorientierung hin zu klar verantworteten Arbeitsmarktprogrammen und einer sozialen Dienstleistungspolitik.

Gerade bei den sozialen Diensten zeigt sich eine ausgesprochene Experimentierfreude, die zu einer Vielzahl von Projekten etwa bei Hilfen für Kinder und Familien, Altersfürsorge oder der Integration von Sozialhilfeempfängern geführt hat (vgl. Abrahamson 1995). Damit sollen zugleich die Qualität der Dienstleistungen erhöht und Anreize bzw. Unterstützung für Selbsthilfe gegeben werden. Ein anderer wichtiger Punkt ist die administrative Dezentralisierung: „The devolution of social policy tasks to local and regional political levels within broad statuary limits has ensured high visibility, accomodation to local conditions, and public influence" (Ministry of Social Affairs 1995: 29).

Es gibt auch eine Reihe von Kommunen in Dänemark, in denen die Verantwortlichkeiten der lokalen Sozialbehörden für die Vermittlung von Arbeitslosen und die Konzeption von Weiterbildungsprogrammen wieder stäker betont worden sind. „Verschiebe-Bahnhöfe" von Verantwortlichkeiten – ein Charakteristikum gerade des deutschen Systems mit der lokal finanzierten Sozialhilfe und der von der Bundesanstalt für Arbeit getragenen Lohnersatzleistungen – sollen so verhindert werden. Ein weiterer Effekt dieser Dezentralisierung durch die Stärkung lokaler Verantwortlichkeiten liegt darin, daß Arbeitsmarktprogramme nicht mehr überregional einheitlich wirken. Diese Entwicklung stellt das Universalismusprinzip der dänischen Sozialpolitik durchaus in Frage. Ebenfalls deutlich ist, daß die universalistische Sozialversicherung selektiver wird, allerdings im Unterschied zu anderen Ländern zu Lasten der Mittelschicht. Vor allem die neue Besteuerung zusätzlicher Renteneinkommen schneidet den Alterseinkommen der Mittelschicht einen Teil ihres vorigen Einkommens weg. Darüber hinaus sind für den Bezug der zusätzlichen Renten neue Bedürftigkeitsprüfungen eingeführt worden, anstatt die universale „Folkepension" zu erhöhen, um die Risiken armer Alter abzusichern. Auch hier kommt zum Vorschein, daß das dänische Rentensystem selektiver wird.

Mit diesen unterschiedlichen Entwicklungssträngen, so läßt sich resümieren, ist die heile Welt des alten skandinavischen Wohlfahrtsstaates ebenfalls in Unordnung gekommen, und grundlegende Reformen sind notwendig geworden. Dabei ist der Grad der „Wende" vergleichsweise gering, und mit der Betonung der starken Rolle des Staates sowie der Betonung von Gerechtigkeitskriterien beim Umbau weicht es von den derzeit dominierenden neoliberalen Krisenlösungsstrategien ab:

„Das dänische Modell" – so schließt der Spiegel (Nr. 16/1998: 95ff.) seinen Bericht, „funktioniert freilich auch deshalb so gut, weil die Wirtschaft in guter Verfassung ist; Jahr für Jahr wächst sie um rund drei Prozent. Auch der Staat steht blendend da: Der Haushalt ist saniert, die Mitte-Links-Regierung konnte 1997 erstmals seit zehn Jahren wieder einen Überschuß verbuchen" (...) „Gelungen ist das kleine Job-wunder, weil die Dänen zwei Denkschulen kombinierten, die in Deutschland als unvereinbar gelten: den Wohlfahrtsstaat skandinavischer Tradition und die Flexibilität nach amerikanischem Vorbild".

5. Neue Optionen der Linken? Zwei Alternativen

5.1. New Labour in Großbritannien

a) Der britische Wohlfahrtsstaat: Nachkriegsmodell im Niedergang

Die Grundlagen des britischen Systems der sozialen Sicherheit wurden mit dem Beveridge-Report von 1942 gelegt. Es beruht auf den drei Grundprinzipien Universalität, umfassende Risikoabsicherung sowie Angemessenheit der Leistungen und bildet ein einheitliches allgemeines Sicherungssystem, das die gesamte Bevölkerung umfaßt. Seine Eckpfeiler sind der universale,

versale, größtenteils steuerfinanzierte Nationale Gesundheitsdienst (NHS), die ausschließlich steuerfinanzierte soziale Mindestsicherung (Income Support, Housing Benefit, Social Fund etc.) und die Sozialversicherung (National Insurance), die beitragsfinanziert ist und die Risiken Alter, Krankheit, Unfall und Arbeitslosigkeit abdeckt (vgl. Schmid 1996a). Diese Einrichtungen wurden in den 50er und 60er Jahren im Ausland – auch in der deutschen SPD – als modellhaft empfunden (vgl. dazu Hockerts 1982) und basierten in Großbritannien auf dem sog. „Nachkriegskonsens" zwischen den beiden Großparteien.

Im Laufe der 70er Jahre kam das Erfolgsmodell allerdings ins „Stolpern", und es war von der englichen Krankheit die Rede. Einen Höhenpunkt der krisenhaften Entwicklung bildete nach einem absoluten Streikrekord der „winter of discontent" (1978/1979). Vor diesem Hintergrund gewann die Abkehr vom Nachkriegskonsens bzw. die neokonservative Modernisierungsstrategie Margret Thatchers an Attraktivität: Eine rigorose Sparpolitik mit dem Ziel der Verringerung der Staatsschulden sowie einer Reduzierung der Staatsquote wurden nach der Regierungsübernahme eingeläutet. Das Ziel der Vollbeschäftigung und des Ausbaus des Wohlfahrtsstaats wurde nachrangig.

Die hierzu notwendigen Maßnahmen (Steuerreform, Privatisierung, Deregulierung) waren jedoch nur bei einer massiven Entmachtung der Gewerkschaften möglich, was nebenbei bemerkt die Investitionsanreize für ausländisches Kapital erhöhte. Allerdings blieben das geringe Qualifikationsniveau sowie die niedrigen Ausgaben für Forschung und Entwicklung weiterhin Defizite der britischen Wettbewerbsposition. Dieses Phänomen ist für eine „Low Quality-Low Wage" Strategie typisch (vgl. Dingeldey 1998) und markiert eines der ökonomischen Dilemmata des Thatcherismus.[15] Insgesamt wurde der Ausgabenanstieg für *Social Security* durch die vorgenommen Sparmaßnahmen wegen der demographischen, sozialen und ökonomischen Entwicklung, m.a.W. dem Anstieg der Leistungsempfänger gegenüber den Einzahlern, nur verlangsamt und nicht aufgehalten. Hiermit ist der (trotz Leistungskürzungen) konstant erscheinende Anteil der Wohlfahrtsausgaben zu erklären. Die Abkehr vom Gleichheitsziel und die gesteigerte Selektivität der Leistungen untergraben mehr und mehr den ursprünglich universalistischen Anspruch des britischen Wohlfahrtsstaates, der soziale Leistungen als Bürgerrecht definiert. Andererseits steigt die Beschäftigung an, und Großbritannien weist zunehmend größere Erfolge in der Arbeitsmarktpolitik auf.

---

15 Zu den weiteren Aspekten des Thatcherismus vgl. die Beiträge in Sturm 1990 sowie Offe 1996.

Tabelle 4: Arbeitslosenquote in Großbritannien 1993 - 1998

1993:	1994:	1995:	1996:	1997:	1998:
10,7 %	10,0 %	9,07 %	8,3 %	7,2 %	6,6 %

Die Erfolge der Strategie der Deregulierung und Flexibilisierung des Arbeitsmarktes sind in der politischen und wissenschaftlichen Debatte umstritten, denn sie führte in den letzten Jahren dazu, daß reguläre Beschäftigungsverhältnisse stark flexibilisiert wurden. Diese Tatsache erklärt auch, daß statistisch betrachtet die sogenannten „atypischen Beschäftigungsverhältnisse" entgegen den Erwartungen eher zu vernachlässigen sind (vgl. Walwei/Werner 1998). Dies hängt eng mit der Aufweichung des Kündigungsschutzes zusammen, was betriebliche Kündigungen in den ersten zwei Jahren ohne Probleme ermöglicht und daher eine Befristung der Verträge – typisches Kennzeichen atypischer Beschäftigung – unnötig macht. Entsprechend kurz besetzt und unsicher sind Arbeitsplätze (vgl. Meager 1997; Gregg 1997).

Ferner erhöhte sich durch den Versuch, die internationale Wettbewerbsfähigkeit durch niedrige Löhne zu stärken, die Zahl der „working poor", deren Einkommen oftmals sogar unter dem Sozialhilfesatz liegen, also aufgestockt werden müssen und somit ebenfalls die Sozialkassen belasten. Zugleich ist dies einer der Momente, der die wachsende Frauenbeschäftigung mit erzeugt hat, weil häufig nur so das Haushaltseinkommen zur Existenzsicherung ausreicht. Die Tatsache, daß in Großbritannien die Frauenarbeitslosigkeit unter derjenigen der Männer liegt, zählt im übrigen zu den Besonderheiten der britischen Entwicklung. Das Wirtschafts- und Beschäftigungswachstum in Großbritannien – seit 1991 befindet sich das Land in einer permanenten Aufschwungphase – ist insbesondere durch die starke Abwertung des Pfunds infolge der Freigabe der Wechselkurse im Jahr 1992 angekurbelt worden (vgl. Walwei/Werner 1998). Ein weiterer relevanter Aspekt ist der Trend bei Einkommen und Löhnen. Wie das folgende Schaubild zeigt, hat sich seit den 80er Jahren die soziale Ungleichheit erheblich verschärft.

Schaubild 5: Trends der Einkommens- und Lohnentwicklung
in Großbritannien im Vergleich

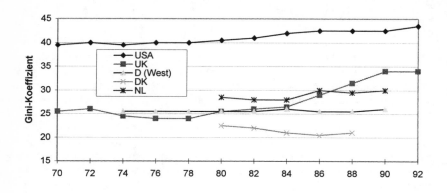

Quelle: Meager 1997: 813

Mit der immer geringer werdenden Bedeutung des Normalbeschäftigungs-
verhältnisses erodierte unter der Ägide konservativer Regierung – so läßt sich
schlußfolgern – die sozioökonomische Basis des Beveridge´schen Wohlfahrtsstaates: Der auf männliche Erwerbsarbeit und Vollbeschäftigung fixier-
te Universalismus kann unter den gewandelten Verhältnissen nicht mehr die
umfassende soziale Absicherung der Bevölkerung garantieren (vgl. Schmuk-
ker 1997: 82f.).

b) Neue Antworten durch „New Labour" oder: „The Vision Thing"

Vor diesem Hintergrund sind die Bemühungen der Labour Party um eine
grundlegende Reform ihrer Programmatik zu sehen. So wurde versucht, den
Diskurs über soziale Gerechtigkeit zu reformulieren, indem man 1991 u.a.
die Commission on Social Justice ins Leben gerufen hat, die die skizzierten
ökonomischen und sozialen Veränderungen untersuchen und mögliche Problemlösungsstrategien aufzeigen sollte. Ihr 1994 veröffentlichter Untersuch-
ungsbericht (Borrie Report) identifiziert drei ‚Revolutionen', die Großbritannien verschlafen hat und deren Auswirkungen sich in Defiziten im Bil-
dungssystem, struktureller Arbeitslosigkeit, wachsender Armut und dem sozialen Zerfall der Gesellschaft widerspiegeln:

- die ökonomische Revolution infolge der Globalisierung,
- die soziale Revolution mit veränderten demographischen Strukturen und Familienstrukturen wie auch neuen Geschlechterrollen sowie
- die politische Revolution, da das politische System Großbritanniens zu zentralistisch sei.

Dabei wurde eine verstärkte Investition in Kindererziehung und Weiterbildung gefordert, um die Dynamik des Marktes mit starken sozialen Institutionen zu koppeln (vgl. Schmitt 1997; McCormick 1995). Der wohl wichtigste Schritt im Rahmen des Transformationsprozesses von Old zu New Labor war die Revision der symbolträchtigen Clause 4, dem sogenannten Verstaatlichungsartikel des Parteistatuts, der durch ein Bekenntnis zur Marktwirtschaft ersetzt wurde.

Viele Reformen, die in den letzten 18 Jahren von den Tories durchgeführt wurden, stießen zwar zunächst auf die Kritik der Labour Party, wurden aber nicht wieder rückgängig gemacht. Auch Labour nutzt den „Sachzwang" der Globalisierung zu einer weiteren Modernisierung sozialer Absicherung. Die Reform des Wohlfahrtsstaates unter New Labour konzentriert sich in erster Linie auf die Reduktion der Arbeitslosigkeit zur Verringerung der Ausgaben für Sozialhilfe (income support) und Arbeitslosengeld, m.a.W. auf eine Umschichtung von konsumtiven auf investive Ausgaben.

Die Arbeitsmarkt- und Sozialpolitik der neuen britischen Regierung ist darauf ausgerichtet, Arbeit zu fördern, damit es sich – nach eigenen Worten – für den Bürger lohnt zu arbeiten, statt Sozialleistungen in Anspruch zu nehmen. Dies impliziert selbstverständlich, daß an eine Anhebung eben dieser Leistungen nicht gedacht ist, sondern vielmehr eine Investition in Bildung und „employability" ins Auge gefaßt wird, damit niemand aufgrund fehlender Qualifikation in die Armutsfalle geraten kann. So sind nicht simple Lohnkostensenkungsprogramme, sondern Investitionen in Forschung und Entwicklung, Bildung und Ausbildung der neue Königsweg und sollen insgesamt die Wettbewerbsfähigkeit der Volkswirtschaft stärken.[16] Damit wird zugleich die Position vertreten, daß der wertvollste Input in den Produktionsprozeß nicht Kapital, sondern Arbeit ist (vgl. Shaw 1997: 191).[17]

Dies geschieht unter anderem im Rahmen des zeitlich begrenzten ‚Welfare to Work'-Programms, das durch die sogenannte ‚Windfall-Tax' auf Überschußgewinne der privatisierten Versorgungsbetriebe finanziert werden soll. Eine derartige Steuer wird mit der Monopolstellung und den daraus resultierenden hohen Gewinnen eben dieser Betriebe begründet. Nach Schätzungen des Schatzministeriums werden auf diese Weise Mehreinnahmen von £5,2 Mrd. erzielt, die in ein ‚New Deal'-Paket zur Bekämpfung der Arbeitslosig-

---

16 Hier gilt die Bundesrepublik mit ihrem dualen Berufsbildungssystem und ihrem Schulwesen übrigens als großes Vorbild.
17 S.a. New Labour. New Britain: Labour Party Conference 97, http//:www.labour.org.uk..

keit und Senkung der Sozialversicherungsausgaben einfließen. Derzeit beginnen zwölf regionale Pilotprojekte, mit deren Hilfe junge Leute und Langzeitarbeitslose über Ausbildungs- und Umschulungsprogramme wieder eingegliedert werden sollen. Sie beinhalten

- einen New Deal für junge Arbeitslose und Langzeitarbeitslose,
- einen New Deal im Rahmen eines staatlichen Kinderbetreuungsprogramms, um Alleinerziehenden bei der Suche nach Arbeit und Kinderbetreuung zu helfen sowie
- einen New Deal für Schulen, in dessen Rahmen zusätzliche £1,3 Mrd. für Lehrmittel und neue Gebäude bereitgestelllt werden sollen.

Für 18-25jährige, die seit mindestens sechs Monaten arbeitslos sind, kommen vier Optionen in Betracht:

- ein Arbeitsplatz mit staatlicher Lohnsubvention von £60 pro Woche, die dem Arbeitgeber sechs Monate lang ausgezahlt wird,
- eine auf sechs Monate befristete Stelle bei einem Umweltprojekt, das mit £15 über dem Sozialleistungssatz bezahlt wird,
- eine Stelle bei einer gemeinnützigen Einrichtung oder
- ein Platz in einem Vollzeitlehrgang bei voller Weiterzahlung der JSA.

Bei Einstellung eines Langzeitarbeitslosen wird dem Arbeitgeber sechs Monate lang eine Subvention von £75 gezahlt. Aus der Betonung der Qualität der Arbeit ergibt sich automatisch eine starke Gewichtung der Bildungspolitik. „Education, education, education" wurde von Blair im Wahlkampf immer wieder als „top priority" bezeichnet. Zu ihrer Verbesserung wurden Kommissionen zu den Local Education Authorities entsandt, die dort die Leistungsfähigkeit der Schulen überprüfen und die Namen etwaiger „Versager" veröffentlichen, um Anreize zur Leistungssteigerung zu geben („name and shame"). Hoffnungslose Institutionen sollen geschlossen und mit neuer Besetzung wieder geöffnet werden.

Darüber hinaus soll die Klassenstärke in primary schools auf höchstens 30 Schüler reduziert werden. Die Pläne für das Labour-Konzept „Lebenslanges Lernen", das dem Einzelnen helfen soll, seine employability (Beschäftigungsfähigkeit) zu erhalten, werden Ende 1998 in einem Weißbuch „lifelong learning" veröffentlicht. Im Mittelpunkt des Projekts sollen die Schaffung eines nationalen multimedialen Weiterbildungsnetzes sowie die Einrichtung individueller ‚Lernkonten' stehen. Dies alles sind Elemente der von der Labour-Regierung verkündeten ‚skills revolution' (vgl. Britische Botschaft 1997).

Nachdem Premier Tony Blair eine unabhängige Expertenkommission zur Festlegung des neu einzuführenden Mindestlohns gegründet hatte, wird nun im April 1999 der gesetzliche Mindestlohn in Großbritannien eingeführt. Der Betrag von £ 3,60 (rund 10,70 DM) kommt den Vorstellungen des Arbeitgeberverbandes CBI näher als denen des Gewerkschaftsdachverbandes TUC. Gegenwärtig verdienen mehr als 1 Million Briten nicht mehr als umgerechnet

5 DM pro Stunde. Zur Überprüfung des Rentensystems ist ferner eine Expertenkommission eingesetzt worden, die ihre Ergebnisse Anfang 1999 veröffentlichen soll.

Die staatliche Grundrente soll auf jeden Fall erhalten bleiben. Ziel ist es, eine Balance zwischen privater und staatlicher Altersvorsorge herzustellen. So sind beispielsweise *Stakeholder Pensions* im Gespräch, die einer Erweiterung privater Vorsorge gleichkämen. Die neuesten und sehr weitreichenden Pläne der Regierung für eine Reform des britischen Wohlfahrtsstaats sind inzwischen in einem Green Paper „New Ambitions for our country: A new contract for welfare" niedergelegt worden. Nur am Rande sei erwähnt, daß die neue Labour Regierung die europäische Sozialcharta akzeptiert hat (vgl. Jeffrey/Paterson 1997).

5.2. Die Sozialisten in Frankreich

a) Der französische Wohlfahrtsstaat: Strukturen und Probleme
Der französische Wohlfahrtsstaat ist in seinen Institutionen weitgehend zersplittert, was auf die komplizierte Machtarithmetik der Nachkriegs-Sozialpolitik zurückzuführen ist. Die soziale Sicherung stützt sich auch in Frankreich auf das Prinzip der Solidarität (vgl. Bode 1997, 1998). Die Sozialleistungen werden aus Beiträgen der Versicherten im Umlageverfahren finanziert. Allerdings erfordern die steigenden Gesundheitskosten, die höhere Lebenserwartung und die hohen Arbeitslosenzahlen eine verstärkte Intervention des Staates.

Die verschiedenen Versicherungssysteme, aus denen sich die 1945 geschaffene *sécurité sociale* zusammensetzt, umfaßt drei Hauptzweige: die gesetzliche Krankenversicherung, die Rentenversicherung und die Familienbeihilfen, die in Frankreich traditionell einen hohen Stellenwert haben. Neben dem allgemeinen System, das 80 Prozent der Bevölkerung erfaßt, existieren für bestimmte Berufsgruppen wie Beamte, Landwirte oder Militärangehörige autonome Regelungen. Die drei Nationalen Kassen (*Caisse Nationale d'Allocation Familiale* (CNAF)*, Caisse Nationale d'Assurance Maladie* (CNAM) und *Caisse Nationale d'Assurance Vieillesse* (CNAV)) unterstehen dem Minister für Soziales. Die Finanzierung erfolgt hauptsächlich durch Pflichtbeiträge der Arbeitnehmer (24 Prozent) und Arbeitgeber (64 Prozent), d.h. die Arbeitgeber zahlen mehr als doppelt soviel wie die Arbeitnehmer. Eine Besonderheit des französischen Systems ist die Beitragsfestsetzung durch den Staat, über die einmal jährlich (am 01. Juli) abgestimmt wird. Unabhängig von der Sozialversicherung wurde 1958 die Arbeitslosenversicherung eingeführt.[18] Sie wird von den Sozialpartnern in Form von Tarifverträ-

---

18 Im Rahmen einer Reform wurde 1998 die Arbeitslosenhilfe nach der Dauer der Arbeitslosigkeit gestaffelt.

gen ausgestaltet und staatlich bezuschußt (vgl. zusammenfassend Schmid 1996a, s.a. Franz. Botschaft 1994).

Zentrales Problem des französischen Wohlfahrtsstaates sind die unausgeglichenen Konten sowohl in der Krankenversicherung bei stetig steigenden Gesundheitsausgaben infolge des technischen Fortschritts als auch in der Rentenversicherung infolge der steigenden Lebenserwartung und des Eintritts der geburtenstarken Nachkriegsjahrgänge ins Rentenalter ab 2005. Das *régime générale de sécurité sociale* hatte 1996 im vierten Jahr in Folge ein Defizit von mehr als 50 Mrd. Franc vorzuweisen. Frankreich ist zudem (neben der Bundesrepublik) unter den großen EU-Staaten das Land, das die geringsten Erfolge im Kampf gegen die Arbeitslosigkeit vorzuweisen hat. Die Zahl der Arbeitslosen liegt mit etwa 3,2 Millionen bei 12,6 Prozent der Erwerbsbevölkerung. Weder die Senkung des Rentenalters noch die verschiedenen Beihilfen und Abgabenerleichterungen für Unternehmen zur Schaffung neuer Arbeitsplätze waren besonders wirksam. Im Dezember 1996 hat die Zahl der Empfänger der Mindestsicherung (d.h. des *revenu minimum d'insertion RMI*) erstmals die Millionenmarke überschritten und hat sich nun bei 1.010.000 eingependelt.

b) Sozial- und arbeitsmarktpolitische Maßnahmen der französischen Linksregierung

Bereits in seiner Regierungserklärung hatte der sozialistische Premierminister Jospin angekündigt, der Beschäftigungspolitik absolute Priorität einzuräumen und mit neu entwickelten Wachstumsmodellen die Arbeitslosigkeit dauerhaft zu senken. Den Schwerpunkt dieser Politik bildet der Versuch, das Wirtschaftswachstum durch eine Zunahme des Verbrauchs, also eine Stärkung der Binnennachfrage, anzukurbeln. So wurde zum Beispiel der dynamische Mindestlohn für alle Berufssparten um vier Prozent angehoben. Das Ansehen der Regierung in Frankreich steht und fällt mit der Bekämpfung der Arbeitslosigkeit (vgl. Steinhilber 1997; s.a. Heimann 1997).[19]

Das zentrale Problem Frankreichs ist zur Zeit die Jugendarbeitslosigkeit, die mit über 25 Prozent der erwerbsfähigen Jugendlichen unter 27 mehr als doppelt so hoch liegt wie beispielsweise in der Bundesrepublik. Die zeitlich nach hinten verschobene Eingliederung auf dem Arbeitsmarkt, die wachsenden sozialen Verwerfungen sowie ein besorgniserregender Anstieg der Armut geben zu der Befürchtung Anlaß „die Wut einer ganzen Generation, die das Gefühl hat, unsere Gesellschaft dränge sie in eine Sackgasse und verweh-

---

19 Erschwerend kommt nach Krishnan (1997: 165) noch hinzu ‚daß, „if the left government cannot significantly reduce unemployment while preserving the population's social and democratic rights, the door will be left wide open for the worst elements in French political life"), m.a.W. eine Verschärfung der sozialen Krise der beste Nährboden für eine weitere Stärkung des Front National wäre.

re ihnen schlicht und einfach den Platz" (Sozialministerin M. Aubry), werde demnächst mit verstärkter Gewalt zum Ausdruck gebracht werden.

Innerhalb des Programms „Neue Dienstleistungsbereiche, neue Arbeitsplätze" soll nach der Identifikation neuer Bedürfnisse ein Angebot geschaffen werden, das eben diese Bedürfnisse befriedigen kann, die der Markt bislang ignoriert hat, und schließlich durch die Schaffung neuer Berufe einen konkreten Inhalt erhalten (vgl. Volz 1997). Konkret sollen 350.000 dieser neuen Arbeitsplätze mit einer Finanzspritze von 92.000 Francs pro Jahr subventioniert werden, wobei man sich daraus eine Hebelwirkung erhofft, die zur Entstehung neuer Berufszweige und Tätigkeitsbereiche führen soll, für die schrittweise Ausbildungs- und Qualifikationszweige geschaffen werden müssen (vgl. Frankfurter Allgemeine vom 20.8.1997). Gedacht ist hierbei beispielsweise an

- „Vermittler von Büchern", die sozial benachteiligte Familien im Auftrag der Bibliotheken besuchen, um den Kindern das Lesen nahezubringen;
- „Beauftragte für Vorbeugung", die durch Präsenz für Sicherheit in Bussen und an Bahnhöfen sorgen;
- „Kindheits-Koordinatoren", die Familien mit Kindern beim Umgang mit Behörden zur Seite stehen sollen usw.

Als Nebeneffekt soll die Wirksamkeit der Sozialausgaben dadurch erhöht werden, daß z.B. alte Menschen zu Hause betreut werden anstatt in Heimen, vorbeugende Maßnahmen statt Gefängnisaufenthalte finanziert werden oder ein lebenswertes Umfeld erhalten wird anstatt die Wiederherstellung von Lebensraum zu bezahlen.[20] Zusätzlich zu diesem Programm sollen 40.000 Hilfslehrer und 20.000 Polizeiassistenten eingestellt werden, die die öffentliche Hand weiter belasten. Allerdings hatten sich für die 40.000 neuen Stellen in den ersten Tagen bereits 150.000 Bewerber gemeldet.

Auf der nationalen Beschäftigungskonferenz, die am 10. Oktober 1997 mit Vertretern von Regierung, Arbeitgebern und Gewerkschaften in Paris stattfand, kündigte Premierminister Jospin die gesetzliche Festschreibung der wöchentlichen Arbeitszeit von 35 Stunden für alle Unternehmen mit mehr als zehn Mitarbeitern bis zum 1. Januar 2000 an. Gleichzeitig versprach er staatliche Beihilfen in Höhe von rund 9000 Franc pro Angestellten, wenn Unternehmen bei einer mindestens zehnprozentigen Arbeitszeitverkürzung die Belegschaft um sechs Prozent aufstocken. Die 35-Stunden-Woche soll zum Ende der Legislaturperiode 2002 zur gesetzlichen Arbeitszeit werden (vgl. Le Monde, 12./13. Oktober 1997). Frankreich ist das einzige große EU-Land, in dem die Politik in dieser zentralen Frage des Wirtschafts- und Soziallebens interveniert (vgl. Bode 1998).

---

20 Vgl. Rede der französischen Ministerin für Beschäftigung und Solidarität, Martine Aubry, in der Nationalversammlung, 15. September 1997.

„Frankreichs Linke (...) bleibt zweifellos dem Glauben verhaftet, daß der Staat der Vater aller politischen, wirtschaftlichen und sozialen Lösungen sei. (...) Die französischen Sozialisten haben keinen Tony Blair hervorgebracht, der dem Glauben an den Staat weitgehend abgeschworen hat (...). Die französische Linke stellt gar nicht den Anspruch, einen dritten Weg zu finden; Frankreich (ist) in Europa eines der wenigen Länder, das der Doktrin des Staatssozialismus treu geblieben ist." (Frankfurter Rundschau vom 16.10.1997: 35 Stunden à la française).[21]

6. Ländervergleiche: Erklärung und Einordnung von Reformstrategien

6.1 Determinanten wohlfahrtsstaatlicher Politik

Beim Vergleich von Arbeitsmarkt- und Sozialpolitiken in verschiedenen Ländern können unterschiedliche Ziele verfolgt werden, die eher akademischer oder politisch-praktischer Natur sein können. Gerade im letzten Falle wird weniger nach umfassenden wissenschaftlichen Erklärungen gesucht, sondern es werden einige typische Faktoren betrachtet, um diese nicht selten zu beeinflussen. Wenn man den jeweiligen Verwendungszusammenhang ausreichend transparent macht, so sind die verschiedenen Zugänge des Vergleichs durchaus legitim und sinnvoll. Neben der Zugangsweise tauchen zudem, wie im nächsten Abschnitt an einigen Beispielen noch gezeigt wird, einige methodische Probleme auf, was häufig zu Verzerrungen und Fehlinterpretationen führt.

a) Die sozialwissenschaftliche Perspektive

Für den Mainstream der vergleichenden Wohlfahrtsstaatsforschung geht es beim Wohlfahrtsstaatsvergleich vor allem darum, die Ursachen für bestimmte Entwicklungen zu identifizieren und Unterschiede zu erklären. Dazu werden zumeist Daten über die rund 20 OECD-Länder erhoben und mittels Korrelations- und Regressionsverfahren analysiert. Ein typisches Vorgehen ist die Bestimmung der Determinanten der Sozialleistungsquote. Vor allem Manfred G. *Schmidt* hat hierzu umfangreiche Studien –methodisch sehr seriös mit verschiedenen Indikatoren, über lange Zeiträume und viele Länder – durchgeführt. Die zentralen Ergebnisse seiner Untersuchungen faßt er so zusammen (Schmidt 1988: 208):

---

21 Dies erinnert an den Beginn der Ära Mitterrand, wo ein „antizyklischer Sozialismus" (Fach/Simonis 1984) ebenfalls vom dominanten angebotsorientierten „mainstream" der europäischen Politik abgewischen ist und stärker keynesianische Strategien verfolgt worden sind – damals freilich ohne Erfolg.

„Die Sozialleistungsquote ist um so höher,

1. je höher die Seniorenquote ist, was mit der klassischen demographischen oder sozioökonomischen These übereinstimmt,
2. je höher die Arbeitslosenquote ist, was Nachfrageschwäche und krisenbedingten Aufgabenzuwachs der Arbeitslosenversicherung widerspiegelt,
3. je älter die Demokratie (gemessen am ununterbrochenen Zeitraum seit Einführung des allgemeinen Männer- und Frauenstimmrechts) ist, was die These stützt, daß in der Demokratie die Ärmeren und Schwächeren besonders viel zu ihrem Wohle erreichen,
4. je stärker die Regierungsbeteiligung von Linksparteien,
5. von Mitteparteien und
6. von Liberalen Parteien, womit die Parteiendifferenzthese, jedoch in einer neuen Variante, gestützt wird,
7. je größer die Zahl der Regierungsparteien und die hierdurch erforderlichen Kompromißbildungskosten sind, was einem Koalitionskostenargument zugänglich ist,
8. je schwächer die gegenmajoritären Institutionen sind, und
9. je stärker die Einbindung in den Weltmarkt und der dies ausgleichende innenpolitische Steuerungsbedarf sind".

Er berichtet ferner, daß der Erklärungswert dieses Modells mit 80 Prozent relativ hoch und alle genannten Determinanten statistisch signifikant seien.

b) Die statistischen Berichte der Europäischen Union

Auch die Europäische Union berichtet – allerdings ohne theoretische und methodische Ambitionen – regelmäßig über die Entwicklung der Sozialleistungsquoten ihrer Mitgliedsländer, wobei die Frage der Konvergenz bzw. der Harmonisierung der nationalen Strukturen das zentrale Erkenntnisinteresse ausmacht. Dabei zeigt sich ähnlich wie bei *Schmidt* eine starke Wirkung sozioökonomischer Faktoren; freilich wird auch ersichtlich, daß diese nicht alles erklären können. Interessanterweise werden weitere Variablen, insbesondere parteipolitische und politisch-institutionelle nicht in den Berichten der Europäischen Union verarbeitet.

Korrelation

Unter Korrelation versteht man eine wechselseitige Beziehung zwischen zwei oder mehreren Merkmalen bzw. Variablen – etwa zwischen der Partei an der Regierung und der Sozialleistungsquote. Die statistische Korrelation kann dabei zwischen 1 und −1 variieren, also einen perfekten Zusammenhang (bzw. das Gegenteil) signalisieren; ein Wert von 0 zeigt überhaupt keinen Zusammenhang an. Diese Korrelationskoeffizienten sind aber nicht mit Kausalität gleichzusetzen, dazu bedarf es weiterer Interpretationen. Vor allem muß geprüft werden, ob kein Scheinzusammenhang vorliegt, der auf die Wirkung nicht beachteter Drittvariablen zurückgeht.

Ferner hängt die augenscheinliche Wechselwirkung zwischen sozioökonomischen Faktoren und Sozialausgaben mit der Art der Operationalisierung
zusammen. Je enger die Definition auf die Sozialversicherungen zugeschnit-
ten ist, desto höher die Korrelation. Und umgekehrt gilt: je breiter das ver-
wendete Konzept des Wohlfahrtsstaats desto geringer wiegen sozioökonomische Determinanten. Zugleich belegen die folgenden Schaubilder das immer
noch bestehende Gefälle zwischen den europäischen Wohlfahrtsstaaten sowohl im Bezug auf die Sozialausgaben insgesamt, die durchschnittlichen
Altersrenten und den Aktivitätsgrad der Arbeitsmarktpolitik. Nebenbei bemerkt lassen sich in diesen Schaubildern auch die bereits vertieft behandelten
Länder im Vergleich zu den anderen EU-Staaten betrachten.

Schaubild 6: Ausgaben für soziale Sicherheit und Bruttoinlandsprodukt pro
Kopf in der Europäischen Gemeinschaft 1991

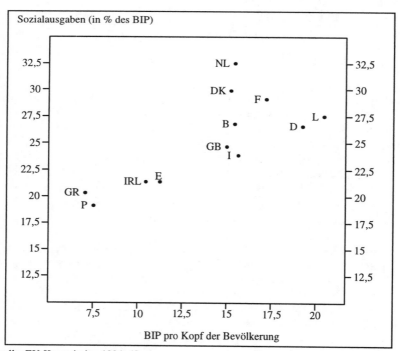

Quelle: EU-Kommission 1994: 42

140

Schaubild 7: Durchschnittliche Altersrenten in der EU in Beziehung zum Bruttoinlandsprodukt pro Kopf

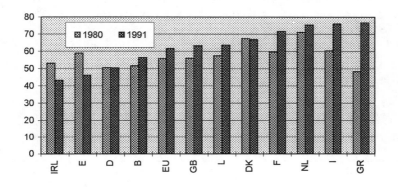

Quelle: EU-Kommission 1994: 45

Schaubild 8: Aktive und passive Arbeitsmarktmaßnahmen in der EU

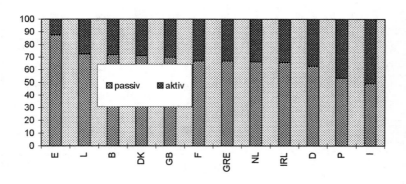

Quelle: Schönmann 1995: 10

141

c) Politische Strategien und Perspektiven

Ein weiterer und noch stärker auf die Politik abzielender Versuch, Unterschiede zwischen den Sozial- und Arbeitsmarktpolitiken der europäschen Ländern zu erfassen, zielt auf die grundlegenden Strategien und Perspektiven (vgl. Deppe/Bieling 1997). Die wichtigsten Muster sind in der folgenden Tabelle zusammengefaßt. Allerdings sind die jüngsten Entwicklungen in Großbritannien und Frankreich darin nicht berücksichtigt.

Tabelle 5: Merkmale der arbeitsmarkt- und sozialpolitischen Regulation und Reformen

	Hauptmerkmale der Arbeitsmarktpolitik	Veränderungen in der Finanzierung der sozialen Sicherungssysteme	Schwerpunkte sozialpolitischer Kürzungen	Sozialpolitische „Tabus"
Großbritannien	Teilzeitarbeit, Lohnflexibilisierung und Quasi-Selbständigkeit	Kürzung staatl. Subventionen zur Sozialversicherung; Senkung der Unternehmensbeiträge	extreme Kürzungen der pauschalen Arbeitslosengeld- und Sozialhilfesätze	nationales Gesundheitssystem; allerdings: Rationalisierung
Frankreich	Vorruhestand; geminderter Kündigungsschutz; befristete Beschäftigung	Beitragsanhebungen und Senkung der Unternehmensbeiträge bei der Einstellung von Problemgruppen	Krankenversicherung (restriktiverer Zugang und stärkere Eigenbeteiligung)	Bildungssystem
Deutschland	Frühpensionierung restriktive „Ausländerpolitik"	Steuerentlastung der Unternehmen	Stärkung des Versicherungs- und Äquivalenzprinzips; Pensionen und soziale Basisleistungen	--
Niederlande	Teilzeitoffensive	Verlagerung der Sozialversicherungsbeiträge von Unternehmen zu den Beschäftigten	Senkung der sozialen Grundversorgung	Rentensystem
Schweden	Teilzeitarbeit; Lohn- und Einkommensflexibilisierung	Erhöhung indirekter Steuern und Senkung der Sozialversicherungsbeiträge der Unternehmen	breit gestreute Kürzungen bei Lohnersatzleistungen und Sozialhilfe	Gesundheitssystem und aktive Arbeitsmarktpolitik

Quelle: Deppe/Bieling 1997: 360; eigene Ergänzungen

Interessant sind hierbei weniger die Details der wohlfahrtsstaatlichen Politiken als die grundlegende Unterschiedlichkeit der Reaktionsmuster der westeuropäischen Länder, was darauf schließen läßt, daß (handelnde) Politik doch einen Unterschied machen kann und will. Schließlich spielt in den aktuellen Debatten um die Krise und den Umbau des Wohlfahrtsstaats der internationale Vergleich insofern eine Rolle, als einige andere Länder eine bessere Entwicklung aufweisen, intelligente Reformschritte unternommen haben oder im internationalen Wettbewerb bzw. im Zuge des „Euro-Benchmarking" überraschend gut abgeschnitten haben.

In Bezug auf die Arbeitsmarktpolitik stellt die Bertelsmann-Stiftung in ihrem „Internationalen-Beschäftigungs-Ranking" fest, daß sich die Position der Bundesrepublik in den vergangenen Jahren verschlechtert hat, während Länder wie Japan, Schweiz, Österreich, USA, Portugal, Neuseeland und die Niederlande vorne rangieren. Neben Frankreich wird für Deutschland auch in Zukunft wenig Besserung erwartet.

Diese Überlegungen führen zur Frage, ob man von anderen Ländern etwas lernen kann oder ob nicht doch jedes Land einzigartig ist. Allerdings ist hier ein sorgfältiges Abwägen gefragt, außerdem taugt nicht jedes interessante Projekt zur Nachahmung. Dazu ist es notwendig, die Maßnahmen und die erreichten Positionen stärker in einem Gesamtzusammenhang zu betrachten (vgl. Kap. IV).

6.2 Von statistischen Trugschlüssen: ein methodischer Exkurs

Die quantitativ vergleichende Wohlfahrtsstaatsforschung konzentriert sich nicht zuletzt deshalb auf hoch aggregierte Ausgaben wie die Sozialleistungsquote, weil differenziertere Daten und vergleichbare Informationen über institutionelle Regelungen, Organisationsformen sozialer Dienste, individuelle Nutzen von Sozialpolitik etc. kaum verfügbar sind. Dies führt zu einem recht einseitigen Bild des Wohlfahrtsstaats bzw. zum Zerrbild einer rein geldverteilenden Sozialpolitik und zu einer gewissen Politik- und Praxisferne. Dieser Ansatz stößt zudem auf einige methodische Probleme, weil er mit dem Umstand zu kämpfen hat, daß es eine Fülle von interessanten und relevanten Variablen gibt, aber meist nur wenige Untersuchungs-Fälle.

Statistisch signifikante Ergebnisse, wie sie Manfred G. *Schmidt* in seinen Studien erreicht hat, sind eher selten. Zudem muß bei Vergleichen ein heterogenes Feld homogener gestaltet werden, d.h., es sind einheitliche Kategorien, Dimensionen, Indikatoren und Daten herzustellen. Dabei tritt häufig ein „Generalisierungs-Differenzierungs-Dilemma" auf: Was theoretisch oder politisch wichtig ist, läßt sich empirisch kaum untersuchen, da keine ausreichenden Daten vorliegen. Umgekehrt sind viele Datenbanken analytisch weitgehend irrelevant.

Inzwischen ist es jedoch dank internationaler statistischer Dienste – v.a. der Europäischen Union, der OECD und der ILO (Internationale Arbeitsorganisation) – gelungen, das Problem der internationalen Vergleichbarkeit der Daten erheblich zu verringern. Allerdings sind nationale Daten notorisch „falsch", da sie vor allem für nationale Zwecke und nach abweichenden Definitionen erstellt worden sind. So unterscheiden sich die Daten von *Eurostat* und die des statistischen Bundesamtes durch die Art der Erhebung (Umfrage oder Meldung durch Behörde) sowie die verwendeten Merkmale: In Großbritannien gelten nur Personen als arbeitslos, die einen Leistungsanspruch haben und eine Vollbeschäftigung suchen, während in der BRD alle Personen erfaßt werden, die mindestens 15 Stunden in der Woche Arbeit suchen. Die niedrigen englischen Arbeitslosenquoten sind allein deshalb schon mit Vorsicht zu genießen.

Die EU-Statistiker erfassen hingegen alle, die mindestens eine Stunde gearbeitet haben bzw. anstreben. In der Debatte um die sog. 620 DM-Jobs ist etwa auf diese deutsche Spezialität hingewiesen worden. Allgemeiner formuliert, bilden die verschiedenen Statistiken den Trend zu Teilzeitarbeit bzw. zu prekären Beschäftigungsverhältnissen unterschiedlich ab. Ähnliche Probleme treten bei der Erfassung anderer als monetärer Dimensionen des Wohlfahrtsstaats auf.

Darüber hinaus geht es darum, die relevanten Variablen in den jeweiligen nationalen Kontexten zu sehen, um nicht die berühmten Äpfel mit Birnen zu vergleichen. Gerade dieser Aspekt wird vielfach unterschätzt – vor allem in den populären Rankings von Ländern. Eine klassische Lösung dieses Problems besteht darin, sehr viele Fälle miteinander zu vergleichen und dabei besondere nationale Regelungen quasi „herauszufiltern". Diese Methode ist relativ kompliziert und voraussetzungsvoll (vgl. etwa die Analysen von Schmidt 1997). Es gibt allerdings auch einfache Verfahren, die in der wissenschaftlichen Literatur leider wenig Anwendung finden und die einen Kompromiß zwischen Methode, Anschaulichkeit und Aufwand darstellen.

Anhand der Sozialleistungsquote sollen solche simplen, aber durchaus aussagekräftigen Methoden kurz illustriert werden. Wenn man etwa von starken Wechselwirkungen zwischen Arbeitslosigkeit und Sozialausgaben bzw. zwischen aktiver Arbeitsmarktpolitik und Senkung der Sozialausgaben ausgeht, so ist eine relative Betrachtung der Sozialleistungsquote notwendig. Anders formuliert, macht es einen Unterschied, ob ein bestimmter Anteil des Bruttoinlandsproduktes (bzw. des Staatshaushaltes) bei hoher oder bei mäßiger Arbeitslosigkeit ausgegeben wird.

Umgekehrt ist es erst einmal ziemlich egal, ob eine beträchtliche individuelle Wohlfahrt über Einkommen am Arbeitsmarkt oder über Sozialtransfers des Staates erreicht wird. Um diesen Zusammenhang zu verdeutlichen, bietet sich als einfaches Verfahren an, den Quotienten zwischen Sozialleistungs- und Arbeitslosenquote zu bilden. Mangels ausreichend aktueller Daten konzentrieren wir uns dabei auf die Mitgliedsstaaten der Europäischen Union (siehe Tabelle).

144

Tabelle 6: Verhältnis von Sozialausgaben und Arbeitslosigkeit

Großbritannien	Frankreich	Deutschland	
20,1 %	30,6 %	30,8 %	Anteil der Sozialleistungen an den Staatsausgaben
6,6 %	12,0 %	10,0 %	Arbeitslosenquote
3,05	2,55	3,08	Relation/Quotient
8/6	5/7	4/6	alter/neuer Rang
Dänemark	**Schweden**	**Österreich**	
33,7 %	39,7 %	28,1 %	Anteil der Sozialleistungen an den Staatsausgaben
5,7 %	9,2 %	4,5 %	Arbeitslosenquote
5,91	4,32	6,24	Relation/Quotient
2/3	1/5	6/2	alter/neuer Rang
Niederlande	**Spanien**	**EU-Durchschnitt**	
32,8 %	23,8 %	28,2 %	Anteil der Sozialleistungen an den Staatsausgaben
4,7 %	20,8 %	10,6 %	Arbeitslosenquote
6,98	1,14	2,66	Relation/Quotient
3/1	7/8		alter/neuer Rang

Quelle: Daten nach Eurostat; Arbeitslosigkeit: Dezember 1997, SozialAusgaben: 1994

Durch diese Berücksichtigung eines zentralen Kontextfaktors wird vor allem dem Unterschied zwischen aktiven und passiven Strategien und der notwendigen (analytischen wie praktischen) Integration von Sozial- und Arbeitsmarktpolitik Rechnung getragen. Das hat aber erhebliche Konsequenzen für das Ranking der Fälle. So liegt die Bundesrepublik, bezogen auf die Sozialausgaben, dicht hinter den Niederlanden und weit vor Großbritannien; allerdings weist sie eine deutlich schlechtere Entwicklung am Arbeitsmarkt auf. Nach der Abstimmung der Daten liegen die Niederlande weit vorn und Großbritannien und Deutschland etwa gleich auf. Neuere Daten dürften den Korrektureffekt durch das Verhältnis von arbeitsmarktpolitischen Effekten und Sozialleistungsquote noch deutlicher werden lassen.

Aber auch bei der Betrachtung der Arbeitslosigkeit ist Vorsicht geboten, weil bei einer isolierten Betrachtung leicht Verzerrungen entstehen und andere wichtige politische Ziele ignoriert werden (vgl. dazu Anhang 2). Ein in der vergleichenden Forschung öfters verwendetes Maß ist der *Misery-Index*, der sich aus der Addition von Arbeitslosen- und Inflationsrate ergibt und der ggf. ergänzt werden kann, indem die Wachstumsrate subtrahiert wird. So einsteht ein umfassendes Bild der Lage der Nationen; hierzu einige Beispiele:

Formel: Arbeitslosigkeit + Inflation - Wachstum = Misery-Index
(Bezugsjahr um 1997)

- BRD: 10,0 + 1,4 - 2,5   = 8,9
- GB: 6,6 + 1,8 - 2,5   = 5,9
- NL: 4,7 + 1,8 - 3,1   = 3,4
- F: 12,0 + 1,2 - 2,3   = 10,9
- DK: 5,7 + 1,9 - 3,4   = 4,2

Wählt man diesen weniger gebräuchlichen *Misery-Index*, dann stehen die beiden Vorzeige-Länder Dänemark und Niederlande mit relativ niedrigen Werten besonders gut da, gefolg von Großbritannien. Deutschland liegt hingegen abgeschlagen kurz vor Frankreich.

Darüber hinaus ist es häufig sinnvoll, die Arbeitslosigkeit vor dem Hintergrund der gesamten Beschäftigung zu bewerten, da sich in manchen Fällen die relativ niedrige Arbeitslosenquote als geringe (Frauen-)Erwerbsquote entpuppt. Um einen weiteren Index zu bilden, kann auch der Anteil an Langzeitarbeitslosen herangezogen werden, um die Verfestigungstendenzen am Arbeitsmarkt zu erfassen. Nur so läßt sich ein Bild von den Integrationsdefiziten einer Gesellschaft machen bzw. verdeutlichen, wer die Lasten der Krise trägt.

Formel: Erwerbsquote / Arbeitslosigkeit – Langzeitarbeitslosigkeit = Performanz-Index des Arbeitsmarktes
(Bezugsjahr um 1997)

- BRD: 61 / 10,0 - 48   = -41,9
- GB: 67 / 6,6 - 40   = -29,8
- NL: 58 / 4,7 - 50   = -37,6
- F: 59 / 12,0 - 40   = -37,6
- DK: 75 / 5,7 - 27   = -13,8

Auch bei diesem Index verschlechtert sich die relative Position der Bundesrepublik, weil sie eine relative geringe (Frauen-)Erwerbsquote und eine inzwischen bemerkenswerte Dauer der Arbeitslosigkeit aufweist. Positiver wirkt sich hier die vergleichsweise geringe Jugendarbeitslosigkeit aus, wobei sich allerdings die Verhältnisse in West- und Ostdeutschland erheblich unterscheiden. Umgekehrt schneidet etwa Dänemark noch besser ab, weil es eine niedrige Arbeitslosigkeit mit einer hohen Erwerbsquote – der höchsten in der EU, wie der Spiegel (Nr. 16/1998) lobend anerkennt – zu verbinden vermag. Auch Großbritannien rangiert bei diesem komplexeren Indikator über die Performanz des Arbeitsmarktes vor den Niederlanden; weil dort die Erwerbsquote relativ niedrig und die Langzeitarbeitslosigkeit sehr hoch ist – was im übrigen dort auch erkannt und derzeit angegangen wird.[22]

Ein anderes Beispiel für eine mangelhafte Betrachtung der Systemzusammenhänge – oder schärfer formuliert: ein politisch nicht selten beabsichtigtes Mißverständnis – stellt die unvollständige Darstellung der Finanzierung des Wohlfahrtsstaats dar. Häufig wird die Höhe der Beiträge als zentrale Kriterium genommen, was jedoch den Vergleich mit anderen Systemen verzerrt, die nicht nach dem Versicherungsprinzip wie im deutschen Modell, sondern über den Staatshaushalt finanziert werden.

Das folgende Schaubild zeigt die entsprechenden Daten, wobei hier im Unterschied zur Darstellung einer Informationsschrift des Bundesarbeitsministeriums – und darauf aufbauend verschiedener Berichte in den Medien – die Reihenfolge nicht in drei Tabellen nach den jeweiligen relativen Anteilen, sondern in einer Tabelle nach Ländern erfolgt, was System- und Kompensationseffekte sichtbar macht. Mit anderen Worten: Wo die Beiträge hoch sind, sind die Steuern niedrig und umgekehrt. Bekanntlich gibt es den Wohlfahrtsstaat nirgends umsonst – wenngleich die unterschiedlichen Finanzierungsweisen in der Regel auch unterschiedliche Verteilungseffekte aufweisen.

---

22 Dabei weichen die Daten, die hier und an anderen Stellen in diesem Kapitel verwendet werden, teilweise voneinander ab, je nachdem auf welches Jahr und welche Quelle Bezug genommen wird. In der Regel sind die aktuellsten verfügbaren Daten verwendet worden (d.h. um 1997). Für die politische Qualität und die Tendenz der Entwicklungen sind diese Differenzen und methodischen Unsauberkeiten kaum relevant.

Schaubild 9: Finanzierungsarten des Wohlfahrtsstaats

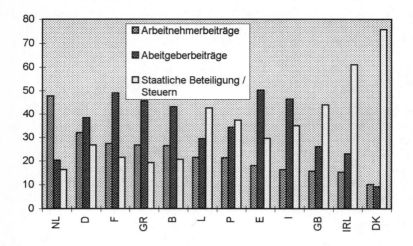

Quelle: Bundesarbeitsministerium 1996, Stand 1994

Schließlich werden auch hier noch einmal die nationalen Unterschiede und Bezüge deutlich. Im Grunde existieren in Europa drei unterschiedliche Gruppen von Ländern:[23]

- die arbeitnehmerfinanzierten Systeme (Niederlande),
- die arbeitgeberfinanzierten Systeme (Spanien, Frankreich, Italien, Griechenland, Belgien und mit Abstrichen Deutschland) sowie
- die steuerfinanzierten Systeme (Dänemark, Irland, Großbritannien, Luxemburg und Portugal).

Auch hier wäre zu prüfen, welche Neben- und Nettoeffekte auftreten, etwa, ob hohe Arbeitnehmerbeiträge mit hohen Löhnen zusammenhängen. Alles in allem gesehen ist der internationale Vergleich komplizierter, als es der in Presse und Politik leider häufig anzutreffende erste Blick erscheinen läßt.

---

23 Aus diesem Grund lassen sich Länder auch nur sinnvoll innerhalb ihrer „Subgruppe" vergleichen; direkte Vergleiche zwischen Großbritannien und Dänemark einerseits und Deutschland andererseits hinken daher systematisch.

7. Anhang

Liste mit Internetadressen

ORGANISATIONEN

OECD	*http://www.oecd.org/* (häufig nur Verweis auf Publikationen)

EU
  Kommission
  Eurostat
	http://europa.eu.int
	 http://europa.eu.int/comm/
	 http://europa.eu.int/en/comm/eurostat/

ILO (Int. Arbeitsamt)	*http://www.ilo.org/* (umfassendes System, sehr viele Texte)

REGIERUNGEN

USA

Dep. of Labor	*http://www.dol.gov/*
Bureau of Labor Statistics	*http://stats.bls.gov*
Dep.of Health & Human Services	*http://www.hhs.gov/*

Neuseeland

Regierung	*http://www.govt.nz/*
Statistik	*http:/stats.govt.nz/statsweb.nsf/*

Großbritannien

Office for National
Statistics   *http://www.ons.gov.uk/onsf.htm*
Dep. of Social
Security   *http://www.dss.gov.uk/*
Dep. of Education
and Employment   *http:*//www.open.gov.uk/dfee/

Frankreich

Ministère de L'Emploi
et de la Solidarité   *http://www.travail.gouv.fr/*
Institut National
de la Statistique et des
Etudes Economiques   *http://www.insee.fr/*

Niederlande

Centraal Bureau
voor de Statistiek   *http://www.cbs.nl/*
Ministerie van
Economische Zaken   *http://www.minez.nl/*

Dänemark

Arbejdsministeriet   *http://www.am.dk/*
Økonomiministeriet   *http://www.oem.dk*

150

Im folgenden werden in gekürzter Form ausgewählte Zeitungsartikel präsentiert, die charakteristische Themen der internationalen Sozialpolitik-Debatte – wie etwa Niedriglohn-Jobs – aufgreifen. Sie sollen demonstrieren, wie stark die öffentliche Aufmerksamkeit für sozialpolitische Lösungsansätze in einzelnen Ländern gestiegen ist.

Anhang 1: Die Zeit Nr. 50; vom 10. Dezember 1993

Zwischen Bismarck und Beveridge

Von Klaus-Peter Schmid

(...) Fachleute unterscheiden zwei Grundkonzepte und verbinden das eine mit dem Namen Bismarcks, das andere mit dem Lord Beveridges. Als Reichskanzler Otto von Bismarck zwischen 1883 und 1889 die gesetzliche Krankenversicherung, die Unfallversicherung und die Altersversicherung schuf, ging es in erster Linie um die Absicherung der Industriearbeiter gegen wirtschaftliche Not. Die revolutionäre Neuerung baute zwar auf Einrichtungen der Selbsthilfe auf, das Versicherungsprinzip schuf jedoch einen klaren

Bezug zwischen Beitrag und Anspruch auf Leistung. An diesem Zusammenhang änderte auch die 1927 eingeführte gesetzliche Arbeitslosenversicherung nichts.

Die Überlegungen des britischen Ökonomen und Sozialpolitikers Lord William Beveridge waren weitreichender. Sein Plan, den er 1942 vorlegte, hatte die Beseitigung der Armut in Großbritannien zum Ziel: Jeder Bürger sollte ein ausreichendes Einkommen erhalten, und zwar über finanzielle Umverteilung. Für die soziale Sicherung seiner Bürger ist nach diesem Konzept zuerst der Staat zuständig, und damit auch für die Finanzierung. Eine direkte Beziehung zwischen Beiträgen und späterer Leistung war für Beveridge unwichtig. Gemeinsam ist allen Systemen, daß es soziale Sicherung nirgends umsonst gibt. Sonst sind eindeutige Parallelen zwischen den europäischen Ländern rar:

- Die Grundoptionen bei der Finanzierung gehen weit auseinander. In Dänemark gilt das Prinzip der Sozialversicherung nicht viel. Dänen zahlen von allen EG-Bürgern die geringsten Beiträge. (...) Das andere Extrem bildet Frankreich. Hier übernimmt der Staat nur knapp 20 Prozent der sozialen Sicherung, den Löwenanteil tragen Arbeitgeber und Arbeitnehmer. Deutschland rangiert etwa in der Mitte. (...)
- Ein direkter Zusammenhang zwischen Finanzierungsart und Niveau der Sozialsicherung ist nicht erkennbar. So leistet sich Dänemark einen sehr hohen Standard und bestreitet ihn ganz überwiegend mit Steuergeldern. Die Niederländer dagegen, die mit ihren Leistungen noch vor den Dänen rangieren, verteilen die Last zu je einem Drittel auf Arbeitgeber, Arbeitnehmer und Steuerzahler. (...)
- Arbeitgeber und Arbeitnehmer werden sehr unterschiedlich belastet. (...)

All das scheint keinem logischen Prinzip zu gehorchen. Die sozialen Systeme sind in bestimmten historischen Situationen entstanden und unter politischen Bedingungen gewachsen, die von Land zu Land verschieden waren. Dennoch sind einige einheitliche Trends auszumachen: So hat sich der Umfang der Leistungen angeglichen, weil Spanien, Portugal und Griechenland ein gutes Stück aufgeholt haben und die nördlichen, reicheren EG-Länder allmählich an ihre Grenzen stoßen.

Eine begrenzte Konvergenz ist auch auf der Finanzierungsseite zu beobachten. So ging zwischen 1980 und 1990 überall in der EG (einzige Ausnahme: Belgien) das Gewicht der Arbeitgeberbeiträge- mehr oder weniger stark- zurück. Doch da hört die Gemeinsamkeit auch schon auf. (...)

Angesichts der vielfältigen Grundoptionen und der daraus resultierenden konkreten Institutionen ist die Frage nicht schlüssig zu beantworten, welches Land seine Probleme am besten löst. Die Systeme sind einfach zu verschieden, um vergleichbar zu sein. Die Frage nach der ökonomischen Wirkung bestimmter Formen der Finanzierung bleibt dagegen sinnvoll. Dabei sind drei Aspekte besonders interessant: die Umverteilung der Einkommen, die Auswirkungen auf die Wettbewerbsfähigkeit und die Folgen für die Schaffung von Arbeitsplätzen. (...)

Bleibt dann die Frage, ob es nicht sinnvoll wäre, wenn die Europäer ihre national geprägten Sozialsysteme und deren Finanzierung harmonisierten. Die bis Mitte der siebziger Jahre vorherrschende Meinung, mit dem Wirtschaftswachstum würden sich auch die Institutionen der sozialen Sicherung in Europa angleichen, hat sich bisher jedenfalls nicht bestätigt. Die kulturellen und historischen Wurzeln sind so verschieden, daß die Organisationsformen und Finanzierungsmethoden in ihren nationalen Ausprägungen überlebt haben.

Daran will auch Brüssel nicht rütteln, eine europaweite Harmonisierung scheint weder möglich noch nötig. Eine Einsicht jedoch scheint sich überall durchzusetzen: Der Effekt der Umverteilung wird zu stark, und letzten Endes müssen die Versicherten selber dafür zahlen, sei es über höhere Beiträge, höhere Steuern, höhere Preise oder niedrigere Einkommen.

Die Diskussion läuft darauf hinaus, daß das staatliche System der sozialen Sicherheit nur noch einen allgemeinen Grundbedarf deckt und dem Bürger die Verantwortung für jeden weitergehenden Schutz überlassen bleibt. Doch eine einheitliche Euro-Lösung wird es auch hier nicht geben.

Anhang 2: Die Woche; vom 7.3.1997

Von Holland lernen ?

Immer mehr Arbeitslose in Deutschland, immer weniger in den USA, den Niederlanden oder England. Was können die Deutschen kopieren ? Welche Rezepte versprechen Erfolg ?

von Lutz Spenneberg

Es war einmal ein Modell Deutschland. Das erfreute sich großer Beliebtheit und hohen Respekts. Nun ist das Märchen vorbei und das Land bestenfalls noch durchschnittlich, jedenfalls was Wachstum und Beschäftigung betrifft. Die Nachbarn machen sich bereits Sorgen über den kranken Riesen in der Mitte Europas.

Andere Länder sind dynamischer und bauen die Arbeitslosigkeit ab, das Krebsübel, das Steuern frißt und Sozialkassen zerstört. Heute heißen die Modelle Holland, USA, Neuseeland oder England. In diesen Ländern sinkt die Arbeitslosenquote. Sie ist teilweise nur noch halb so hoch wie in der Bundesrepublik. Also gibt es sie, die Wege aus der Jobkrise.

Doch Vorsicht, Statistiken sind nur bedingt vergleichbar: Nationale Arbeitslosenzahlen sind politische Größen. Wer arbeitslos ist, legt die Regierung fest. (...). Etwa vergleichbar sind nur Zahlen, die Regierungen nicht manipulieren können, zum Beispiel die Werte der OECD. (...)

Den Ländern mit sinkender Arbeitslosigkeit ist eines gemeinsam: Sie haben eine Radikalkur hinter sich. Niedrigere Einkommen, flexible Arbeitsverhältnisse, tiefe Einschnitte ins Sozialsystem und in Arbeitnehmerrechte- so steigerten sie ihre internationale Wettbewerbsfähigkeit. Das aber ist nun nicht das deutsche Problem. Die Wirtschaft hier zu Lande hat 1996 wieder einen Rekordüberschuß (97 Milliarden Mark) im Außenhandel erzielt. Tendenz steigend.

Was fehlt, ist die Nachfrage im Inland. Doch die leidet unter einem faktischen Lohnstop. Angst um Arbeitsplätze, Verunsicherung der Bürger- damit haben andere Länder ihre Bevölkerung wachgerüttelt. Die Deutschen aber erstarren vor Schreck.

Japan

3,4 Prozent Arbeitslose, und trotzdem befindet sich Japan in tiefster Depression. Eine Arbeitslosenquote, die alle Welt neidisch macht, bedeutet in Japan einen Negativ- Rekord. Außer Luxemburg (3,1) sind in keinem westlichen Industrieland weniger Arbeitslose registriert. Dennoch ist Japan keine Vorbild, das Land steckt in einer tiefen Krise. Korruptionsskandale und Bankenpleiten erschüttern das Königreich. In zwei Jahren hat der Yen 60 Prozent an Wert gegenüber dem Dollar verloren. Da die Japaner ihr gesamtes Öl und zwei Drittel ihrer Nahrungsmittel einführen, leidet die Wirtschaft schwere Not. Leidtragende sind vor allem junge Menschen. Die Jugendarbeitslosigkeit liegt bei 7 Prozent. Seit 1992 hat sich die Zahl der Stellensuchenden unter 34 Jahren verdreifacht. Etwa 220.000 Hochschulabsolventen, vorwiegend junge Frauen finden keine Jobs. Sieben Konjunkturprogramme haben nicht geholfen, nur den Strukturwandel verzögert und den Staat verschuldet. Nun müssen die Steuern erhöht und Subventionen gestrichen werden.

Schweiz

4,7 Prozent Arbeitslose, die Schweiz hat es gut. Doch die vergleichsweise niedrige Zahl täuscht. Was überall in Europa als Vollbeschäftigung gilt, läßt die Eidgenossen an ihrer Wirtschaft zweifeln. Das Land steckt in der tiefsten Wirtschaftskrise seit den 30er Jahren. Statt erhoffter 2 Prozent Wachstum sackte das Bruttosozialprodukt 1996 um 0,7 Prozent ab. Die Schweiz geriet in den Abwärtssog ihrer wichtigsten Handelspartner Deutschland, Frankreich und Italien. Die Inlandsnachfrage brach weg und der Sparkurs der Öffentlichen Hand traf die Bauwirtschaft- alles Probleme, die den Deutschren vertraut sind. Die 50 größten Unternehmen schufen voriges Jahr zwar 22.000 Arbeitsplätze- jedoch im Ausland. zu Hause strichen sie 8.000 Jobs. Der Schock über die schnell steigenden Arbeitslosenzahl sitzt tief. Im Tessin liegt die Quote schon bei 7 Prozent, in einigen Orten sogar bei 20 Prozent. Über viele Jahre hinweg hatten sich die Schweizer an Wert unter 1 Prozent gewöhnt. Sie regulieren ihren Arbeitsmarkt mit Saisonkräften. Nun haben diese nach mehrjähriger Tätigkeit ein Bleiberecht.

Neuseeland

6 Prozent Arbeitslose, fast halb so viele wir vor fünf Jahren- das soll man ein Land nachmachen. Die OECD hat das ferne Neuseeland zum „zur Zeit am besten funktionierenden Industrieland" erhoben. Ökonomen aus aller Welt studieren nun das Wunder. Die 3,5 Millionen Neuseeländer haben sich 1991 eine Radikal- Kur verordnet. Sie senkten die Steuern, strichen Subventionen, stellten das Sozialsystem um und schufen günstige Bedingungen für Unternehmer. „Man muß alle Privilegien auf einmal angreifen und schnell handeln" sagte Finanzminister Roger Douglas. Der Erfolg gibt ihm Recht. Zu mehr als 70 Prozent sind Vollarbeitsplätze in überwiegende neuen Dienstleistungs- und Produktionszweigen entstanden. „Ein Ansporn für mich, bei Steuerreform und Umbau des Sozialstaates Spur zu halten." sagt Bundesfinanzminister Günter Rexrodt (FDP), der kürzlich die Antipoden besuchte. Denen reicht es nun. Im Oktober 1996 votierten sie dafür, die drastischen Reformen zu beenden.

Großbritannien

6,7 Prozent Arbeitslose, damit können sich die Briten sehen lassen. Seit 1993 sinkt ihre Arbeitslosenquote. 30.000 neue Stellen hat die britische Wirtschaft 1996 geschaffen. Die Grundlage legt die eiserne Margret Thatcher. Die senkte die Unternehmenssteuern, strich Vorschriften, schaffte Mindestlöhne und Arbeitszeiten ab und zähmte die Gewerkschaften. Das lockte Investoren, vor allem Amerikaner, Franzosen, Japaner und Deutsche. Allerdings werden nun auch die Schwächen deutlicher. Die Dynamik läßt nach, neue Stellen sind meist schlecht bezahlte Teilzeitjobs. Viele resignieren und ziehen sich vom Arbeitsmarkt zurück. Rund 3,3 Millionen Haushalte, fast 20 Prozent, sind ohne bezahlte Arbeit. Fazit: Es gibt zwar mehr Arbeit, aber das Einkommensgefälle ist so groß wie seit Jahrzehnten nicht mehr. Die Briten danken es der konservativen Regierung nicht, daß sie das Land umgekrempelt hat. Bei den anstehenden Neuwahlen hat John Major kaum eine Chance.

USA

5,3 Prozent Arbeitslose, in der Europäischen Union (EU) liegt die Quote mehr als doppelt so hoch. Die Amerikaner schaffen 200.000 neue Jobs- im Monat. Ihre Wirtschaft ist in 25 Jahren wie der EU um 80 Prozent gewachsen. In dieser Zeit entstanden in den USA rund 43 Millionen neue Stellen, in Westeuropa aber nur knapp 10 und in Deutschland weniger als 2 Millionen. Jeder dritte Arbeitslose findet jenseits des Atlantik innerhalb von vier Wochen eine Stelle, in Deutschland schafft das nur jeder Zehnte. Etwa 10 Prozent sind länger als ein Jahr ohne Arbeit, in Deutschland 48 Prozent. Die US- Jobmaschine steht unter Dampf- das hat seinen Preis. Die Realeinkommen sind in den USA seit 1970 nur um 15 Prozent gestiegen, in der EU dagegen um 60 Prozent. Mancher junge Industriearbeiter verdient heute weniger als sein Großvater vor 35 Jahren. Viele Ungelernte werden miserabel bezahlt als Gebäudereiniger, Kellner in Schnellrestaurants, Autoparker und Tütenpacker im Supermarkt. Ausgebildet wird den USA ohnehin kaum. Nur 10 Prozent der jungen Arbeiter haben eine Berufsausbildung, verglichen mit über 50 Prozent in Japan oder Deutschland. Aber: Nur ein Drittel der neuen Stellen sind billige „McJobs". Es sind meist hoch qualifizierte neue Arbeitsplätze, etwa in der Software- Industrie oder in der Biotechnik, die in den USA entstehen.

Niederlande

6,7 Prozent Arbeitslose, sind in unserem Nachbarland registriert. Pro Jahr entstehen 120.000 neue Arbeitsplätze, in zehn Jahren waren es 800.000- und das bei nur 6,5 Millionen Beschäftigten und 15 Millionen Einwohnern. Anfang der 80er Jahre steckte das Land in Schwierigkeiten, die Arbeitslosigkeit stieg steil an. 1983 zogen Regierung, Arbeitgeber und Gewerkschaften die Notbremse. Alle Staatsausgaben wurden um 3 Prozent gekürzt. Ein „Bündnis für Arbeit" beschloß Lohnstopp und Arbeitszeitverkürzung. Kernstück des Erfolgs ist aber die Flexibilisierung des Arbeitsmarkts. In den Niederlanden arbeiten 37 Prozent in Teilzeitjobs, in Deutschland nur 16 Prozent. Selbst leitende Manager treten in Holland kürzer und kümmern sich lieber mehr um ihre Familien. Allerdings verdienen die Niederländer und weniger. In den 70er Jahren gehörten sie zu den reichsten Europäern. 1988 sank ihr Verdienst sogar unter den EU- Durchschnitt. Nun geht es langsam wieder bergauf. 1991 wurde das Gesetz der Arbeitsunfähigkeit geändert. Bis dahin galten 1 Million Niederländer als Invalide, sie tauchten in keiner Arbeitslosenstatistik auf. Jetzt sinkt die Zahl der Arbeitsunfähigen, denn die Krankschreibung wird alle fünf Jahre überprüft. Aber: Immer noch fast ein Drittel aller Niederländer beziehen Lohnersatzleistungen, Arbeitslosen- oder Invalidengeld. Zählt man alles zusammen, liegt die Arbeitslosenquote nicht bei 6,7, sondern bei 27 Prozent.

Vergleich: Anteil der Teilzeitarbeitsstellen (in Prozent der Beschäftigten 1994)

Frauen	Land	Männer
66	Niederlande	16
55	Schweiz	9
47	Norwegen	9
44	Großbritannien	12
41	Schweden	10
37	Dänemark	11
36	Japan	11
32	Deutschland	3
28	Belgien	3
28	Frankreich	5
28	USA	12
23	Österreich	12
21	Irland	14
18	Luxemburg	1
15	Spanien	3
12	Italien	3
12	Portugal	5
11	Finnland	6
8	Griechenland	3

In Sachen Teilzeit liegt Deutschland im Mittelfeld. Vor allem Männer scheuen die flexible Arbeitsform.

Rettung durch Billigjobs: Arbeit um jeden Preis?
Von Uwe Jean Heuser und Oliver Schumacher

(...) Niedriglöhne sollen- nach angelsächsischem Vorbild- in der Bundesrepublik eine Jobmaschine in Gang setzen. „Mit einer Öffnung der Tariflöhne nach unten könnten bis zu 4,7 Millionen neue Arbeitsplätze im Niedriglohnsektor entstehen", sagt das Institut der deutschen Wirtschaft (IW). (...)

Derzeit sind Arbeitslose und Sozialhilfebezieher kaum motiviert, sich eine schlecht bezahlte Arbeit zu suchen. Lediglich gut 300 Mark pro Monat darf ein Langzeitarbeitsloser vom nächsten Jahr an hinzuverdienen – alles weitere wird mit seiner Arbeitslosenhilfe verrechnet. Durch Billigjobs etwas mehr Geld bekommen – für Sozialhilfeempfänger macht sich das sogar noch weniger bezahlt. 260 Mark im Monat können sie maximal für sich behalten. (...)

Aus diesem Kreislauf will der BDA-Präsident ausbrechen. Vereinfacht sieht sein Konzept vor, Arbeitslosengeld künftig nur noch für ein Jahr auszahlen. Wer bis dahin keinen neuen Job gefunden hat, soll dann von einer Mischung aus Sozial- und Arbeitslosenhilfe leben. Der Clou: Wer diese staatliche Hilfe erhält, kann mit Billigjobs sein Einkommen deutlicher aufstocken als bisher. Hundts Credo klingt plausibel: Gerade unqualifizierte Jobsuchende brauchen dringend einen neue Chance. (...)

Da trifft es sich, daß IW-Mann Klös in seiner jüngsten Studie eine Dienstleistungslücke ausgemacht hat. Im Vergleich zu Japan und den Vereinigten Staaten gebe es etwa im Handel oder der Gastronomie „eine markante Unterversorgung", beklagt der Wissenschaftler. Daß die Zahl der Billigjobs hierzulande relative gering ist, belegt auch eine neue Analyse der Organisation für wirtschaftliche Zusammenarbeit und Entwicklung (OECD). Weder in Dänemark und Frankreich noch in Italien, Großbritannien oder in den Vereinigten Staaten spielen demnach niedrige Lohngruppen eine so untergeordnete Rolle wie hierzulande. (...)

Minigehälter als Patentrezept für mehr Beschäftigung- für den Deutschen Gewerkschaftsbund (DGB) eine Horrorvision. Als untauglich und gefährlich geißelt DGB-Bundesvorstand Michael Geuenich die Vorschläge des Tarifpartners: „Damit würden viele Erwerbseinkommen unter die Sozialhilfesätze gedrückt." (...)

Grundsätzlich wehren sich die Gewerkschaften vehement dagegen, die Tariflöhne nach unten zu fahren. Allenfalls wollen die Arbeitnehmervertreter den Staat bewegen, für Geringqualifizierte einen Teil der Tariflöhne zu übernehmen. IG-Chemie-Chef Hubertus Schmoldt: „Wir müssen uns darauf einstellen, daß wir nicht nur Arbeitsplätze mit hoher Wertschöpfung haben werden." In diesem Sinn läßt DGB-Chef Dieter Schulte bereits über neue Regeln beim Kombilohn verhandeln. (...)

Natürlich könnten die Arbeitgeber Kombilöhne vorübergehend ausnützen, räumt Karl-Heinz Paqué ein: „Aber da darf man nicht gleich aufschreien, auf lange Sicht werden die Firmen um die Niedriglohn arbeiter konkurrieren." Der Magdeburger Ökonomieprofessor hat daher vorgeschlagen, daß Empfänger von Arbeitslosenhilfe zumutbare Jobs zu jedem Lohn annehmen müssen. Die Finanzlücke bis zur bisherigen Höhe der staatlichen Hilfe übernimmt in seinem Modell der Staat- dauerhaft. Von dem Einwand, daß derart subventionierte Erwerbstätige den regulär Beschäftigten die Jobs wegnehmen, will der Professor nichts wissen: „Es geht um derzeit unprofitable Bereiche. Jede USA-Reise genügt, um das Potential zu sehen. Mieten Sie dort ein Auto am Flughafen, kümmern sich drei Personen um Sie."(...)

Der Streit ist entbrannt und wird endlich öffentlich ausgetragen: Schafft eine stärkere Spreizung der Löhne Hunderttausende Jobs in Haushalten, Supermärkten, Restaurants und Empfangshallen? Oder entsteht unter dem Motto „Arbeit um jeden Preis" nach dem amerikanischen Modell eine neue Klasse verarmter Dienstmädchen, Boten und Pförtner, die der Willkür einer wohlhabenden Oberschicht ausgesetzt ist? Immerhin waren 41 Prozent davon gingen sogar einer regelmäßigen Arbeit nach.

Fritz J. Scharpf, Wissenschaftler am Kölner Max-Plank- Institut für Gesellschaftsforschung, fordert schon seit langem Kombilöhne. Er hält die Sorgen der Skeptiker für übertrieben. Auch die Vordenker der SPD sind von Scharpfs Ideen überzeugt. Die Sozialdemokraten wollen Sozialhilfeempfängern, die hinzuverdienen, laut einem Leitantrag zum nächsten Parteitag fünfzig Prozent des Verdienstes belassen- getreu den Wirtschaftsthesen des Kanzlerkandidaten-Anwärters Gerhard Schröder: „Wir werden Arbeit statt Arbeitslosigkeit finanzieren."

Wer den Streit bewerten will, ist gut beraten, die Lohnstreifen der Arbeitnehmer unter die Lupe zu nehmen. Schon heute sind in zahlreichen Landstrichen und Branchen Westdeutschlands niedrige Löhne tarifvertraglich festgeschrieben: Vor allem Beschäftigte in Rheinland-Pfalz, dem Saarland und – weniger drastisch – in den norddeutschen Bundesländern rangieren auf den Gehaltslisten ganz unten. Nur, in der Praxis sind diese Lohngruppen kaum besetzt – ein Faktum, das eine abstruse Diskussion ausgelöst hat: Die Gewerkschaften sagen, sie hätten Möglichkeiten geschaffen, die aber niemand nutzen wolle. Die Arbeitgeber entgegnen, die geringe Nutzung belege, daß die Löhne weiter zu hoch seien. Was im Westen der Nation zu den Ausnahmen zählt, ist im Osten der Regelfall. Die neuen Länder – eine einzige Niedriglohnzone. Sicher, gemessen an der Produktivität sind die dortigen Bezüge viel zu hoch, im Vergleich zu ihren westdeutschen Kollegen fühlen sich die Malocher in den neuen Ländern aber als Billigjobber. Die Flaute beim Aufbau Ost verstärkt diesen Trend, viele Unternehmen bezahlen unter Tarif. Selbst vorsichtigen Schätzungen zufolge erhält jeder Vierte weniger Lohn, als ihm per Tarifvertrag zusteht. Die Entwicklung belegt eindringlich: Auf Dauer unterhöhlt die Massenarbeitslosigkeit soziale Mindeststandards und tarifliche Schutzklauseln.

Kombilöhne sind da kein Allheilmittel. In der gegenwärtigen Lage kann ein solches soziales Experiment aber nur helfen. Die Fundamentalkrise indes bleibt: Auch noch so niedrig bezahlte Arbeitnehmer werden- wie alle anderen Beschäftigten- weiter unter den katastrophal hohen Lohnnebenkosten und dem maroden Steuersystem leiden.

Großbritannien –
Vorbild mit Makel

Die Thatcher- Revolution hat am unteren Ende des Arbeitsmarkts – bei den wenig oder gar nicht qualifizierten Kräften- massiv die Löhne gesenkt und Rechte auf Urlaub, Pausen oder etwa Kündigungsschutz beschnitten. Es klingt hart, war aber gut gemeint: Nach dem ökonomischen Lehrbuch bewirkt die Entfesselung der Arbeitsmärkte eine bessere Verteilung der Arbeit. Und an der Theorie scheint etwas dran zu sein: Die Arbeitslosigkeit betrug im Juli selbst nach der strengen Definition des Internationalen Arbeitsamtes nur noch 6,9 Prozent. Zwischen dem Rezessionstal 1993 und dem jetzigen Boom sind mehr als eine Million Jobs neu entstanden, auch wenn davon nur ein Viertel dauerhafte Vollzeitjobs sind.

Zum Schreck manch alter Genossen reklamiert inzwischen Tony Blair das Konzept der „flexiblen Arbeitsmärkte" für sich. Labour machte in der vergangenen Woche sogar die ersten Rückzieher bei der versprochenen Wiedereinführung eines Mindestlohns: Während einige Gewerkschaften schon munter dreizehn Mark pro Stunde fordern, warnte die Handelsministerin Margaret Beckett vor möglichen Jobverlusten und will vielleicht alle Briten unter 26 Jahren von der Regelung ausnehmen.

Doch allein will sich Labour trotzdem nicht auf Angebot und Nachfrage am Arbeitsmarkt verlassen. Bei ihren größten Sorgenkindern- den wenig qualifizierten Kräften – hat das „Jobwunder" bislang am wenigsten gegriffen. Arbeitswissenschaftler wiesen immer wieder darauf hin, daß eine neue Unterklasse entsteht: Hoffnungslose Arbeitslose sowie „arbeitende Arme", die sich von redlicher Arbeit in den neuen Billigjobs nicht ernähren können. Häufig sind Schulabgänger und junge Leute betroffen. „Manchen Leuten ist gar nicht klar, wie sehr das unsere Gesellschaft destabilisiert, daß es unmittelbar zu mehr Diebstahl und Einbrüchen führt", klagt Professor Peter Townsend, Armutsexperte an der Universität von Bristol.

Daß Thatchers Reformen etwas bewegt haben, darüber sind sich die Ökonomen weitgehend einig. Gering qualifizierte Kräfte können heute einfacher in den Arbeitsmarkt hineingelangen als in den achtziger Jahren- auch wenn es oft zu solchen Bedingungen ist, wie sie Bharti Patel von der Londoner Arbeitsrecht- Vereinigung „Low Pay Unit" Sorgen machen. (...).

Nach Untersuchungen der London School of Economics und des Instituts für Steuerforschung (IPS) sind freilich 30 Prozent der Geringverdiener einige Monate später wieder arbeitslos. Wer sich vom Hungerlohn ein wenig emporarbeitet, fliegt um so wahrscheinlicher wieder hinaus.

Da paßt ein Forschungsergebnis des Arbeitsökonomen Paul Gregg gut ins Bild: Viele der neuen Billigjobs würden von Leuten angenommen, „die sich das leisten können". So verdienen sich am unteren Rand des Arbeitsmarktes Studenten und Hausfrauen ein Zubrot. Umgekehrt erklärt das, warum die Zahl der Haushalte ohne irgendein Erwerbsein kommen seit 1979 beharrlich gestiegen ist, auf heute ein Fünftel. Problemgruppen wurden vom „Jobwunder" kaum erfaßt- die Leute aus den Arbeitslosenghettos in Liverpool, Newcastle oder den Armutsbezirken Lambeth und Stepney Green in London bleiben weiter ohne Perspektive. (...)

„Welfare to Work" (...) Details seiner Pläne hat Schatzkanzler Brown bislang noch nicht verraten, doch im Kern steht offenbar eine Eingangssteuer von nur zehn Prozent, außerdem weniger Beiträge zur Sozialversicherung und *tax credits* nach US-Muster. Das sind automatisch ausgezahlte Zuschüsse für Geringverdiener, die später bei höheren Einkünften wieder zurückgezahlt werden. Freilich hatten auch schon die Konservativen ein ähnliches Modell ausprobiert: Wohnungszuschüsse und Hilfen für alleinerziehende Mütter oder Familien stockten Hungerlöhne auf das Existenzminimum auf, zum Teil auf Darlehensbasis. Früher hatte Labour solche Programme kritisiert: Der Staat gebe Arbeitgebern einen Anreiz zur Ausbeutung.

Labours Pläne für eine „radikale Überholung des Wohlfahrtsstaates" gehen freilich noch weiter- im Moment arbeiten zahlreiche Arbeitsgruppen an Ideen, um die Extrakosten der Arbeit durch Abgaben zu senken. So prüft eine Arbeitsgruppe unter Martin Taylor, dem Chef der Barclays Bank, gerade die Verschmelzung von Steuern und staatlichen Hilfen. (...)

Vereinigte Staaten –
Erfolg mit Tücken

Mehr als zehn Millionen neue Jobs: Das ist das stolze Ergebnis des amerikanischen Wirtschaftsaufschwungs während der vergangenen vier Jahre. (...)

Allerdings: Nicht immer ist es eine gute Arbeit, in der Lohn und Einkommen auch ein ausreichendes Auskommen bieten. Einer unter drei Amerikanern schuftet heute- so das Washingtoner Economic Policy Institute- in einem *irregular job*, in dem es meist weder Altersvorsorge noch Krankenversicherung oder regelmäßigen Urlaub gibt. Knapp neunzehn Millionen Arbeitnehmer gelten als *working poor*. Obwohl die gute Konjunktur zuletzt auch den ärmsten Beschäftigten einen höheren Verdienst beschert hat, wachsen zudem die Einkommens- und Vermögensunterschiede immer weiter an. In keiner anderen Industrienation der Welt ist heute der Abstand zwischen Arm und Reich größer als in den Vereinigten Staaten. (...)

Schon 1976 haben die USA den sogenannten *Earned Income Tax Credit* eingeführt, der inzwischen neunzehn Millionen armen Arbeitnehmern und ihren Familien teils erheblich höhere Jahreseinkommen bringt. Für den früheren Präsidenten Ronald Reagan, der staatliche Sozialprogramme eigentlich ablehnte, war der EITC- eine Art negativer Einkommensteuer- „das beste Arbeitsbeschaffungsprogramm und das beste Antiarmuts-Programm" überhaupt, auch George Bush und Bill Clinton setzten sich für seine Ausweitung ein. (...)

Niederlande
Hilfejobs gesucht

(...) Seit geraumer Zeit schon gibt es in den Niederlanden einen gesellschaftlichen Konsens darüber, daß der Preis der Arbeit die Nachfrage danach beeinflußt. Folglich dürfen Löhne nicht zu hoch werden, wenn es genug Arbeit geben soll. Selbst die niederländischen Gewerkschaften akzeptieren diesen Zusammenhang seit Beginn der achtziger Jahre. Damals nämlich vereinbarten Arbeitgeber und Arbeitnehmer einen Pakt, in dem die eine Seite moderate Lohnforderungen, die andere neue Jobs versprach.

Die Regierung unterstützt den Pakt durch eine ganze Reihe von Initiativen: Damit Menschen durch niedrige Löhne nicht zu arbeitenden Armen werden, reduziert sie beispielsweise seit Anfang der neunziger Jahre systematisch die Steuerlast für Niedrigverdiener. Sie ermöglicht durch verschiedene Gesetze flexiblere Arbeitszeiten und forciert den Einsatz von Teilzeitarbeitskräften. Die konzertierte Aktion hat Erfolg: In Holland sank die Arbeitslosigkeit in den vergangenen Jahren auf offiziell 6,3 Prozent.

Tatsächlich probieren die Niederländer unterschiedliche Mittel, um benachteiligte Gruppen besser zu integrieren. Eines ist allerdings allen gemeinsam: Immer geht es darum, Arbeit billiger und attraktiver zu machen, Arbeitslosigkeit hingegen soll unattraktiv werden. (...)

Die Stadt Amsterdam hat beispielsweise gerade mit einem Zeitarbeitsunternehmen ein Programm für diese Gruppe begonnen. Zu einem Mindestpreis von fünf Gulden (4,45 Mark) pro Stunde können sich kleine Unternehmen diese Arbeitnehmer ausleihen – Staat und Stadt zahlen die Differenz zum staatlich festgesetzten Mindestlohn.

De facto nehmen die Niederländer damit zumindest vorübergehend einen staatlich alimentierten Arbeitsmarkt in Kauf. „Der Markt schafft kurzfristig keine Lösung für diese Gruppe", konstatiert denn auch Erik van Merrienboer vom sozialökonomischen Rat, einem von Arbeitgebern und Arbeitnehmern getragenen Institut. Auf Dauer will Merrienboer allerdings nicht auf staatliche Arbeitsprogramme setzen: „Wir hoffen immer noch, daß die Leute einen Arbeitsplatz in der Wirtschaft bekommen. Es ist aber leichter, arbeitende Arbeitnehmer zu vermitteln."

Dänemark
Flexibel aufwärts

In Dänemark geht es aufwärts. Noch 1993 lag die dänische Arbeitslosenquote bei 12,3 Prozent, derzeit sind es nur noch etwa 8 Prozent bei fallender Tendenz. Insgesamt 110000 neue Jobs sind in den vergangenen drei Jahren entstanden, davon 90000 in der Privatwirtschaft. (...)

Bei der Bekämpfung der Arbeitslosigkeit setzen die Dänen in erster Linie auf Umschulung und Weiterbildung. Neben standardisierten Ausbildungskursen organisieren die Arbeitsämter zunehmend kleine, maßgeschneiderte Kurseinheiten. Sehr vielversprechend sind die Erfahrungen mit der „Jobrotation": Ein Teil der Belegschaft eines Betriebes wird auf Weiterbildungskurse geschickt, während Arbeitslose, die vorher gezielt dafür ausgebildet wurden, die frei gewordenen Plätze einnehmen.

Ungelernte Arbeitslose können sich als Lehrlinge anstellen lassen; das Arbeitsamt zahlt die Differenz zwischen der niedrigen Ausbildungsvergütung und dem Arbeitslosengeld. Überhaupt legen die Dänen großen Wert darauf, daß die Arbeitslosen den Kontakt zur betrieblichen Wirklichkeit behalten. Langzeitarbeitslose haben nach zwei Jahren deshalb sogar ein Anrecht auf eine befristete Arbeitsstelle. (...)

Wechselnde dänische Regierungen waren sich in diesem Punkt einig: Wir belassen den Unternehmen diese Flexibilität, aber zum Ausgleich bekommen die Entlassen großzügig bemessene Unterstützungszahlungen, bis zu fünf Jahren neunzig Prozent. Betriebliche Flexibilität und Wohlfahrtsstaat gehören aus dänischer Sicht also zusammen.

163

IV. Neue Strategien und politisch-institutionelle Rahmenbedingungen in Deutschland

1. Bedingungen und Chancen einer Reform-Politik des Wohlfahrtsstaates

Der „Blick über die Grenzen" verweist zweifellos auf einige bemerkenswerte Punkte, die im folgenden noch genauer diskutiert werden. Lernen heißt bekanntlich nicht, lediglich Informationen anzuhäufen und auszuwerten. Lernen schließt auch Verhaltensänderungen mit ein, die in der Politik zu entsprechenden Maßnahmen führen können.

Die Frage nach der Entwicklung „vom Wohlfahrtsstaat zum Wettbewerbsstaat?" stellt darauf ab, daß die historische Pfadabhängigkeit und damit Besonderheit der europäischen Wohlfahrtsstaatstypen befruchtet werden kann durch eine Art „politisches Benchmarking": Das klassische Denken in nationalen Modellen weicht merklich einer stärkeren Sensibilität für die Erkenntnis, daß für soziale Probleme unterschiedliche Politik-Optionen bereitstehen.

Benchmarking
Unter Benchmarking wird in der Betriebswirtschaftslehre das Konzept verstanden, unternehmensintern simultan unterschiedliche Produktions- und Fertigungsmodelle auszuprobieren, um durch diesen selbst entfachten, internen Wettbewerb die betriebsoptimale Lösung zu finden. Benchmarking kann auch extern, d.h. zwischen Unternehmen erfolgen. Zentrale Elemente sind dabei die Stärken-Schwächen-Analyse, die Festlegung von Haupt-leistungslücken und die Ermittlung der „Best of Class". Exemplarisch im Bereich der Wohlfahrtsstaatsforschung ist dafür das Ranking der Arbeitsmarktpolitik durch die Bertelsmann-Stiftung (siehe Anhang 1).

Der soziale Wandel vollzieht sich in vielen europäischen Ländern mit auffälligen Parallelen; zur verstärkten Wahrnehmung dieser Parallelen trägt die Globalisierung einen großen Teil bei. Die politischen und institutionellen Antworten auf diesen Wandel sind jedoch von den jeweiligen Traditionslinien nationaler Wohlfahrtsstaaten abhängig. Dadurch erkennen allerdings immer mehr Experten, daß die nationalen Antworten nicht automatisch der „one best way" der Sozialpolitik sein müssen.

Aus unterschiedlichen institutionellen „settings" lassen sich durchaus neue sozialpolitische Arrangements zusammenstellen, die eine adäquatere Antwort

auf den sozialen Wandel geben als das historisch gewachsene Institutionenge-
füge. Natürlich sind die nationalen Traditionen nicht nur bei Politikern, sondern
auch in der Bevölkerung identitätsbildend. Doch ohne eine für andere Lösungen offene Modernisierung der sozialen Sicherung kann diese Identität auch
zerrüttet werden, was derzeit vor allem in der Diskussion um die Rentenversicherung zu beobachten ist. Es hängt also weniger vom *externen* Druck der Globalisierung ab, als vielmehr vom Willen der Akteure in der Sozialpolitik, ob sie
intern die Sozialpolitik unter einen produktiven Wettbewerbsdruck setzen, der
neue Lösungsansätze produziert. Dem Staat kommt hierbei die aktivierende
und moderierende Rolle des „Wettbewerbshüters" zu, ohne seine grundsätzlichen Aufgaben der Daseinsvorsorge zu vernachlässigen.

In Anlehnung an dieses modifizierte Verständnis vom „Wettbewerbsstaat"
sollen im folgenden Abschlußkapitel mehrere Blöcke behandelt werden. Die
produktive Konkurrenz sozialpolitischer Arrangements rankt sich um mehrere Aspekte: die Bedingungen institutionellen Lernens, die Zusammenhänge
neuer Konzepte mit Verteilungsfragen sowie die Bedeutung von Organisationen und Organisationsformen für eine Modernisierung der Sozialpolitik.
In einem ersten Abschnitt werden daher sowohl konzeptionelle Überlegungen zum kollektiven Lernen angestellt als auch Denkanstöße aus dem Ausland dazu aufgenommen. In einem zweiten Abschnitt wird anhand verschiedener Konzepte einer „Grundsicherung" neuen Verteilungsfragen nachge-
spürt. Und ein dritter Abschnitt illustriert am Beispiel des freiwilligen Engagements, welche Bedeutung Organisationen und Organisationswandel für ein
umfassendes Verständnis von Wohlfahrtsproduktion haben. Im letzten Kapitel folgt ein Ausblick, welche Entwicklungslinien der neuen Wohlfahrtsstaatlichkeit sich abzeichnen.

1.1 Learning by Seeing: vernachlässigte Formen der Politikentwicklung und des Wohlfahrtsstaatsvergleichs

Die Überlegung, daß man von anderen Ländern etwas lernen kann, klingt
zwar auf den ersten Blick sehr plausibel, ist jedoch auf den zweiten Blick
nicht ganz so einfach. Daher gilt es, zunächst einige methodische und theoretische Voraussetzungen zu diskutieren. Im Unterschied zu verbreiteten
Vorstellungen, daß es in der Politik und bei der Gestaltung von gesellschaftlichen Verhältnissen vor allem um Macht oder allenfalls noch um Geld geht,
wird hier – wie in der neueren Diskussion der Politikanalyse – dem Faktor
Wissen eine wichtige Rolle attestiert. Freilich soll durch den internationalen
Vergleich nicht nur Wissen angehäuft, sondern Veränderung induziert, also
Lernen in Gang gesetzt werden. Gerade die fortschreitende Globalisierung
und Internationalisierung (v.a. der Ökonomie) führt zu gesteigerten transna-
tionalen Kommunikations- und Informationsprozessen, die eine günstige

Basis für den Transfer von Politiken und für politische Lernprozesse bilden. In das zentrale Blickfeld ist gegenwärtig der Effekt des Sozialdumpings geraten; gleichwohl sind dabei auch sozialpolitische Aufwärtsspiralen denkbar – vor allem in den Ländern mit einem niedrigeren Niveau an Wohlfahrtsstaatlichkeit ist dies (teilweise) eingetreten.

Ein solches „Learning by Seeing" durch Monitoring und Diffusion hat zugleich den Vorzug, daß es erheblich geringere Voraussetzungen an die Informations- und Entscheidungskapazitäten eines politischen Systems stellt als zentral geplante Strategien. Dies ist gerade in der Bundesrepublik als einem „semisouveränen Staat" (Katzenstein) von hoher Bedeutung, weil hier markante Defizite und Reformbarrieren bestehen, bzw. die Gefahr von Blockaden und Immobilismus durch den Föderalismus, das Regieren mit Koalitionen, die starke Position der Bundesbank und des Bundesverfassungsgerichtes nicht von der Hand zu weisen sind. Skeptiker sehen schon die Grenzen staatlicher Steuerungsfähigkeit erreicht. Verhandlungsdemokratie, Mehrebenenpolitik, dezentrale Kontextsteuerung, etc. sind hier Stichworte aus der aktuellen Diskussion. Wechselseitige Anpassung durch Imitation, Diffusionsprozesse und die Entwicklung von Strategien, die quasi als Ersatz für formale Entscheidungen fungieren, können hier einige Erleichterung schaffen – freilich auf eine etwas ungewohnte und anarchistische Weise, die den rationalistischen Prämissen technokratischer Politikformulierung widerspricht.

Die neuere Organisations- und Managementforschung spricht in diesem Zusammenhang von organisierten Anarchien oder auch lockerer Koppelung. Gemeinsam ist ihnen die Prämisse: „No plan, no grand scheme, no leader". Die Aufgabe der Führung besteht dabei nicht darin, die Richtung von Strategien zu diktieren, sondern überhaupt eine Vielzahl von Mustern entstehen zu lassen, die eine oder andere Richtung zu unterstützen oder auszunützen und Widerstände zu umgehen (vgl. Mintzberg/McHugh 1985: 196).

Der amerikanische Sozialwissenschaftler Charles F. Sabel (1995) hat dieses Phänomen mit Blick auf potentielle Kooperationsbeziehungen zwischen Unternehmen als „Learning by Monitoring" beschrieben. Hier geht es nicht darum, mögliche Wissensvorsprünge der anderen auszunutzen, sondern durch gemeinschaftlich geregelten Austausch kollektiv Erfahrungen und Wissen aufzubauen, das in den jeweiligen Unternehmen unterschiedlich genutzt werden kann. Auf Wohlfahrtsstaaten übertragen, bedeutet dies, daß man sich weder auf angeblich kaum änderbare, nationale Wohlfahrtskulturmuster berufen, noch andere Modelle vorschnell in Mythen für Komplettlösungen verwandeln sollte.

Gleichwohl muß trotz aller Vorzüge und der generellen Wichtigkeit des *Learning by Seeing* auf einige Einschränkungen bei der internationalen Transferierbarkeit von Wissen und Erfahrungen über wohlfahrtsstaatliche Reformpolitiken hingewiesen werden:

167

- Es ist ausreichend zu berücksichtigen, daß interessante Politiken und „best practices" pfadabhängig sind, d.h. daß sie vielfach spezifische Entstehungsbedingungen sowie die institutionellen Strukturen und historischen Hintergründe des jeweiligen Wohlfahrtsstaates reflektieren. Dementsprechend können sie nicht einfach – im Sinne des simplen Kopierens – auf deutsche Problemzusammenhänge übertragen werden. Ihre zentrale Bedeutung liegt vielmehr darin, daß sie als Leitbilder fruchtbare Impulse und Diskussionsanstöße für eine sozialpolitische Reformdebatte liefern können. Dabei schließt eine solche Auseinandersetzung auch ein, daß aus negativen Erfahrungen und Fehlern in anderen Ländern gelernt werden kann.

- Es gibt auch bei den skizzierten innovativen Fällen keine heile Welt des Wohlfahrtsstaates mehr, kein Paradies für alte linke Rezepte wie Umverteilung, Keynesianismus oder Vollbeschäftigung unter den Bedingungen des Normalarbeitsverhältnisses. Ferner existiert auch kein Königsweg, der schmerzfrei aus der Misere führen könnte. Selbst die Musterschüler haben sehr hohe Opfer bringen müssen, meist in Form erheblicher Einschnitte in das soziale Netz, und sie weisen in der Regel immer noch über fünf Prozent Arbeitslosigkeit auf. Die wissenschaftliche Aufarbeitung dieser Fälle kann zudem nur positive Beispiele für „neue" Sozial- und Wirtschaftspolitiken (eher allgemeiner Art) und die Relativierung von Horrorszenarien bieten, die das schicksalshafte Ende des Wohlfahrtsstaates postulieren; sie kann jedoch keineswegs Ersatz für konkrete Problemlösungsstrategien und Prozesse der politischen Mehrheitsbildung und Legitimation sein.

- Die interessanten Fälle waren im Grunde genommen in der vorangegangenen Dekade vor allem als „Sorgenkinder" der OECD-Welt aufgefallen. Hier hatten sich verschiedene ökonomische, soziale und politisch-institutionelle Momente der Krise verbunden, waren alle Rezepte und Versuche mehrerer Regierungen gescheitert, so daß ein radikaler Kurswechsel in den wohlfahrtsstaatlichen Politikstrategien nahezu unausweichlich war. Im Unterschied dazu ist zu jener Zeit eher noch das „Modell Deutschland" als Vorbild gepriesen worden bzw. umgekehrt war in der BRD der Problemdruck und der Mißerfolg nicht zuletzt wegen der politisch-institutionell verankerten „Politik des mittleren Weges" (M.G. Schmidt 1990) erheblich geringer. Möglicherweise sind eben Mitte und Mittelmaß zwei Seiten einer Medaille. Im übrigen darf nicht vergessen werden, daß die Wiedervereinigung ein deutsches Spezialproblem darstellt, aus dem ein erheblicher Teil der derzeitigen Probleme des Wohlfahrtsstaates stammen.

- Bei den momentan als Vorbilder diskutierten Fällen handelt es sich um eine besondere Gruppe, nämlich um *kleine* Länder. Diese unterliegen dem Druck des Weltmarkte in viel höherem Maße als große Länder; hier prägt der hohe Umweltdruck als Sachzwang den politischen Prozeß. Sie sind in der Regel auch intern weniger ausdifferenziert bzw. die politischen Netze sind enger geflochten. Das erleichtert das Regieren und die Erzeugung von sozialem Kapital bzw. Vertrauenskapital, das die Kooperation von staatlichen und gesellschaftlichen Akteuren, aber auch die gesellschaftliche Selbststeuerung verbessert. Schließlich kommt hinzu, daß diese kleineren Länder häufig mit einer Nischenstrategie bzw. mit kleineren Maßnahmebündeln relativ gute Erfolge verzeichnen können. Dem stehen die politisch-ökonomischen Verhältnisse in der BRD entgegen, da es sich hier um ein mittelgroßes Land handelt, das innerhalb der EU sogar die Position einer dominierenden Ökonomie bekleidet.

Die in Kap. III vorgestellten innovativen Politikstrategien anderer Länder können daher vor allem dazu beitragen, das Problembewußtsein zu schärfen und die festgefahrenen Diskussionen und Routinen aufzubrechen. Grundlegend für jedwede Maßnahme ist, daß die politische Gestaltbarkeit wie Gestaltungsaufgabe als etwas wahrgenommen werden, was nicht komplett von den existierenden Institutionen vorgegeben und bestimmt wird. Dies ist eine zentrale Bedingung dafür, daß ausländische Modellalternativen überhaupt wahrgenommen und für die eigene Reformdiskussion als relevant angesehen werden. Ferner lassen sich sozial- und wirtschaftspolitische Problemlösungen um so eher transferieren, je stärker sich Wohlfahrtsstaaten in ihrer Form ähneln.

Zudem muß beim Transfer einer Politik stärker unterschieden werden, um welche Art bzw. Ebene der Problemlösung es sich handelt, d.h. ob es um relativ weitreichende ordnungspolitische Diskurse und Leitbilder oder um Teilbereiche umfassende Programmpakete oder um einzelne Instrumente geht. Gerade bei einer politisch-normativen Bewertung ist es von zentraler Bedeutung, etwa die Einführung von Marktelementen danach zu beurteilen, ob es sich um ein Ziel handelt, das ein breit angelegtes Ordnungsmodell beschreibt oder bloß um ein Instrument, das in unterschiedlichen Zielsystemen zum Einsatz gelangen kann.

Hilfreich ist es daher, in diesem Zusammenhang zwischen globalen Problemdefinitionen und Lösungsstrategien einerseits und spezifischen Programmen und Instrumenten andererseits zu unterscheiden. Stellt man ferner in Rechnung, daß sich politisch-ökonomische Rahmenbedingungen ähneln oder unterscheiden können, erhält man folgendes Tableau an Diffusions- und Lernpotentialen bzw. Möglichkeiten und Problemen der Übertragung:

Tabelle 7:   Möglichkeiten und Grenzen der Übertragbarkeit erfolgreicher Politik

Bedingungen ähnlich	*Bedingungen verschieden*	*Inhalt der Politik*
(1) Möglichkeit einer Übertragung bzw. des Lernens ist hoch	(2) Konsensdefizite	globale Problemdefinitionen und Lösungsstrategien
(4) Effizienzdefizite (technische Kompatibilitäts-probleme)	(3) Wahrscheinlichkeit einer Diffusion ist niedrig	spezifische Programme und konkrete Instrumente

Eindeutig sind die Felder 1 und 3, während – und dies dürfte der normale Fall sein – in den Konstellationen 2 und 4 Probleme der Übertragbarkeit auftreten. In diesen Fällen müßte die Kompatibilität erhöht werden – entweder im technischen Sinne oder im politisch-institutionellen Bereich. So müssen – will man etwa Modelle der Teilzeitarbeit übernehmen – neue Konzepte an die sozialrechtlichen Bedingungen angepaßt werden, beispielsweise durch eine entsprechende tarifpolitische Absicherung der unteren Lohngruppen (ggf. durch ein System von Mindestlöhnen). Hier läßt sich einiges von anderen Ländern lernen; freilich weniger durch „Abkupfern" als durch Nachdenken. Schwieriger ist das Feld 2, wo nur langsame und nur schwer steuerbare Veränderungen des Institutionengefüges und der politischen Kultur einen politischen Kurwechsel zulassen.

1.2 Konkrete Denkanstösse für die deutsche Debatte: zwei Beispiele aus der Literatur

Wie sich ein solches Lernen abspielen kann, welche Empfehlungen und Einschränkungen abzuleiten sind, sei anhand zweier Autoren, die sich umfangreich mit dem Vergleich von Sozial- und Arbeitsmarktpolitik beschäftigt haben, kurz illustriert. Basierend auf den Ergebnissen des Bertelsmann-Rankings zur Lage am Arbeitsmarkt kommt Andreas *Esche* (1998) zu folgenden Schlüssen:

- Die Reformen Neuseelands beeindrucken vor allem durch mutige Konsequenz, mit der die allumfassende wirtschaftliche Regulierung aufgegeben wurde, wie auch durch die Bereitschaft der Gesellschaft, Reformen anzustoßen und durchzuhalten sowie in der Folge deutlich mehr Verantwortung für das eigene Schicksal zu übernehmen. Die Kleinheit des Landes, die existentielle Staatskrise als Auslöser der radikalen Neuorientierung, das Fehlen einer Verfassung ebenso wie einer zweiten Kammer bis hin zu dem bis 1995 geltenden Mehrheitswahlrecht lassen eine Übertragbarkeit auf Deutschland aber zweifelhaft erscheinen.
- In den USA gelingt es besser als in den meisten anderen Ländern, aus dem Wirtschaftswachstum häufig auch gut bezahlte Arbeitsplätze entstehen zu lassen. Niedrigen Abgabenbelastungen und geringen staatlichen Interventionen in Wirtschaft und Gesellschaft stehen allerdings gravierende soziale Verwerfungen und die nicht unerheblichen Kosten gegenüber, die der Mangel an einem institutionalisierten Interessenausgleich - nicht zuletzt in der Tarifpolitik - mit sich bringt.
- In Großbritannien führte der Rückzug des Staates seit Anfang der 80er Jahre ebenfalls zu einer positiven gesamtwirtschaftlichen Entwicklung. Die gewachsene Kluft zwischen Arm und Reich und die vor allem durch Qualifizierungsdefizite begründeten strukturellen Probleme am Arbeitsmarkt relativieren aber den Vorbildcharakter.

Auch wenn sich somit keines der genannten Ländermodelle uneingeschränkt als Blaupausen für Deutschland empfiehlt, so können und sollten nach Esche ausländische Beispiele dennoch sehr wohl als Vorbild für spezifische Reformen dienen. Im Fall der Gesundheitsversorgung lassen sich die Steuerungsmechanismen verbessern, indem bei den Leistungsanbietern und Krankenkassen angesetzt wird. Daß hohe Krankenstände und die Invaliditätshäufigkeit gesenkt werden können, wenn Kostentransparenz die Prävention fördert, macht Darüber hinaus die Ablösung der staatlichen Absicherung durch private Versicherungen mit risikoabhängigen Prämien in den Niederlanden deutlich. Die arbeitsmarktpolitischen Reformen in Dänemark liefern schließlich Anschauungsunterricht dafür, wie Anreize, aber auch Hilfen zu gestalten sind, die eine Wiedereingliederung von Arbeitslosen in den regulären Arbeitsmarkt fördern.

Auch die Tarifparteien können einiges von ausländischen Beispielen lernen. Erwähnt sei hier nur das Beispiel der niederländischen „Stiftung der Arbeit", die als paritätische Einrichtung von Gewerkschaften und Arbeitgebern für eine gleichermaßen flexible wie gesamtwirtschaftlichen Erfordernissen verpflichtete Tarifpolitik sorgt, daneben eine wichtige Schnittstelle zur Politik darstellt und damit Funktionen übernimmt, für die es in Deutschland kein Pendant gibt. Unternehmer schließlich können sich ein Beispiel am "New Zealand Business Roundtable" in Neuseeland nehmen, wenn sie lernen wollen, wie man sich durch eigenes Engagement aus der Abhängigkeit von staatlicher Protektion und Bevormundung löst und seinen Teil dazu beitragen kann, Reformen in Wirtschaft und Gesellschaft voranzubringen (vgl. Empter/Esche 1997).

Wichtig ist freilich eines: Umdenken setzt in den internationalen Erfolgsbeispielen das Aufgeben von Illusionen voraus, wie z.B. der Glaube, die Krise des Sozialstaats ließe sich beheben, ohne daß dies grundlegende Verhaltensänderungen erfordere. Eine Strategie der Besitzstandswahrung führt zwangsläufig in die Sackgasse. Beschränkungen des internationalen Wettbewerbs sind ebensowenig geeignet, mehr Beschäftigung hervorzubringen und die soziale Sicherung auf eine dauerhaft tragfähige Basis zu stellen, wie Konzepte, die auf eine kollektive Umverteilung von Arbeit setzen. Dies deutlich zu machen, ist zunächst der Part des *Staates*. Daß weite Bevölkerungskreise einsichtsbereiter sind, als viele Politiker es ihnen zutrauen, zeigen die Beispiele aus anderen Ländern, allen voran wiederum Neuseeland und die Niederlande, die ihre Reformen über Parteigrenzen hinweg vorangetrieben haben. Beide Beispiele belegen auch, daß grundlegende ordnungspolitische Reformen ihre Wirkung nicht von heute auf morgen entfalten, und daß sie sich deshalb für wahltaktische Vorteilskalküle nicht eignen. Um so wichtiger ist es laut *Esche* (1998), daß weder Regierung noch Opposition die Bürger im unklaren darüber lassen, daß

- in der Alterssicherung mehr Eigenvorsorge unumgänglich ist;
- in der gesetzlichen Krankenversicherung effizientere Steuerungsmechanismen eingeführt werden müssen;

- in der Arbeitsmarktpolitik die Anreize zur Wiedereingliederung von Arbeitslosen in eine reguläre Beschäftigung zu verstärken sind und Arbeitsplätze, die nicht mehr wettbewerbsfähig sind, nicht auf Dauer subventioniert werden können.

An den *Tarifparteien* liegt es sodann, verteilungspolitische Interessen und beschäftigungspolitische Erfordernisse miteinander in Einklang zu bringen. Ihre Handlungsmöglichkeiten sind dabei keineswegs nur auf die Lohnpolitik im engeren Sinne beschränkt. Sie müssen besipielsweise stärker als bisher den steigenden Qualifikationsanforderungen Rechnung tragen. In ihrem ureigenen Interesse muß es liegen, daß jeder ausbildungswillige Jugendliche einen Ausbildungsplatz findet, und daß die Beschäftigten ihre beruflichen Kenntnisse und Fertigkeiten ständig weiterentwickeln.[24]

Aber auch der einzelne Bürger ist aufgefordert, das in seinen Kräften Stehende beizutragen, um die Allgemeinheit durch Eigenvorsorge wirkungsvoll zu entlasten. Die Zeichen für eine Veränderung des Bewußtseins und für eine Abkehr von der Versorgungsmentalität werden immer deutlicher. Die Einsicht, das notwendige Eigenengagement leisten zu müssen, um das Ganze funktionsfähig zu erhalten, hat sich bei den Bürgern möglicherweise sogar schon stärker durchgesetzt, als dies von Politikern, Gewerkschaftlern und Arbeitgebern bisher erkannt wurde. Nicht um Strategien für magere Jahre geht es in erster Linie, sondern um offensive Strategien, die der Eigeninitiative wieder mehr Raum geben, damit das, was den sozialen Zusammenhalt der Gesellschaft an Solidarität notwendig ist, auf Dauer tragfähig bleibt (vgl. Esche 1998).

Auch der Sozialrechtler Bernd von *Maydell* (1997) versucht, aus der umfangreichen internationalen Debatte bzw. den Erfahrungen in anderen Ländern einige Anregungen für die deutsche Politik herauszuarbeiten. Umgekehrt räumt er selbstkritisch ein, daß Sozialpolitik in Politik wie Wissenschaft (zu) lange als nationale Domäne angesehen wurde und diese Betrachtung heute jedoch überholt ist. Für eine Öffnung der sozialpolitischen Diskussion sprechen seiner Ansicht nach eine Reihe von Gründen.

Die Globalisierung der wirtschaftlichen Märkte und die Mobilität der Menschen führt zu einer Internationalisierung auch der sozialen Fragestellungen.

---

24 Hier trifft sich im übrigen das Programm der Bertelsmann-Stiftung mit dem Sozialwissenschaftler Esping-Andersen (1997), einem dezidierten Befürworter eines ausgebauten Wohlfahrtsstaats. Angesichts der ökonomischen und technischen Veränderungen konstatiert dieser einen grundlegenden Strukturwandel des Arbeitsmarktes, wobei neben der Arbeitslosigkeit vor allem mangelnde und falsche Qualifikation das Problem sind, was Bildung und Qualifzierung zu Schlüsselelementen einer künftigen Politik macht. Ein pareto-optimaler Wohlfahrtsstaat sollte seiner Einschätzung nach die Vorstellung von sozialen Bürgerrechten weiterentwickeln: weg von der heutigen Betonung des passiven Einkommenserhaltes hin in Richtung auf einen Rechtsanspruch auf lebenslanges Lernen. Darüber hinaus sind Bildung und Qualifikation bei weitem die beste Sicherung gegen Marginalisierung, Armut und suboptimale Beschäftigung.

Dem entspricht die Zunahme der internationalen und supranationalen Normen in diesem Bereich. Schließlich legt es die Ähnlichkeit der Probleme in den modernen Staaten nahe, daß man sich mit den ausländischen Lösungswegen befaßt und versucht aus ihnen Anregungen für eigene Reformen zu gewinnen. Bezüglich des letzten Aspektes konzentriert er sich auf folgende Punkte:

- Die vergleichende Betrachtung der Sozialpolitik der verschiedenen untersuchten Staaten weist eine breite Palette von Maßnahmen auf, etwa zur Bekämpfung der Arbeitslosigkeit. Ausländische Pläne und Erfahrungen können befruchtend auf die deutsche sozialpolitische Debatte wirken. Dazu bedarf es einer intensiven und gründlichen Befassung mit der sozialpolitischen Diskussion im Ausland.
- Die veränderten ökonomischen und gesellschaftlichen Verhältnisse führen in den Industriestaaten zu weitgehenden Anpassungsmaßnahmen in den Systemen sozialer Sicherheit. Dabei gelingt es den Staaten in unterschiedlichem Maße, das sozialstaatliche Konzept gegenüber den – vor allem ökonomischen – Zwängen zu erhalten. Gleichzeitig ist aber kein Alternativkonzept erkennbar, daß das Sozialstaatsprinzip ersetzen könnte. Die vergleichende Betrachtung unterstützt daher nicht die bisweilen vertretene These, der Sozialstaat sei entbehrlich und habe sich überholt.
- Bei dem schwierigen Prozeß, das System sozialer Sicherheit mit den ökonomischen und gesellschaftlichen Gegebenheiten in Einklang zu bringen, sind das Bestehen und der Erhalt eines gesellschaftlichen Konsenses über die Reformmaßnahmen von entscheidender Bedeutung. Besteht ein solcher Konsens in der Gesellschaft, dann lassen sich auch schmerzhafte Eingriffe in das soziale Netz politisch realisieren, wie vor allem die nordischen Staaten, aber auch die Niederlande belegen.
- Punktuelle Eingriffe mit nur kosmetischer Wirkung genügen nicht, um die Systeme sozialer Sicherheit zu modernisieren. Es ist vielmehr eine umfassende Überprüfung des gesamten Systems notwendig. Die Reformen müssen daher sorgfältig geplant und aufeinander abgestimmt realisiert werden; sie sollten nicht ad hoc je nach dem aktuellen Finanzengpaß erfolgen. Verschiedene Staaten tragen diesem Postulat Rechnung, indem sie umfassende Pläne entwickeln, die dann die Grundlage für die konkreten Eingriffe darstellen. Beispiele finden sich insoweit u.a. in Spanien, den Niederlanden und den nordischen Staaten.
- Für Deutschland ist dieses Postulat nach einem Gesamtplan für die sozialen Reformen besonders dringlich. Das nach Risiken gegliederte System verleitet dazu, die Belastungen der einzelnen Systeme isoliert zu sehen, etwa in der Alterssicherung, der Krankenversicherung oder der Pflegeversicherung. Die durch die demographische Entwicklung und andere Faktoren jeweils bedingten Beitragssatzsteigerungen für die einzelnen Systeme müssen jedoch zusammen gesehen werden, um das Ausmaß der Belastungen abschätzen zu können. Nur eine Gesamtschau erlaubt zudem Aussagen über die Wechselwirkung von Eingriffen in das soziale System, damit verhindert wird, daß die Änderungen in einem Teilsystem zu unbeabsichtigten Belastungen und Friktionen in anderen Teilsystemen führen.

1.3 Wissen und Wollen: die Rolle von Institutionen und Akteuren

Bilden Diffusion und Monitoring das eine Muster, wie politische Reform-
und Innovationsprozesse eher in chaotischer Weise ablaufen können, so finden sich in einigen anderen Ländern aber auch Hinweise auf das andere Extrem: die Konzentration aller Macht und die Zentralisierung der Entscheidung als alternative Form der Politikformulierung.

Gerade in den angelsächsischen Ländern existiert das Phänomen der
„gewählten Diktatur" (so einst der englische Lord Hailsham), die es erlaubt,
radikale Positionen umzusetzen, weil es keine institutionellen Hindernisse
gibt. Im Gegenteil, das dort vorherrschende Zweiparteiensystem und Mehrheitswahlrecht erlauben ein Regieren ohne Konsens- und Aushandlungs-
zwänge. Gerade im neuseeländischen Fall, aber auch in Großbritannien beruht der Ab- und Umbau des Wohlfahrtsstaates auf diesem institutionellen
Effekt; anders war z.B. ein „Thatcherismus" nicht durchsetzungs- und be-
standsfähig.

Ähnlich wie diese Souveränität wirkt eine hohe Risikobereitschaft. Radikale Kurswechsel sind immer auch von hoher Ungewißheit, und Parteien, die
schmerzliche Eingriffe in den Wohlfahrtsstaat fordern oder gar durchführen,
laufen Gefahr, bei den nächsten Wahlen an Stimmen zu verlieren – wie die
holländischen Christ- und Sozialdemokraten erfahren mußten. Allerdings
wird dort der Effekt abgemildert durch ein Vielparteiensystem, das den Parteien der Mitte meist unabhängig von einzelnen Wahlergebnissen eine Regierungsbeteiligung sichert. Man kann diesen Sachverhalt auch noch stärker zu-
spitzen: In beiden Fällen verfügen die Regierungen (bzw. die sie tragenden
Parteien) über eine hohe institutionelle Autonomie, was ein zielgerichtetes
Regieren und eine straffe Führung erleichtert; allerdings um den Preis, daß
genau das auch erwartet wird, und es keine Ausreden wegen der institutionellen Barrieren gibt. Aus dieser Wechselwirkung zwischen Reformfähigkeit
und institutionellen Bedingungen ergeben sich zwei Folgerungen für die politische Praxis:

- Zum einen ist es nicht überraschend, daß in schweren Zeiten neben den sozial-
  und wirtschaftspolitischen Problemen immer auch institutionelle Fragen auf der
  politischen Agenda waren und sind. Die Frage nach der Reform- und Leistungsfähigkeit von Demokratien im allgemeinen oder bestimmten Ausprägungen wie
  dem Modell Deutschland bzw. nach dem Vertrauen in die politischen Eliten und
  die Parteien ist auch in der Bundesrepublik relevant und viel diskutiert. Die Blok-
  kade des Systems etwa durch den Bundesrat, aber auch durch andere Akteure mit
  Vetopositionen, ist hierfür eine Beispiel. Entsprechende Forderungen nach einer
  Änderung des Wahlrechts und einer Reform des Föderalismus sind vor dieser Fo-
  lie konsequent.
- Zum anderen hat die Beharrlichkeit wohlfahrtsstaatlicher Arrangements zugleich
  einige ambivalente Züge; sie kann nämlich nicht nur als Reformhindernis gewer-
  tet werden, sondern sie bietet auch die Gelegenheit, aktuelle Herausforderungen

gründlich sowie in institutionellen Kategorien zu reflektieren und eben nicht kurzfristig nur Krisenmanagement und Status Quo-Erhalt zu betreiben. Schließlich darf nicht vergessen werden, daß dieses institutionelle Gefüge durchaus sehr erfolgreich war und möglicherweise kleinere Verbesserungen und mehr politischer Gestaltungswille das Schiff eher wieder flott bekommen, als eine Veränderung der gesamten Verfassungsstruktur.

Trotz der hohen Bedeutung des institutionellen Rahmens wird Politik dadurch jedoch nicht vollständig determiniert. Der politische Wille, die Fähigkeit zur Gestaltung sowie die handelnden Personen spielen ebenfalls eine wichtige Rolle. Das gilt auch für die Frage der Reform des Wohlfahrtsstaates, denn dort sind zwar Anpassungszwänge vorhanden, aber gleichwohl bestehen immer noch erhebliche Handlungsspielräume, die es zu nutzen gilt.

Die Frage, ob Konsenspotentiale intelligent aufgegriffen, Probleme nicht verharmlost und vertagt werden, hat sehr viel mit Akteuren zu tun – nach dem Motto: *Politicians matter*. Sie tun das in mehrfacher Weisem, und zwar als politische Unternehmer in eigener Sache, als Multifunktionäre, die in unterschiedlichen Organisationszusammenhänge eingebunden sind und last but not least als politische Repräsentanten und Kommunikateure. Hierbei muß das Rad nicht immer neu erfunden werden; manches aus den Nachbarländern läßt sich übernehmen, manches kann zum Nachdenken animieren. Das erleichtert vielleicht einiges – leicht wird aber eine Reform des Wohlfahrtsstaats dadurch auch nicht.

2. Grundeinkommen und Grundsicherung als alternativer Königsweg ?

2.1 Konzepte und Probleme

Die Diskussionen um eine soziale Grundsicherung oder eine garantierte Mindestsicherung wurden schon in den 80er Jahren unter Arbeitsmarkt- und Sozialpolitik-Experten intensiv geführt. Hinter dem Sammelbegriff „Grundsicherung" verbergen sich mehrere Konzepte und Strategien, die Bedeutung von Erwerbsarbeit zu relativieren. Unter dem Stichwort Grundeinkommen werden die Modelle „negativer Einkommenssteuer" und „Bürgergeld" zusammengefaßt; daneben existiert noch das Konzept der steuerfinanzierten Grundrente, die vom sächsischen Ministerpräsidenten Kurt *Biedenkopf* favorisiert wird.

Die Idee der Grundsicherung steht demgegenüber für das Konzept einer Sockelung innerhalb der bestehenden Sozialversicherungssysteme. Das Ziel liegt hier hauptsächlich in einer Modernisierung bzw. einer Alternative zur Sozialhilfe, wobei meist eine Umstellung der Finanzierung auf den Bund vorgesehen ist, um die sozial- und arbeitsmarktpolitisch kontraproduktiven Finanzierungslasten der Kommunen abzutragen (vgl. Kaltenborn 1995). Obwohl sich die einzelnen Modelle in ihrer Ausgestaltung zum Teil erheblich unterscheiden, streben sie dennoch in weiten Bereichen ähnliche Ziele an. Generell läßt sich folgendes sagen:

- von sozialpolitischen Experten werden eher die Sockelungsmodelle favorisiert,
- in weitergehenden Reformentwürfen wird hingegen die „negative Einkommenssteuer" oder das „Bürgergeld" hervorgehoben.

Das Modell der „negativen Einkommenssteuer" unterscheidet zwischen Arbeitseinkommen, negativer und positiver Steuer sowie dem verfügbaren Einkommen. Unter Arbeitseinkommen ist das Entgelt für Erwerbsarbeit zu verstehen, negative Steuer bedeutet Transferzahlungen vom Staat und positive Steuer die Abführungen an den Fiskus. Das verfügbare Einkommen resultiert bei niedrigen Bezügen, Löhnen oder Gehältern aus Arbeitseinkommen plus negativen Steuerzahlungen vom Staat. Bezieher höherer Einkommen dagegen zahlen nach wie vor positive Steuern. Bei einem Arbeitseinkommen von Null wird das Maximum an negativer Steuer, d.h. das garantierte Minimum ausbezahlt. Die Höhe der staatlichen Zahlungen nimmt mit zunehmendem Arbeitseinkommen kontinuierlich ab (vgl. Gerhardt/Weber 1984 und Wegener 1985).

Eine „negative Einkommenssteuer" stellt eine Integration von Steuer- und Transfersystem dar. Überwiegend wird sie mit der Absicht verfolgt, sämtliche anderen sozialen Sicherungseinrichtungen überflüssig zu machen. Das Grundeinkommen in der Version „Bürgergeld" sieht für jeden Staatsbürger ebenfalls eine einkommensunabhängige Transferzahlung vom Staat vor. Diese wird steuerfrei gewährt, jedoch müssen für alle zusätzlich verdienten Arbeitseinkommen Steuern abgeführt werden. Im Gegensatz zur „negativen Einkommenssteuer" wird beim „Bürgergeld" von den meisten deutschen Verfechtern keineswegs die Abschaffung der anderen Sozialleistungen mitgedacht, anders als etwa beim amerikanischen Ökonomen Milton *Friedman*.

In den Sockelungskonzeptionen soll das garantierte Minimum dadurch erreicht werden, daß alle bestehenden Transferzahlungen im vorhandenen System der sozialen Sicherung auf ein bestimmtes Niveau angehoben werden. Die zentralen Teilbereiche der sozialen Sicherung (Renten- und Arbeitslosenversicherung, Sozialhilfe) sollen durch das Einziehen von bedarfsbezogenen Fundamenten ergänzt und zugleich harmonisiert werden. Schon seit Mitte der 80er Jahre tauchen diese Vorschläge in gewerkschaftsnahen und sozialdemokratischen Konzeptionen auf (vgl. WSI 1987).

Generell sollen die Sozialversicherungssysteme nach diesem Modell für ihren jeweiligen Risikobereich zuständig bleiben, allerdings wird eine über der Sozialhilfe liegende Absicherung nach einheitlichen, aber bedarfsabhängigen und bedarfsgeprüften Kriterien gesichert. Dabei sollen die Leistungen in ihrer Höhe ein sozialkulturelles Minimum gewährleisten. Diese Form der Bedarfsorientierung und Harmonisierung hat also gegenüber dem status quo einen erhöhten Leistungsaufwand zur Folge. Um wieviel die Sockelung kostengünstiger ist als die anderen Formen eines garantierten Grundeinkommens, hängt in entscheidendem Maße davon ab, welche Bevölkerungsgruppen Ansprüche geltend machen können.

Bei der bedarfsbezogenen Grundsicherung kann es zwar nicht mehr zu Armutsfallen und Unterversorgung kommen, doch stehen nach wie vor die Erwerbsarbeitsverhältnisse im Vordergrund. Ein gesockeltes System der sozialen Sicherung ist weiterhin um die Erwerbsarbeit herum konstruiert und erlaubt „freiwillige" Arbeitslosigkeit nur als Ausnahmezustand. Zudem bleiben die Bedürftigkeitsprüfungen erhalten, und es ist auch keine eigenständige, vom Einkommen des Ehemannes unabhängige Mindestsicherung für nichterwerbstätige Ehefrauen vorgesehen. Positiv schlägt zu Buche, daß eine bedarfsorientierte Grundsicherung die Sozialhilfe enorm entlasten würde. Diese ist derzeit eher ein Ausfallbürge für Defizite des Sozialversicherungssystems. Nach Einführung einer Sockelung könnte sie sich wieder auf ihre ursprüngliche Aufgabe konzentrieren, nämlich bei atypischen Lebenslagen und Sonderbedarfen Schutz und Unterstützung zu gewähren. Gleichzeitig wäre die Entlastung der Sozialhilfe finanziell ein großer Vorteil für die Kommunen. Gegenwärtig tragen sie über die Sozialhilfe einen Großteil der Folgekosten von Dauerarbeitslosigkeit und dadurch hervorgerufenen Sicherungslücken im Sozialversicherungssystem.

Trotz der unterschiedlichen Ausformungen ist der zentrale Gedanke der Grundsicherungsmodelle gleich; allerdings bricht er radikal mit dem deutschen Sozialstaatsmodell. Hier geht es angesichts der strukturellen Krise auf dem Arbeitsmarkt und der dauerhaften Beschäftigungslücke darum, das lohnarbeitszeitzentrierte und am Normalarbeitsverhältnis angebundene System sozialer Sicherung zu reformieren. Wenn es nicht zu einer Rückkehr zur Vollbeschäftigung kommt, wird die Sozialpolitik aufgrund ihrer Konstruktionsprinzipien immer mehr strukturelle Selektivitäten produzieren und gerät in eine auch legitimatorische Abwärtsspirale. Wenn sich die Realitäten auf dem Arbeitsmarkt also nicht verändern – und dafür spricht vieles –, müssen die Systeme sozialer Sicherung neu fundiert und strukturiert werden:

„Der Kerngedanke solcher Bürgerrechte auf Einkommen besteht darin, daß der Anspruch auf ausreichendes Einkommen von der Erwerbstätigkeit (bzw. von vorangegangener Erwerbstätigkeit, von der Bereitschaft zur Erwerbstätigkeit, vom nachweisbaren Vorliegen dispensierender Tatbestände usw.) abgekoppelt wird. Das würde dann konkret bedeuten, daß die heute auf breiter Front in der sozialpolitischen Debatte auftauchenden Vorschläge vom Typ ‚negative Einkommenssteuer', ‚Bürgergeld' bzw. degressive Einkommenssubventionen nicht erst dann greifen, wenn eine Person ihre Rolle am Arbeitsmarkt spielt (oder sich formell darauf vorbereitet, dies zu tun, vgl. Bafög), sondern schon dann, wenn sie nur in Besitz von Bürgerrechten ist" (Offe 1994, 804f; s.a. Gretschmann et al 1989 und Vobruba 1996).

Gegen die verschiedenen Varianten einer einkommensunabhängigen Grundsicherung wird angeführt, sie liefen Gefahr, zu einer Subventionierung von prekären und schlecht bezahlten Beschäftigungsverhältnissen zu werden. Ein schlecht bezahlter Teilzeitjob würde dann finanziell akzeptabel, wenn man aus Mindesteinkommen und (geringem) Verdienst zusammen auf ein verfügbares Gesamteinkommenm kommt, welches knapp oberhalb des Existenzminimums liegt. Diesem Einwand wird allerdings auch entgegengehalten, die Subventionierung von Arbeit im unteren Einkommensbereich biete auch eine Fülle sozial-, arbeitsmarkt- und sogar wirtschaftspolitischer Chancen. Sie können die Perspektive bieten, viele und vor allem abgesicherte (Teilzeit-)Arbeitsplätze im Bereich von alternativen Organisationsformen zu schaffen oder eine finanzielle Rückendeckung für die Gründung von Kleinstbetrieben abzugeben. Über eine soziale Grundsicherung können also Innovationen im Wirtschafts- und Arbeitssystem gefördert werden.

Außerdem ist auch von sozialdemokratisch orientierter Seite betont worden, daß in den „geschützten" Beschäftigungssektoren – insbesondere bei den Humandienstleistungen – Beschäftigungschancen im Bereich gering qualifizierter Tätigkeiten brachliegen; mit einer geregelten Einkommenssubventionierung durch die negative Einkommensteuer wären folglich auch Tarifabschlüsse unterhalb der bisherigen Niedrigstsätze möglich, ohne daß das privat verfügbare Einkommen zusammenschmilzt (vgl. insbesondere Scharpf 1993, 1994a,b, 1995; Riester/Streeck 1996).

Ein sehr ernst zu nehmender Einwand gegen die verschiedenen Varianten einer Grundsicherung bezieht sich auf die aus Finanzierungsgründen letztlich doch nicht zu umgehende stärkere Belastung der arbeitenden Bevölkerung. Das DIW hat rein „technisch" betrachtet unterschiedliche Varianten des „Bürgergeldes" durchgerechnet und kommt auf fiskalische Nettokosten zwischen 65 und 173 Mrd. Mark (vgl. Meinhardt/Teichmann/Wagner 1994). Auch wenn sich Teile über zusätzliche Steuereinnahmen durch die Grundsicherung finanzieren ließen – im Modell von *Scharpf* etwa durch eine Ausweitung niedrigqualifizierter Beschäftigung – bliebe die Finanzierung eine gewaltige Anstrengung und Akzeptanzprobe. Daher erscheint die These gerechtfertigt, daß der Zielkonflikt unterschiedlicher Bürgergeldkonzeptionen nicht „zwischen Armutsbekämpfung und Arbeitsanreizen für Transferempfänger" liege, sondern „ausschließlich verteilungspolitischer Natur" sei (Kaltenborn 1996: 9).

Neben der technischen Dimension ist schließlich die Legitimation eines solchen Systems genauso bedeutsam (siehe Anhang 2). Insbesondere wenn offensichtlich wird, daß Mindesteinkommensbezieher ohne vorherige Vorleistungen und ohne die Bereitschaft, zukünftig arbeiten zu wollen, staatlich unterstützt würden, ist mit einem Legitimationsverlust eines solchen Systems der sozialen Sicherung zu rechnen:

„Wenn eine Minderheit ein erwerbsunabhängiges Bürgergeld bezieht, dann wird die (positiv) steuerzahlende strukturelle Mehrheit politisch dazu disponiert sein, das Niveau dieses Bürgergeldes so herabzudrücken, daß der angebots-entlastende Effekt gegen Null geht und nur der alternativlose Erwerbszwang übrigbleibt, den die marktliberalen Urheber der Idee der negativen Einkommenssteuer ohnehin im Sinn haben" (Offe 1994: 805).

Tabelle 8: Anpassungen im sozialen Sicherungssystem in verschiedenen Grundsicherungsmodellen

Vorschlag von	Anpassungen im Sozialsystem
Mitschke (Wissenschaft)	Einkommens-, Vermögen-, Schenkungs- und Erbschaftssteuer, Transfers von Sozialbehörden, Geldleistungen der Sozialversicherung sowie zahlreiche Objektförderungen werden durch eine Konsumbesteuerung und das Bürgergeld ersetzt
Spermann (Wissenschaft)	Wegfall der Arbeitslosenhilfe; aktive Arbeitsmarkt- und Sozialpolitik; bei Transferanspruch keine Sozialversicherungspflicht
Bündnis90/Die Grünen	Wegfall der Hilfen zum Lebensunterhalt, des Kindergeldes, des Kindergeldzuschlages und der steuerlichen Kinderfreibeträge; Mindestlohngesetz; Reform der Arbeitsförderung, Sozialversicherung, Mietrecht; offensiver ökologischer Sozialwohnungsbau; Arbeitszeitverkürzung
Bundesministerium für Gesundheit	Verstärkt Vorschüsse vorrangiger sozialer Sicherungssysteme bei Bedürftigkeit, um Sozialhilfeabhängigkeit zu vermeiden
Christdemokratische Arbeitnehmerschaft	Zunächst Wegfall von Kindergeld, Erziehungsgeld, Wohngeld, Ausbildungsförderung; mittelfristig auch Wegfall laufender Hilfen zum Lebensunterhalt, Hilfen in besonderen Lebenslagen; langfristig auch Wegfall zahlreicher Objektsubventionen
Deutscher Paritätischer Wohlfahrtsverband	Wegfall der laufenden Geldleistungen der Hilfe zum Lebensunterhalt (Ausnahme: Mehrbedarfszuschläge, soweit nicht vollständig von der Grundsicherung übernommen)
Freie Demokratische Partei	Zunächst Wegfall von Kindergeld, Erziehungsgeld, individueller Ausbildungsförderung; anschließend auch Arbeitslosen- und Sozialhilfe und Wohngeld
Sozialdemokratische Partei	Wegfall von Arbeitslosenhilfe erwogen; Einkommenssteuerfreiheit der Grundsicherung; Verpflichtung aller Erwerbstätigen zur einkommensgerechten Vorsorge gegen Arbeitslosigkeit, Berufs- und Erwerbsunfähigkeit sowie Alter; ABM auch für Grundsicherungsempfänger; Anpassungsbedarf bei Sozialhilfe, Erziehungsgeld, Unterhaltsrecht, Beratungs- und Prozeßkostenhilfe, Rentenrecht

Quelle: Kaltenborn 1995: 106; eigene Veränderungen

2.2 Konsequenzen für die aktuelle Debatte

Die schon in den 80er Jahren geäußerten Bedenken gegen Grundsicherungsmodelle führen im Endeffekt dazu, zur Sicherung von Legitimation, Finanzierbarkeit und Leistungsfähigkeit des Sozialstaates auf jeden Fall das Versicherungsprinzip weiterhin stark zu betonen. Zudem sind die verschiedenen
Ausgestaltungsfragen noch nicht endgültig beantwortet. Dabei gilt es u.a.
Fragen nach dem Finanzbedarf, nach den Folgen für die Transfer- und Sicherungssysteme insgesamt, nach den Verteilungseffekten, nach möglichen Änderungen in der Struktur der Güterversorgung sowie nach den arbeitsmarkt-
und wettbewerbspolitischen Konsequenzen zu beantworten. Angsichts der
immer gravierender werdenden Sicherungslücken in verschiedenen Zweigen
der Sozialversicherung besteht allerdings ein akuter Handlungsbedarf.

1998 startete im politischen Raum eine erneute Bürgergeld-Offensive. Die
konservativ-liberale Bundesregierung hat zwei Kommissionen eingerichtet
(Transferkommission und Alternative Steuer-Transfer-Systeme), die Grünen
haben einen formellen Beschluß zur bedarfsorientierten Grundsicherung gefaßt, und der Paritätische Wohlfahrtsverband wird bis zum Sommer 1998
sein sehr detailliertes Konzept einer bedarfsorientierten Grundsicherung um-
arbeiten und neu präsentieren. Auch die PDS hat ihr Grundsicherungs-
konzept – das eine individuelle Leistung von 1.425 DM zuzüglich Wohngeld
und Krankenversicherungsbeiträge vorsieht und entsprechende Legitimati-
onsprobleme aufwirft – überarbeitet und neu vorgelegt (vgl. Deutscher Bundestag 1996). CDU, FDP, SPD und DGB haben ebenfalls eigene Vorstellungen dazu entwickelt (vgl. zusammenfassend Kaltenborn 1995). Und weiterhin vertreten Wissenschaftler ihre speziellen Positionen (Mitschke, Pelzer,
Scharpf, Sperman, Vaubel u.a.).

Vergleicht man die bekannten Konzepte, so lassen sich unterschiedliche
Schneisen schlagen, die auch für die generelle Diskussion um neue Sozial-
staatsmodelle und -elemente von Bedeutung sind:

- Generell lassen sich die Konzepte in eher arbeitsmarktorientierte (Scharpf, Vaubel, FDP, CDA) und eher sozialpolitisch orientierte (Grüne, SPD, interessanterweise auch DGB, Paritätischer Wohlfahrtsverband) unterscheiden.
- Ein eher einigendes Band ist das Ziel, unterschiedliche (steuerfinanzierte) Sozialleistungen (Arbeitslosenhilfe, Sozialhilfe außerhalb von Einrichtungen u.a.) zu
  integrieren und auf diese Weise die Systemtransparenz zu erhöhen.
- Spricht man sich – wie die meisten Vorschläge – für eine vom Bund getragene
  Steuerfinanzierung aus, so erhöht sich die Transparenz zwar auf der administra-
  tiven Seite, nicht aber für die Bürger: Steuerfinanzierte Systeme sind weniger
  transparent als beitragsfinanzierte.[25]

---

25 Vgl. als einen Alternativvorschlag, der bislang wenig beachtet wird, das über eine Bürger-
geldkasse umlagefinanzierte „Ulmer Modell" für die Gesamtbevölkerung, das dem Modell

Auffällig ist, daß die eher liberalen Vertreter nicht viel von einer festgeschriebenen „Arbeitspflicht" halten und stattdessen für großzügige Anrechnungsmöglichkeiten bzw. Transferentzüge plädieren (radikal Vaubel mit recht geringen Grundbeträgen als starkem „Arbeitsanreiz"), während beispielsweise der Entwurf von SPD und DGB auf die Kriterien des Arbeitsförderungsgesetzes (AFG) abstellt, um Personen auf dem Arbeitsmarkt verfügbar zu halten (vgl. Kaltenborn 1995).

Bis auf *Scharpf* zeichnen sich die Vorschläge der politischen „Linken" allesamt dadurch aus, daß ihr Konzept einer bedarfsorientierten Grundsicherung die Hilfe zum Lebensunterhalt ersetzen und entsprechend einer effektiveren Armutsbekämpfung dienen soll. Alle Modelle verstehen sich als eine *Ergänzung* der sozialen Sicherungssysteme, insbesondere der Sozialversicherung, nicht als eine *Alternative*, und sie schließen nur einen Teil der Bevölkerung ein. Auch die Integration und Pauschalierung der Leistungen ist ein gemeinsames Merkmal, so zum Beispiel die Reduktion der Zahlungen auf zwei Komponenten: Grundsicherungsbetrag und Wohnkostenpauschale (vgl. Fischer u.a. 1996).

Wenn man mit dem Deutschen Institut für Wirtschaftsforschung (DIW) bezweifelt, daß Bürgergeldkonzepte die Transparenz sozialstaatlicher Leistungen tatsächlich erhöhen würden (vgl. Meinhardt/Teichmann/Wagner: 627) – und ein Vorschlag wie der von *Scharpf* auch gar keine echte Integration anstrebt – bleibt neben dem Ziel einer effektiveren Hilfe zur Selbsthilfe tatsächlich nur noch das Ziel arbeitsmarktpolitischer Anreize als Kernziel bestehen. Dieses Ziel hat zweifelsohne eine stark neoliberale Facette. Es allerdings durch fehlende oder nur sehr reduzierte Anrechnungsmöglichkeiten für Erwerbseinkommen praktisch aus den Konzepten zu verbannen, vergibt die Chance einer reformorientierten Sozialstaatsdebatte. Denn dann sind die Konzepte von SPD, Grünen oder Paritätischem Wohlfahrtsverband „nur" eine modernisierte Variante der Sozialhilfe, die lediglich mit der Abschaffung der Familiensubsidiarität – radikal bei den Grünen (vgl. Fischer u.a. 1996) und der PDS (vgl. Deutscher Bundestag 1996) – einen provokanten Akzent setzen. Auch die Option, durch Zusammenfassung von Leistungen und institutionelle Integration zusätzliche Dienstleistungskapazitäten der Sozialverwaltung freizusetzen, ist eine Innovation, die sicherlich auch arbeitsmarktpolitisch sinnvoll ist – etwa bei der Integration von Langzeitarbeitslosen.

2.3 Intelligente Verknüpfung statt Entkoppelung

Allerdings ist es keine überzeugende Strategie, mit modernen Varianten der Grundsicherung den Arbeitsmarkt zu „entlasten", ohne gleichzeitig Beschäf-

---

von Mitschke ähnelt, allerdings in einigen kritischen Punkten (eben auch in der Finanzierung) davon abweicht (vgl. Pelzer 1996).

tigungsfelder im Schatten der Globalisierung miteinzubeziehen, wie Fritz W. *Scharpf* das tut, wenn er betont, daß der deutsche Arbeitsmarkt „am unteren Ende kupiert" sei (1995: 71). Natürlich zielen Überlegungen, Anreize auf der Nachfrageseite von Arbeit (Unternehmen) zu setzen, auch auf tarifpolitische Strategien, die für Niedriglöhne das Fundament bereiten. Dies ist zweifelsohne ein heikles Element eines sozial- und arbeitsmarktpolitischen Grundsicherungsmodells. Dennoch bleibt die Herausforderung bestehen, beide Politikfelder zu verklammern, ohne damit ein Instrument für Vollbeschäftigungspolitik anbieten zu wollen und zu können.

Damit bekommt die Debatte um Grundsicherung eine andere strategische Orientierung. Es geht nicht um die Entkoppelung von Arbeit, Einkommen und sozialer Sicherung, um das Ende der Arbeitsgesellschaft zu befördern. Eine solche Perspektive läuft Gefahr, die vorhandene Massenarbeitslosigkeit als Schicksal hinzunehmen und nur noch deren Folgen zu bewältigen. Eine Verklammerung von Ökonomie und Wohlfahrtsstaat ist hingegen insofern äußerst funktional, als daß sie als „Stachel" dient, um aktive Maßnahmen in der Arbeitsmarktpolitik, aber auch im breiten Feld der Innovations-, Industrie- und Wirtschaftspolitik zu mobilisieren.[26]

Zugespitzt formuliert: Erst die hohen Sozialausgaben – und nicht die Masse der konflikt- und organisationsunfähigen Arbeitslosen – erzeugen ausreichenden Druck für aktive Politik im Beschäftigungssystem. Insofern ist eine intelligente Neuorganisation der Beziehungen zwischen Kapitalismus und Wohlfahrtsstaat dringend geboten. Die Debatten über Grundeinkommen und Grundsicherung müssen dabei in ökonomische Überlegungen eingebunden, ihre volkswirtschaftlichen Vorzüge herausgearbeitet werden. Ansonsten droht die Gefahr, die die ursprünglichen Erfinder dieser Modelle – allen voran der radikal-liberale US-Ökonom Milton *Friedman* – als Chance im Auge hatten: der Weg zum minimalen Wohlfahrtsstaat. Ein solches Modell würde – ganz abgesehen von Gerechtigkeitsfragen – die Modernisierungspotentiale sozialpolitischer Regulierung verschenken.

Will man also auf komplexe Probleme nicht mit simplen Lösungen reagieren, so lehrt der Blick auf andere Länder, daß eine erfolgreiche Reform des Wohlfahrtsstaates der Verbindung unterschiedlicher Elemente bedarf: von der Sozialversicherung über die Arbeitsmarktpolitik bis zur Verwaltungspolitik; aber auch Akteure jenseits des Staates sind gefordert.

---

26 Gerade an diesem Punkt wird deutlich, daß es immer unproduktiver wird, verschiedene wirtschaftspolitische Paradigmen wie nachfrageorientierte und angebotsorientierte Ansätze bewußt gegenüberzustellen. Eine Reihe von Ansätzen zur Grundsicherung zielt nämlich sowohl auf eine Verbesserung der Angebotsseite als auch auf eine Stärkung der Nachfrage; beides läßt sich konstruktiv miteinander verbinden.

3. Auf dem Weg zu einem neuen Wohlfahrtsmix ?

3.1 Vom Wohlfahrtsstaat zur Wohlfahrtsgesellschaft

Noch stärker als der Wohlfahrts- oder Sozialstaat erscheint der Begriff der „Wohlfahrtsgesellschaft" als ein schillerndes Phänomen. Schon sprachlich wird dies deutlich, wenn von Wohlfahrtsgesellschaft, Wohlfahrtspluralismus, Drittem Sektor, neue Subsidiarität, Intermediarität oder Zivilgesellschaft die Rede ist. Im weitesten Sinne wird dabei auf den Umstand Bezug genommen, daß in modernen Gesellschaften mehrere Sektoren an der Wohlfahrtsproduktion beteiligt sind. Neben dem Staat und dem Markt existiert ein weiteres, analytisch nur schwer faßbares Feld, in dem sich soziale Initiativen, Selbsthilfegruppen, ehrenamtliches Engagement und Wohlfahrtsverbände, aber auch die Familie, Verwandtschaft und Nachbarschaften bewegen. Ihre Bedeutung liegt nicht zuletzt in dem Umstand, daß angesichts einer zunehmenden Individualisierung und Pluralisierung der Gesellschaft die einheitlichen, standardisierten und formalisierten Wohlfahrtskonzepte in Richtung einer größeren Vielfalt und Selbstbestimmung verändert werden müssen.

Aber auch Kostensteigerungen im Sozial- und Gesundheitssystem sowie Leistungsgrenzen herkömmlicher Organisations- und Produktionsformen sozialstaatlicher Sicherung haben angesichts veränderter Erscheinungsformen sozialer Hilfsbedürftigkeit zu einer Wiederentdeckung freiwilliger und zumeist unbezahlter Hilfe- und Unterstützungslesitungen in primären sozialen Netzwerken geführt. In der sozialpolitischen Debatte verbreitet sich zunehmend die Einsicht, daß eine Anpassung des öffentlich organisierten und finanzierten Systems sozialer Dienstleistungen an die neuen Herausforderungen nicht ausschließlich im Rückgriff auf vorhandene Interventionsformen und Instrumente staatlicher Sozialpolitik bewältigt werden können. Eine Expansion staatlicher sozialer Sicherung ist in den Augen vieler Beobachter in der bislang gekannten Form weder finanzierbar noch wünschenswert.

Eine generelle Deregulierungs- und Entstaatlichungsstrategie, wenn es um die aktive Lösung komplexer sozialer Probleme geht, stellt angesichts des erreichten Standes gesellschaftlicher Modernisierung keine gangbare bzw. wünschenswerte Alternative dar. Denn dies würde bedeuten, die vielfältigen psychosozialen Hilfsbedürftigkeiten entweder dem freien Spiel der Marktkräfte oder den primären sozialen Netzwerken bzw. organisierten Formen kollektiver Selbsthilfe und Eigenvorsorge ohne Rücksicht auf die vorhandenen Leistungsmöglichkeiten und -grenzen einfach zu überlassen.

Zunehmend wird deshalb an Strategien gearbeitet, die eine qualitative Weiterentwicklung des Systems wohlfahrtstaatlicher Sicherung vorsehen. Gesucht wird nach einem neuen Welfaremix, neue Formen der Verknüpfung und Kooperation zwischen den einzelnen Sektoren bzw. Bereichen der Wohlfahrtsproduktion. Nicht „mehr Staat", „mehr Markt" oder „mehr Selbsthilfe und Eigenvorsorge" ist die Devise, vielmehr geht es um neue Möglichkeiten der wechselseitigen Ergänzung und Unterstützung zwischen Staat, Markt und Selbsthilfe- bzw. Selbstorganisation.

Warnfried *Dettling*, einer der Protagonisten der Debatte um eine Wohlfahrtsgesellschaft, hebt besonders die Problemlösungsfähigkeit „intermediärer Institutionen" und „kleiner Lebenswelten" hervor (s.a. Dettling 1998). Diese „kommunitäre" Lösung ist für ihn sowohl sinnvoller als auch produktiver, weil sie an das Engagement der Bürger anknüpft und den Zusammenhalt der Gesellschaft stärkt:

„Die Wohlfahrtsgesellschaft spaltet Produzenten und Konsumenten sozialer Güter und Dienste nicht in zwei Klassen: in Menschen, die geben und solche, die nehmen; in einen Staat, der aktiv ist und in eine Gesellschaft, die passiv, distanziert und erwartungsvoll ist. Sie ist sozialproduktiver, weil sie beide Seiten in eine kreative und konstruktive Beziehung setzt. So kann es gelingen, die sozialen Ressourcen der Gesellschaft besser auszuschöpfen. Die Wohlfahrtsgesellschaft ist sinnvoller, weil sie den einzelnen als soziales Wesen stärkt und insgesamt die Bedingungen schafft und die Anreize verstärkt, daß er sich aktiv als Person einbringen und gemeinsam mit anderen sozial etwas ‚unternehmen' kann und will, ohne sich einfach in vorgegebene Angebote einfügen oder vorhandene Dienste nur noch konsumieren zu müssen" (ders. 1995: 191f.).

Drei Elemente charakterisieren die Perspektiven und Strategien auf dem Weg vom Sozialstaat zur Wohlfahrtsgesellschaft:

- der Staat zieht sich aus seiner betreuenden fürsorgenden Rolle stärker zurück und schafft dadurch Raum für Alternativen. „Aufgabe der Politik ist es nicht, die Gesellschaft zu bedienen, sondern sie zu aktivieren" (ebenda: 21);
- dabei setzt dieser Ansatz an den Ressourcen an, die jeder Mensch bzw. die Gesellschaft hat und nicht an ihren Defiziten. Auch Menschen in sozialen Randgruppen haben nicht nur Probleme, sondern auch Fähigkeiten;
- dies erfordert mehr Markt, mehr Wettbewerb, mehr Kundenorientierung in der Sozialpolitik.

Obgleich es Überschneidungen zwischen den Konzepten der Wohlfahrtsgesellschaft und des Wohlfahrtspluralismus gibt, grenzt Dettling sein Modell der Wohlfahrtsgesellschaft deutlich vom Wohlfahrtspluralismus und den in diesen Rahmen agierenden Wohlfahrtsverbänden ab:

„Zum anderen haben sich große Verbände – die Wohlfahrtsverbände sind nur ein Beispiel für diese Tendenz – durch staatliche Transfers, Subventionen und Vorschriften dermaßen in die Pflicht nehmen lassen, daß von Staatsunabhängigen ‚intermediären' Organisationen längst nicht mehr die Rede sein kann: Die soziale und politische Realität läßt sich eher als Korporatismus denn als Pluralismus beschreiben. Die Wohlfahrtsverbände sind nur ein prominentes Beispiel dafür, daß die Gesellschaft immer mehr vom Staat verdrängt wurde" (ders. 1995: 190f.).

Adalbert *Evers* (1990, 1996) geht ebenfalls davon aus, daß der Blick auf den Sozialstaat traditioneller Prägung eine normativ wie analytisch unzulässige

184

Verengung und Einseitigkeit darstellt, und daß es nun darum geht, die soziale mit der demokratischen Frage neu zu verbinden. Auch ihm geht es um Wettbewerb, Selbstorganisation, Vielfalt von Trägern und Akteuren. In der Praxis ist zu beobachten, daß sich viele Organisationen entweder an Organisationsprinzipien des Marktes oder des Staates annähern oder sich in private soziale Netzwerke zurückziehen.

3.2 Wohlfahrtspluralismus statt Uniformität

In der international vergleichenden Wohlfahrtsstaatsforschung sowie der deutschen Sozialpolitikdiskussion findet seit einiger Zeit ebenfalls eine paradigmatische Wende statt, in der nichtstaatliche Akteure verstärkt berücksichtigt werden. Diese Entwicklung ist auch deswegen notwendig, weil die vorhandenen Theorien des Wohlfahrtsstaates nicht die enorme Vielfalt der Wohlfahrtsproduktion in modernen westlichen Gesellschaften reflektieren. Entsprechend resümieren auch Zacher/Kessler (1990: 102, s.a. Schmid 1996a, b), daß man von der Annahme ausgehen kann, daß „ein Optimum an sozialer Sicherheit weder allein vom Staat noch allein von privaten und gesellschaftlichen Kräften erreicht werden kann, sondern daß sich beide ergänzen". In diesem Zusammenhang werden Wohlfahrtsverbände durchaus – trotz aller Kritik an ihrer Bürokratisierung – als Zwitter- und Scharnierorganisationen verortet, die eine wichtige intermediäre Stellung zwischen dem formellen (Markt und Staat) und informellem Sektor (Familie, Nachbarschaft, Selbsthilfe etc.) einnehmen (vgl. Heinze/Olk 1984).

Aus den Diskussionen um die Vielfalt der Orte der Wohlfahrtsproduktion folgt ein grundlegender Perspektivenwechsel in der Sozialpolitikanalyse. Nicht mehr die Distribution, die Gesetzgebung und die Finanzierung, sondern die Organisation und die Produktion von wohlfahrtsstaatlichen Leistungen sowie die konkrete Steuerung sozialpolitischer Programme stehen nun im Vordergrund. Trotz unterschiedlicher politischer Zielvorstellungen im einzelnen streben die Vertreter normativer Varianten des Wohlfahrtspluralismus (etwa *Dettling* und *Evers*) vor allem eine Ausdifferenzierung der sozialpolitischen Trägerstrukturen jenseits des Staates sowie eine Wiederbelebung von Selbsthilfe und Gemeinsinn an. Sie stellen nicht in erster Linie verschobene Verantwortlichkeiten fest, sondern wollen sie selbst geändert sehen.
Ähnliche Vorstellungen verbergen sich hinter Begriffen wie Welfaremix, intermediärer Bereich, neue Subsidiarität u.ä.; aber auch die jüngsten amerikanischen Beiträge zu Kommunitarismus und Zivilgesellschaft sind im weiteren Sinne dazu zu rechnen (vgl. etwa die Beiträge im Forschungsjournal Neue soziale Bewegungen 1992). Wohlfahrtspluralismustheoretiker heben dabei die Kategorien von sozialer Gerechtigkeit, Demokratie und Partizipation hervor.

Die große Bedeutung einer Vielfalt an Trägerformen zwischen Markt und Staat in der gegenwärtigen sozialpolitischen Debatte beinhaltet mehrere Aspekte:

- Einerseits liegt dem eine zunehmende Kritik an der überzogenen Bürokratisierung, Professionalisierung, Verrechtlichung und Monetarisierung des etablierten Wohlfahrtsstaates zugrunde;
- andererseits wird gerade in solchen bürgernahen Initiativen und Organisationen ein Weg aus der Krise des Wohlfahrtsstaates gesehen;
- schließlich gewinnen in diesem Kontext personenbezogene Dienste, deren Institutionalisierung und soziokulturelle Grundlagen stärker an Bedeutung.

Eine solche Stärkung des Wohlfahrtspluralismus soll nicht zuletzt dem Umstand Rechnung tragen, daß angesichts neuer gesellschaftlicher Bedürfnisse die einheitlichen, standardisierten und formalisierten Wohlfahrtskonzepte in Richtung einer größeren Vielfalt und Selbstbestimmung verändert werden müssen. Trotz der skizzierten Veränderungen ist freilich mit einigem Recht darauf beharrt worden, daß der klassische Wohlfahrtsstaat auch künftig noch immer ein prägendes Element westlicher Industriegesellschaften darstellen wird, weil wesentliche Elemente der Daseinsvorsorge ohne ihn wegbrechen würden.

In eine ähnliche Richtung auf Phänomene zwischen Markt und Staat tendieren die Konzepte „Dritter Sektor" und „Nonprofit-Organisationen", die sich seit Ende der 70er Jahre ausgehend aus angelsächsischen Diskussionen auch in der Bundesrepublik inzwischen verbreitet haben (vgl. zusammenfassend Anheier 1995). Die Nonprofit-Organisationen und Initiativen zeichnen sich durch eine große organisatorische Heterogenität und Breite der wahrgenommenen Aufgaben, die intensive Vernetzung mit anderen Vereinigungen sowie eine hohe Bedeutung des freiwilligen Engagements aus. In einer Minimaldefinition sind Nonprofit-Organisationen (wie lokale Vereine, Selbsthilfegruppen, gemeinnützige Einrichtungen, Stiftungen, Kirchen etc.) weder profitorientiert noch unterliegen sie bürokratischen Rigiditäten, sondern basieren auf Freiwilligkeit, Reziprozität und Gemeinnützigkeit. Aus diesem Forschungszusammenhang sind eine ganze Reihe von Arbeiten entstanden, die sich auch auf die Wohlfahrtsverbände beziehen.

Die Entstehung und Entwicklung des Dritten Sektors wird dabei zum einen als eine Reaktion auf Markt- und Staatsversagen begründet. Nach dieser These kommen dem Dritten Sektor und seinen Organisationen angesichts struktureller Leistungsgrenzen von Markt und Staat erhebliche komparative Vorteile zu. Der bislang umfassendste Versuch, den Dritten Sektor empirisch und vergleichend zu vermessen, ist im Rahmen des Johns Hopkins Comparative Project unternommen worden. Zu den zentralen Ergebnissen der Studien gehört die Einsicht, daß der Nonprofit-Sektor weltweit von großer ökonomischer, aber auch politischer, sozialer und moralischer Bedeutung ist:

„Wenn man das ökonomische Gewicht des deutschen Nonprofit-Sektors in Arbeitsplätzen angibt, so stellt der Sektor 1,3 Millionen Arbeitsplätze, was einem Äquivalent von etwa 1 Million Vollzeitarbeitsplätzen gleichkommt. Diese 1,018 Millionen Vollzeitarbeitsplätze entsprechen 3,7 Prozent der volkswirtschaftlichen Gesamtbeschäftigung oder jedem zehnten Arbeitsplatz im Dienstleistungsbereich. Der Sektor an sich beschäftigt mehr als doppelt soviele Arbeitnehmer wie die Großunternehmen Siemens oder Mercedes-Benz und fünf bis sechs Mal soviele wie die Volkswagen-Werke. Die ökonomische Bedeutung des Nonprofit-Sektors ist ungefähr vergleichbar mit der des Banken- und Versicherungswesens (890.000 Beschäftigte) oder der des Transportwesens (1,1 Millionen Beschäftigte). Gemessen an der Beschäftigtenzahl im Öffentlichen Dienst entspricht die Beschäftigung im Dritten Sektor etwa einem Drittel" (Anheier u.a. 1997: 33f.).

Für die Bundesrepublik zeigen die Daten eine deutliche Konzentration der Nonprofit-Organisationen auf das Gesundheits- und Sozialwesen und eine starke Finanzierung durch öffentliche Mittel. Das heißt im Klartext: Rund 80 Prozent der Arbeitsplätze im Nonprofit-Sektor befinden sich in den Wohlfahrtsverbänden. Diese Tatsache ist in der Wohlfahrtsverbände-forschung jedoch schon seit langem bekannt.

Hervorgehoben wird, daß der Nonprofit-Sektor nicht ein belangloses Nischenphänomen ist und der moderne Wohlfahrtsstaat inzwischen die meisten gesellschaftlich zentralen Aufgaben übernommen hätte. Demgegenüber wird auf einen enormen Anstieg des Nonprofit-Sektors und eine globale „associational revolution" in den letzten Jahrzehnten in allen westlichen Ländern hingewiesen. Zudem wird auf die große Bedeutung ehrenamtlicher und freiwilliger Arbeit im Nonprofit-Sektor hingewiesen:

„Obwohl die Organisationen, die im Bereich Kultur und Erholung tätig sind, nur für 6,32 Prozent der bezahlten Nonprofit-Beschäftigung aufkommen, sind in ihnen die meisten ehrenamtlichen und freiwilligen Mitarbeiter tätig. Bezieht man die ehrenamtliche Arbeit in die Bilanz ein, so muß man dieser das Äquivalent von 400.000 Vollzeitarbeitsplätzen hinzufügen. Wie aus der Tabelle hervorgeht, werden 50 Prozent aller ehrenamtlichen und freiwilligen Arbeit im Bereich Kultur und Erholung geleistet, vor allem in Sportvereinen und ähnlichen Organisationen. Aber auch im Gesundheitswesen, in den Sozialen Diensten, in Umweltschutzgruppen und Staatsbürgervereinigungen sind zahlreiche freiwillige und ehrenamtliche Mitarbeiter tätig. Insgesamt sind es also vier Bereiche, die überwiegend durch freiwillige unbezahlte Arbeit gekennzeichnet sind: Kultur und Erholung, Umweltschutzorganisationen, Staatsbürgervereinigungen und schließlich Stiftungen" (Anheier 1997: 35).

So innovativ und neuartig die Ergebnisse der Forschungen zum Dritten Sektor auch im ersten Moment klingen mögen, so sehr sind sie doch zu hinterfragen. Angesichts der umfangreichen Forschungen über die Bedeutung von Wohlfahrtsverbänden scheint es eher eine Frage der späten Wahrnehmung als der tatsächlich veränderten Realität zu sein. Die herausragende Rolle der intermediären Institutionen geht in den meisten europäischen Ländern weit in das vorige Jahrhundert zurück. Aus theoretischer Sicht wird auf eine Prägung der Verbändelandschaft in Deutschland durch die im Prozeß der Nationenbildung spannungsvollen Beziehungen zwischen Staat und und Kirche hingewiesen (vgl. Schmid 1996b).

Damit sind es weniger funktionale Vorzüge – wie in den Thesen von Markt- und Staatsversagen postuliert –, die die Entstehung, Entwicklung und Strukturierung von Nonprofit-Organisationen bewirken, sondern vielmehr historisch-politische Entwicklungspfade. Zudem findet zumindest im deutschen Fall das Wachstum im Dritten Sektor nach dem Zweiten Weltkrieg vor allem bei den Wohlfahrtsverbänden statt und ist dort hochgradig durch die Entwicklung der staatlichen Sozialpolitik bestimmt. Diese Einwände reduzieren die Innovationspotentiale und Krisenbewältigunsmöglichkeiten des Dritten Sektors beträchtlich; hier kann es allenfalls um Reformen, nicht aber um Revolutionen gehen.

3.3 Im Schatten der Riesen: die Rolle der Wohlfahrtsverbände

a) Grundstrukturen und Leistungen

Trotz der enormen sozialpolitischen Bedeutung der Wohlfahrtsverbände hat die Forschung dieses Thema in den 60er und 70er Jahren kaum bearbeitet. Wohlfahrtsverbände sind jahrelang wohl stärker im Alltag durch „Essen auf Rädern" oder „Aufrufen zur Blutspende" als in den bundesdeutschen Sozialwissenschaften präsent gewesen. Der Sozialrechtler *Igl* (1988: 182) beschreibt diese eigentümliche Lage so:

„Die Realität der freien Wohlfahrtspflege steht in einem krassen Widerspruch zu dem, was in der breiten Öffentlichkeit über sie bekannt ist" und „wer möchte vermuten, daß die freie Wohlfahrtspflege nach dem Staat der größte Arbeitgeber in der Bundesrepublik ist? Und wer ist sich bewußt, daß weite Bereiche sozialer Aktivitäten ohne die freie Wohlfahrtspflege überhaupt nicht denkbar sind?"

In der Bundesrepublik sind sechs Wohlfahrtsverbände aktiv: die Arbeiterwohlfahrt, der Deutsche Caritas Verband, das Diakonische Werk, der Paritätische Wohlfahrtsverband, das Deutsche Rote Kreuz und die Zentralwohlfahrtsstelle der Juden. Jeder Verband ist in der Rechtsform des gemeinnützigen, eingetragenen Vereins organisiert, mit einem ehrenamtlichen Vorstand als Lenkungsorgan. Im internationalen Vergleich ragen politische Stellung, rechtliche Absicherung und ökonomisches Fundament der deutschen Wohlfahrtsverbände deutlich heraus (vgl. Schmid 1996b).

Einige empirische Basisinformationen sollen die offensichtliche Lücke etwas ausfüllen: Die Wohlfahrtsverbände beschäftigen bundesweit mehr als 1,12 Mio. hauptamtliche Mitarbeiter, davon fast 724.000 Vollzeitbeschäftigte sowie 397.0000 Teilzeitbeschäftigte. Dies entspricht rund einem Sechstel des gesamten öffentlichen Dienstes einschließlich der Soldaten (1992) in Ost- und Westdeutschland und übertrifft damit beispielsweise den Bund mit seinen gut 600.000 Mitarbeitern erheblich (BAGFW 1997 mit weiteren Daten). Die Wohlfahrtsverbände sind aus diesem Grunde ebenfalls ein wichtiger Faktor auf dem Arbeitsmarkt; mit rund 40 Mrd. DM Jahresumsatz bzw. einem Anlagevermögen von rund 70 Mrd. DM bilden sie einen ansehnlichen Wirtschaftszweig (Spiegelhalter 1990).[27]

Seit 1990 haben die Wohlfahrtsverbände in den neuen Bundesländern zahlreiche Einrichtungen neu gegründet und einige alte Einrichtungen übernommen. Dieser Zuwachs spiegelt sich auch im erneuten Wachstumsschub zwischen 1990 und 1993 wider. Hinter den Zahlen verbergen sich allerdings auch Rationalisierungsprozesse in der alten Bundesrepublik. So ist von 1985 bis 1990 die Zahl der Beschäftigten prozentual zurückgegangen, während die Zahl der Plätze gestiegen ist. Auch die Verschiebungen im Verhältnis von Vollzeit- zu Teilzeitbeschäftigten können in allgemeinen Wachstumsdaten nicht wiedergegeben werden (vgl. dazu Hegner 1992).

Die eindrucksvollen Zahlen untermauern auf den ersten Blick das griffige Wort von den „Wohlfahrtskonzernen". Dabei darf jedoch nicht vergessen werden, daß die derzeit über 1 Mio. hauptamtlich Beschäftigten bundesweit in über 80.000 Einrichtungen der Wohlfahrtspflege arbeiten; eine solche Relation sollte dazu anhalten, bei der Analyse von Trägerstrukturen und Märkten stärker zu differenzieren. Außerdem bestehen weiterhin beachtliche politische und normative Unterschiede zwischen den Wohlfahrtsverbänden. Ferner zeigt sich eine beträchtliche Differenz zwischen den ost- und den westdeutschen Verbänden und Trägerphilosophien (vgl. Angerhausen u.a. 1995).

Wohlfahrtsverbände als Träger sind in fast allen Feldern der sozialen Dienste zu finden, von der Drogen- und der Familienberatung bishin zu Pflegeheimen und Krankenhäusern. Konzentriert man sich auf die wichtigsten und größten Sektoren, so ergeben sich im Bundesdurchschnitt folgende Anteile der Wohlfahrtsverbände an einzelnen Einrichtungen (ambulante pflegerische Dienste sind nicht separat ausgewiesen): In der Jugendhilfe tragen sie 47 Prozent, bei den Alten- und Behindertenheimen 62 Prozent aller Einrichtungen (vgl. BAGFW 1997: 8). Auch Krankenhäuser werden immerhin zu 40 Prozent von einem Wohlfahrtsverband getragen (vgl. Statistisches Bundesamt 1996).

Angesichts der Trägerkapazitäten von bundesweit rund zwei Dritteln der sozialen Einrichtungen bzw. 60 Prozent aller Beschäftigten bilden die Wohl-

---

27 Goll (1991: 260) kommt in seiner Untersuchung auf höhere Werte: Die Summe aller Arbeitsleistungen in den Wohlfahrtsverbänden beträgt dann umgerechnet knapp 900.000 fiktive Ganztagsbeschäftigte. Auch beträgt das Bruttoanlagevermögen zu Wiederbeschaffungspreisen rund 200 Mrd DM. Pabst (1994: 11) berichtet, daß sich die Bruttolohnsumme der Wohlfahrtsverbände auf über 30 Mrd DM beläuft und einen Anteil von 2,8 Prozent (im früheren Bundesgebiet) ausmacht.

fahrtsverbände auch in sozialpolitischer Hinsicht mächtige Akteuere, ohne deren Kooperation und Ressourceneinsatz viele sozialpolitische Programme nicht umsetzbar wären. Wegen ihrer organisatorischer Eigeninteressen und wegen des historisch entstandenen „Wildwuchses" an Trägern können sie sich durchaus erfolgreich gegen staatliche Planungs- und Steuerungsansprüche sperren.

Zudem werden vor allem im Bereich der Armutspolitik – in den einzelnen Verbänden unterschiedlich ausgeprägt – advokatorische Interessenvertretungsfunktionen für sozial Schwache ausgeübt, die sich nicht immer in die staatlichen Politikstrategien einfügen lassen. Andererseits sind gerade die etablierten Beziehungen zu den Wohlfahrtsverbänden und dem Staat sowie zwischen den Verbänden untereinander durch ein enorm hohes Maß an Kooperation geprägt. In diesem System werden die Konkurrenz zwischen den Verbänden und ihrer Autonomie aufgehoben und sie formulieren und implementieren Sozialpolitik gemeinsam mit dem Staat (vgl. Heinze/Olk 1981). Die institutionalisierte Form der Zusammenarbeit, die sich bereits auf die Frühphase der Weimarer Republik zurückführen läßt, basiert auf besonderen rechtlichen, finanziellen, organisatorischen und gesellschaftlichen Grundlagen:

- Im Rahmen des im Sozialrecht verankerten Subsidiaritätsprinzips nehmen die Wohlfahrtsverbände eine „Vorrangstellung" im Bereich der sozialen Dienste ein. Dadurch werden sie auch materiell (bislang) im Vergleich zu staatlichen und kommunalen, aber auch gewinnorientierten, privaten Einrichtungen stark privilegiert.
- Als „Spitzenverbände der freien Wohlfahrtspflege" erstreckt sich ihre Tätigkeit auf das gesamte Bundesgebiet sowie auf das gesamte Gebiet der Wohlfahrtspflege; dabei müssen sie soziale Hilfen selber leisten und nicht nur fordern und fördern. Diese rigiden Anforderungen etablieren hohe Eintrittsbarrieren und legitimieren geradezu die Entstehung von Oligopolen und „Großkonzernen" in diesem Sektor. Die eigentliche Basis ihrer sozialen Dienste liegt jedoch auf regionaler und kommunaler Ebene, wo die Wohlfahrtsverbände nicht nur als Spitzenverbände agieren, sondern zugleich Träger sozialer Einrichtungen sind.
- Die Finanzierung der Wohlfahrtsverbände erfolgt nach eigenem Bekunden etwa zu je einem Drittel aus öffentlichen Zuwendungen, aus Erstattungen der Sozialleistungsträger und aus Spenden, Mitgliederbeiträgen u.ä. Kritische Beobachter schätzen die finanziellen Eigenleistungen der Wohlfahrtsverbänder eher auf ca. zehn Prozent (vgl. ausführlich Goll 1991).
- Als zentrale Koordinierungsorganisationen fungieren die „Bundesarbeitsgemeinschaft der freien Wohlfahrtspflege" und der „Deutsche Vereien für öffentliche und private Fürsorge"; ferner existiert ein breites interorganisatorisches Netz an Fachverbänden, die zumeist für staatliche und freie Träger offen sind. Auf der Länderebene, dem eigentlichen Handlungsterrain der Verbände, haben sich die Wohlfahrtsverbände zumeist in Landesarbeitsgemeinschaften oder Ligen zusammengeschlossen.

- Die meisten Wohlfahrtsverbände verfügen über einen historisch gewachsenen sozialstrukturellen und -kulturellen Unterbau; sie sind an eine gesellschaftspolitische Großorganisation (Kirche oder Partei) angebunden und partizipieren auch an deren Privilegien. Ferner sollen sie wertgebundene (also nicht neutrale und universale) Hilfe leisten bzw. eine Pluralität von weltanschaulicher Motivation und Zielsetzung gewährleisten.

Aufgrund der herausragenden Stellung, die die Wohlfahrtsverbände im System sozialer Dienste einnehmen, kommt ihnen insgesamt gesehen ein „öffentlicher Status" (Offe 1981) zu, was sich auch in ihrem Selbstverständnis wiederspiegelt. Sie sehen sich neben den Verbänden von Kapital und Arbeit als „dritte Sozialpartner" (Spiegelhalter) an, die „umfangreich an der Gestaltung des Soziallebens im sozialstaatlichen Sinne beteiligt" (BAG 1983: 13) sind, und zwar nicht primär als Interessenvertretungen, sondern als Anbieter und „freie" Träger sozialer Dienste sowie als Anwälte sozial Schwacher. Diese Merkmale sind nicht nur für Wohlfahrtsverbände als besonderen Typus einer Verbandsorganisation charakteristisch; vielmehr prägt ihre Existenz auch die institutionelle Struktur des deutschen Sozialstaatsmodells, das sich gerade durch die Arbeitsteilung mit Wohlfahrtsverbänden von anderen westeuropäischen „Wohlfahrtsstaatstypen" abhebt und auf einen besonderen historischen Entwicklungspfad bzw. auf eine spezifische Koevolution von Verbänden und (christdemokratischem) Wohlfahrtsstaat schließen läßt (vgl. ausführlicher Schmid 1996b).

Die wechselseitigen Verflechtungen und Kooperationsformen prägen das System sozialer Dienstleistungen in der Bundesrepublik auch noch Anfang der 90er Jahre. Die normative Stütze für diese Verflechtungen bildet das Subsidiaritätsprinzip. Es stellt sich allerdings die Frage, ob der momentane Wandel der Sozialpolitik nicht eine Wendemarke in den Beziehungen zwischen Staat und Wohlfahrtsverbänden signalisiert.

b) Pluralisierung und Modernisierung

Anzeichen einer „Pluralisierung" der Trägerlandschaft werden von wissenschaftlicher Seite registriert. Formal verringern die Gleichstellung privatgewerblicher und freigemeinnütziger Anbieter im Pflegeversicherungsgesetz und die Novellierungen im Bundessozialhilfegesetz sowie im Kinder- und Jugendhilfegesetz tatsächlich die klassische Vorrangstellung der Wohlfahrtsverbände.

Soll also Pluralisierung Wettbewerb bedeuten? Dann kann die einfache Tatsache, daß vermehrt privat-gerwerbliche Anbieter etwa im Pflegebereich existieren und das Pflegegesetz und andere sozialrechtliche Novellierungen direkt oder indirekt Wettbewerb vorsehen, nicht auch schon eine positive Antwort auf die Frage sein. Backhaus-Maul und Olk (1996), die schon frühzeitig auf die Pluralisierung der Trägerlandschaft hingewiesen haben, beschreiben diesen Prozeß folgendermaßen:

„Vielmehr geht es ihnen (den staatlichen Akteuren, d. Verf.) um eine partielle Öffnung der Kooperationsstrukturen für neue ressourcenstarke Träger, ohne daß sie aber mit einer unüberschaubaren Vielzahl von Anbietern verhandeln müßte" (591).

Das deutsche System der Wohlfahrtsverbände war lange Zeit durch relativ starke administrative Regulierungen, schwachen politischen Tausch und praktisch nicht exisitierenden ökonomischen Tausch geprägt. Die momentanen Trends deuten bei oberflächlicher Betrachtung darauf hin, daß sich dieser Sektor stärker ökonomisiert (vgl. Heinze/Schmid/Strünck 1997; Strünck 1996b). Konkret bedeutet dies eine stärkere betriebswirtschaftliche Orientierung, die aber mit marktlicher Steuerung der sozialen Dienste zunächst nicht viel zu tun hat.

Kennzeichen der Debatte sind Modelle der Kostenrechnung und des Controllings, des Personalmanagements, der Produktbeschreibungen und stärkeren Kundenorientierung sowie der Leitbilder. Diese Umorientierung – begrifflich als „Sozialmanagement" verknappt – ist eingebettet in Rahmenbedingungen, die diesen Wandel direkt oder indirekt beeinflussen:

- Fiskalische Engpässe zwingen die Verbände, ihren Organisationsstandard mit Hilfe neuer Organisationsmodelle zu halten bzw. möglichst konfliktarm zu senken.
- Die öffentliche Kritik an mangelnder Transparenz, Effizienz und Flexibilität der Wohlfahrtsverbände wächst. Sie sind als quasi-öffentliche Institutionen nun auch in die allgemeine Modernisierungsdebatte im öffentlichen Sektor eingewoben, die um Prinzipien wie Budgetierung, Kontraktmanagement, Ergebnissteuerung, outsourcing und Leistungstiefe kreist (vgl. Naschold 1995).
- Sozialrechtliche Änderungen verlangen eine stärkere Transparenz und Vergleichbarkeit der Leistungen, zudem muß vermehrt mit Budgets gearbeitet werden; mittel- bis langfristig wird das Selbstkostendeckungsprinzip, das die gesamte Finanzierungspraxis der Wohlfahrtspflege durchzieht, durch Leistungsentgelte ersetzt werden.
- Formal und teilweise auch real werden die Wettbewerbsmodelle bei den sozialen Diensten eingeführt, sowohl über Ausschreibungen auf kommunaler Ebene als auch durch die erstmalige Gleichstellung privat-gewerblicher und frei-gemeinnütziger Anbieter im Pflegeversicherungsgesetz (vgl. Strünck 1996a).
- Die Integration der europäischen Sozialpolitik und der Binnenmarkt bedingen, daß auch soziale Dienstleistungen tranferiert werden können. Das bedeutet nicht nur potentielle Konkurrenz, sondern auch das Risiko, steuerliche Privilegien der gemeinnützigen Verbände teilweise wegfallen könnten (vgl. Loges 1994).

Zudem kann eine kostengünstige Ressource der großen Verbände angesichts der sozialen Wandels nicht mehr problemlos mobilisiert werden: die ehrenamtliche Arbeit. Dadurch wird auch die gesellschafts- und organisationspolitische Sonderstellung der Wohlfahrtsverbände geschwächt. Wenn in der gesellschaftlichen Debatte um den Rückgang der Solidarität ein Kronzeuge für die abnehmende Zahl Ehrenamtlicher gesucht wird, dann geraten sofort die Stammorganisationen der freien Wohlfahrtspflege ins Visier. Eine genaue Einschätzung von Umfang und Entwicklung ehrenamtlicher Arbeit wird allerdings durch lückenhaftes Datenmaterial blockiert.

3.4 Vom traditionellen Ehrenamt zum freiwilligen Engagement

Die Spitzenverbände der freien Wohlfahrtspflege beziffern schon seit über 20 Jahren die Zahl ihrer ehrenamtlichen Mitarbeiter auf rund 1,5 Millionen; neuerdings wird sogar eine Zahl von 2,5 bis 3 Millionen angegeben (vgl. BAGFW 1997: 7). Doch Säkularisierung und Individualisierung verringern das Potential klassischer ehrenamtlicher Arbeit in den Verbänden. Alle empirischen Studien weisen darauf hin, daß die von den Wohlfahrtsverbänden mobilisierte ehrenamtliche Arbeit zum Teil deutlich schrumpft.

Schon aufgrund der wachsenden Beteiligung der Frauen im Erwerbsleben werden die „klassischen" Ehrenamtlichen (z.B. ältere, nicht-erwerbstätige Frauen) immer seltener. Auch aus Sicht der Wohlfahrtsverbände hat die Bereitschaft zu kontinuierlicher ehrenamtlicher Arbeit in den vergangenen Jahrzehnten abgenommen. Tatsächlich dürfte also die genannte Zahl längst unterschritten sein: Das „goldene Helferherz" stirbt aus.

Außerdem ist die Funktions- und Aufgabenabgrenzung ehrenamtlicher Hilfe komplizierter geworden. Das Ehrenamt wurde im Zuge der Professionalisierung und Bürokratisierung der sozialen Dienste von immer mehr Funktionen ausgegrenzt, obwohl neue soziale Probleme eine Ergänzung der standardisierten Dienste eigentlich immer notwendiger machen.

Daß ehrenamtliche Arbeit vor diesem Hintergrund verstärkt als „abhängige Variable" der hauptamtlichen Arbeit verstanden wurde, wird mittlerweile als eine Ursache für die Probleme aufgefaßt, ehrenamtliche Verbandsmitarbeiter zu rekrutieren und zu motivieren (vgl. Olk 1987). Der Rückgang ehrenamtlicher Arbeit in den traditionellen Wohlfahrtsorganisationen bedeutet jedoch nicht, daß die Bereitschaft zu ehrenamtlichem Engagement generell schwindet.

Es liegen so gut wie keine Längsschnitt-Analysen zur Entwicklung ehrenamtlichen (oder freiwilligen) Engagements vor, aus denen man Aussagen zum Wandel des Engagements über Berufs- und Statusgruppen, Alterskohorten, Regionen, Milieus oder anderen Merkmalen ableiten könnte. Auch die erste international vergleichende Untersuchung zum „Volunteering" bietet nur eine punktuelle Querschnitts-Betrachtung an (vgl. Gaskin u.a. 1996).

Generell gilt, daß bei quanitativen Betrachtungen ehrenamtlichen Engagements Vorsicht geboten ist. Fragestellungen und Erhebungsmethoden sind einfach zu unterschiedlich. Die Ergebnisse des Johns-Hopkins-Projekts zum Dritten Sektor vermelden für die Bundesrepublik im Jahre 1996 dreizehn

Prozent Engagierte mit einem durchschnittlichen Zeitaufwand pro Monat von ca. 16 Stunden (vgl. Priller/Zimmer 1997).

Die Fragestellung erfaßt jedoch das unregelmäßige Engagement – das Erkennungsmerkmal gewandelter Ehrenamtsformen – nur lückenhaft. Die Eurovol-Studie (vgl. Gaskin u.a. 1996) kommt auf einen Wert von 18 Prozent, während die Daten des Sozio-Ökonomischen Panels weitaus höhere Werte anzeigen, weil unregelmäßige Aktivitäten stärker berücksichtigt werden.

Im folgenden werden Auswertungen des Sozio-Ökonomischen Panels (SOEP) am Deutschen Institut für Wirtschaftsforschung in geraffter Form präsentiert, die Wandlungstrends des Ehrenamts erkennen lassen und die vielfach geäußerte These von der „neuen Ehrenamtlichkeit" mit weiteren empirischen Hinweisen stützen können. Diese These verknüpft die schleichende Auflösung von sozialen Milieus und die stärkere Trennung von Werthaltungen und sozialer Herkunft („Individualisierung") mit neuen Erwartungshaltungen an ehrenamtliche Arbeit, wie sie sich in zahlreichen Nonprofit-Organisationen äußert. Solche Organisationen können Menschen nicht mehr voraussetzungslos in ihre Arbeit einbinden, weil die Interessenten eigene Ansprüche an Zeit und Dauer der freiwilligen Tätigkeit entwickeln und sich vermehrt für Einzelprojekte einsetzen wollen anstatt dauerhaft von Organisationen vereinnahmt zu werden.

Auch die Bedeutung „biographischer Passungen" nimmt zu: Wichtiger als Orientierungsmarken durch die Zugehörigkeit zu einem sozialen Milieu ist die Koppelung der freiwilligen Tätigkeit an eigene Erfahrungen und Fähigkeiten. Dadurch wächst zugleich aber auch das Potential von Freiwilligen an, weil „neue Ehrenamtlichkeit" deutlich über das traditionelle Milieu und über die Mitgliedschaftsgrenzen von Sozialverbänden hinausgeht.

Rein quantitativ betrachtet erreicht das freiwillige Engagement in der Bundesrepublik entgegen tagesaktuellen Äußerungen immer noch einen beträchtlichen Wert: Im Jahr 1994 war fast ein Drittel der westdeutschen Bevölkerung – das entspricht rund 16 Millionen Personen – in einer ehrenamtlichen Tätigkeit engagiert. Der Anteil ehrenamtlich Aktiver war damit im Vergleich zu 1985 um fünf Prozentpunkte höher. In Ostdeutschland spielt ehrenamtliches Engagement eine nicht so große Rolle, wenngleich auch hier 1994 fast ein Fünftel der Bevölkerung – knapp 2,5 Millionen Personen – eine ehrenamtliche Tätigkeit ausübte. Für alle Altersklassen in Westdeutschland ist im Vergleich zu 1985 eine Zunahme ehrenamtlicher Tätigkeit zu beobachten.

Deutlich ist auch, daß entgegen den Resultaten der Eurovol-Studie (vgl. Gaskin u.a. 1996) regelmäßiges Engagement zurückgeht, während das unregelmäßige Engagement stark gewachsen ist. Im Jahr 1985 gaben 15,4 Prozent der Befragten an, regelmäßig ehrenamtlich tätig zu sein; 8,5 Prozent waren sogar jede Woche aktiv. 1994 betrug der Anteil der regelmäßig Aktiven dagegen nur 14,9 Prozent und der Anteil der wöchentlich Aktiven noch 7,6 Prozent. Deutlich zugenommen hat dagegen die seltener ausgeübte ehrenamtliche Tätigkeit, nämlich von 1985 rund zehn Prozent auf fast 15 Prozent im Jahre 1994. Dieses Muster der veränderten zeitlichen Strukturen gilt im übrigen auch für die differenziert betrachteten Formen ehrenamtlicher Tätigkeiten. Insgesamt deuten die Ergebnisse auf einen Strukturwandel ehrenamtlichen Engagements hin.

Auch bestimmte Gruppen von Arbeitslosen – vor allem jüngere, arbeitslose Akademiker – engagieren sich freiwillig in Projekten und Organisationen, um sich für den regulären Arbeitsmarkt weiterzuqualifizieren und in einer Art „Arbeitsprozeß zu bleiben". Daß derartige Tätigkeiten zugenommen haben, bestätigt die Auswertung der SOEP-Daten.

Demnach ist das freiwillige Engagement von arbeitslos Gemeldeten in Westdeutschland von 16,5 Prozent im Jahr 1985 auf 28,6 Prozent in 1994 gestiegen – ein in dieser Form unerwartetes Ergebnis. Zugleich ist deutlich, daß das Engagement außerhalb der Erwerbsarbeit mit steigender Erwerbsbeteiligung wächst. In Westdeutschland sind Vollzeiterwerbstätige mit etwa 35 Prozent im Jahre 1994 am häufigsten ehrenamtlich tätig, bei den Teilzeiterwerbstätigen sind es knapp 32 Prozent.

Die Entstehung neuer Altengenerationen („aktives Alter") spiegelt sich auch in den Daten zum Engagement in politischen Organisationen. Von den 41- bis 59jährigen waren 1994 12,5 Prozent „politisch" aktiv, das entspricht einer Zunahme von über drei Prozentpunkten. Noch deutlicher ist die Zunahme bei den über 60-jährigen, bei denen sich der Anteil von 3,8 Prozent auf 7,5 Prozent nahezu verdoppelt hat. Bemerkenswert ist jedoch, daß das Engagement der Jungen in Parteien, Bürgerinitiativen und in der Kommunalpolitik deutlich von 9,1 Prozent im Jahre 1985 auf 6,5 Prozent im Jahre 1994 zurückgegangen ist.

Auch die Auswertung des SOEP zeigt, daß der „durchschnittliche" ehrenamtlich Tätige im mittleren Lebensabschnitt ist, eine gute Ausbildung besitzt und in einer gehobenen Postition erwerbstätig ist. Die Entwicklung in Westdeutschland von 1985 zu 1994 zeigt allerdings einen überdurchschnittlichen Anstieg der ehrenamtlichen Tätigkeit bei Personen ohne Schulabschluß, und zwar von 17,5 Prozent auf 26 Prozent. Man kann von einer stärkeren Annäherung zwischen den Aktivitäten von Menschen mit hohen und niedrigen Bildungsabschlüssen sprechen, was auf der Basis allgemeiner Thesen nicht unbedingt zu erwarten war. Ein signifikanter Unterschied zwischen den Gruppen mit unterschiedlichem Bildungsstatus bleibt dennoch bestehen.

Arbeiter sind – mit Ausnahme der Selbständigen 1994 – von allen Berufsgruppen am seltensten ehrenamtlich tätig, was die These stützt, daß für ein Engagement Ressourcen – insbesondere in Form von Bildung und Einkommen – notwendig sind, die dieser Gruppe in geringerem Umfang zur Verfügung stehen.

Bezogen auf Haushaltstypen sind Paare mit Kindern – zunehmend mit der Kinderzahl – am stärksten freiwillig engagiert. Rund 40 Prozent der Personen in Paarhaushalten mit drei und mehr Kindern sind in Westdeutschland ehrenamtlich tätig. Dies ist nicht nur mit kinderbezogenen Aktivitäten z.B. in Vereinen zu erklären, da auch die Mitarbeit in der Politik bei dieser Gruppe am häufigsten ist. Vielmehr sind Haushalte mit mehreren Kindern stark in soziale Netzwerke eingebunden und spüren eine größere Nähe zu Problemen.

Offenbar gibt es noch ein großes Potential an ehrenamtlicher Arbeit, das allerdings von den traditionellen Organisationen bislang kaum genutzt wurde. Die „neue Ehrenamtlichkeit" ist geprägt durch eine Verbindung von Betroffenheit, Selbstverwirklichungsmotiven und politischem Veränderungswillen. Sie ist formal wenig organisiert und dadurch für die Wohlfahrtsverbände nur begrenzt erschließbar. Dennoch bedarf auch die neue Ehrenamtlichkeit der Unterstützung durch professionelle Beratungsangebote auf lokaler Ebene.

Die Konsequenzen des sozialen Wandels für die Wohlfahrtsverbände sind also durchaus ambivalent. So geht etwa das weibliche, familiäre Pflegepersonal für Angehörige im Zuge der Individualisierung drastisch zurück (vgl. Alber 1993). Diese Entwicklung schwächt das ehrenamtliche Engagement von Frauen, gleichzeitig macht sie aber professionelle Hilfeangebote umso dringlicher. Und der demographische Wandel erzeugt ebenfalls neue Nachfragepotentiale.

Es ist derzeit noch nicht endgültig abzusehen, ob es den Wohlfahrtsverbänden auch durch eine Modernisierung der Organisationsstruktur gelingt, den Strukturwandel des Ehrenamtes für die eigene Organisation zu nutzen. Neue Verknüpfungsmöglichkeiten von Haupt- und Ehrenamt müssen entwickelt werden.

Die neuen Formen der Alltagssolidarität und Selbsthilfe sind nicht nur als Konkurrenz zu den etablierten Wohlfahrtsverbänden zu deuten, sondern können den Wohlfahrtsverbänden – unter denn Bedingungen eines Organisationswandels – durchaus auch neue Chancen eröffnen. Die zukünftige Sozialpolitik gerade auf lokaler Ebene wird stärker durch Kooperations- und Komplementärformen als durch Konkurrenz geprägt werden.

4. Der experimentelle Wohlfahrtsstaat: Bewahren und Bewegen

4.1 Aktivierung und Integration von Ökonomie und Sozialpolitik als Elemente einer Reformstrategie

Resümiert man die unterschiedlichen Reformansätze des Wohlfahrsstaates im Ausland, so lassen sich mehrere Tendenzen herausarbeiten. Die neuen Politikmuster werden geleitet durch Prinzipien wie

- Aktivierung der Adressaten statt passive Sozialleistungen,
- vom Anspruch zum Anreiz als Interventionsbasis und
- Verbindung von Effizienz und egalitären Vorstellungen.

Zudem sind in allen Ländern die Leistungen gekürzt, die Eigenbeteiligungen erhöht und die Kontrollen der Betroffenen verstärkt worden. Ferner sind erhebliche Teile des öffentlichen Dienstes privatisiert worden. Diese Strategie verzichtet aber meist nicht auf Steuerung und Regulierung per se, sondern sie setzt vor allem auf parastaatliche und dezentrale Lösungen. Hier trifft die von Claus *Offe* geprägte Formel von der „staatlich veranstalteten Entstaatlichung von Staatsaufgaben" zu, d.h. es geht im Sinne einer „Verschlankung" darum, die staatliche Steuerungsintensität in den Fällen zurückzunehmen, in denen ein staatsunmittelbares Handeln nicht erforderlich ist. Annäherungen an das alte Konzept der Subsidiarität sind dabei nicht zufällig.

Zugleich ist in den Modell-Ländern die Erwerbsbeteiligung deutlich erhöht worden, was zu einer beachtlichen Verbesserung am Arbeitsmarkt und zur Entlastung der sozialen Sicherungssysteme geführt hat. Vor allem die Niederlande haben geradezu ein „Teilzeit-Wunder" organisiert. Dies hängt einerseits mit der stärkeren Rolle von Dienstleistungen in der nationalen Ökonomie (bzw. dem stärkeren Strukturwandel) sowie der höheren Frauenerwerbsquote zusammen, andererseits haben die Tarifparteien hier aktive Unterstützungsarbeit geleistet und entsprechende tarifvertragliche Regelungen entwickelt bzw. Hemmnisse abgebaut. Zudem kommen hier die relativ hohen Mindestrenten zum Tragen, was einer partiellen Entkoppelung von Lohn/Beitrag und (Renten-)Leistung gleichkommt. Generell ist bei den reformistischen Ländern eine zunehmende Flexibilisierung der Arbeitsmärkte und eine Modernisierung der Tarifpolitik zu bemerken, die auch den öffentlichen Dienst und dessen Modernisierung einschließt.

Solche Formen der Angebots- und Wettbewerbspolitik lassen sich durch eine veränderte Gesellschafts- und Sozialpolitik unterfüttern bzw. in ein positives Verhältnis überführen, bei dem dann Synergieeffekte anfallen. Dabei spielen die Stärkung der sozialen Dienste (gegenüber Transferleistungen) und ein neues Arrangement im Wohlfahrtspluralismus eine wichtige Rolle. An diesem Punkt beginnt im Grunde genommen erst die eigentliche Frage nach der Zukunft des Wohlfahrtsstaats. Die Überlegungen führen zu der generellen Erkenntnis, daß das Verhältnis zwischen Ökonomie, Gesellschaft und Wohlfahrtsstaat nicht bloß als Einbahnstraße zu sehen ist, über die primär Geld transportiert wird.

Der moderne Wohlfahrtsstaat hat inzwischen eine äußerst enge Verflechtung und strukturelle Wechselwirkung mit dem ökonomischen und soziokulturellen System erreicht, die den Austausch zwischen den Systemen weit über monetäre Transfers hinausreichen lassen. Wie solche komplexen Kreisläufe und Tauschprozesse zwischen Arbeit und Freizeit, Industrie und privaten wie öffentlichen Diensten im Detail funktionieren oder gar, wie sie zu optimieren sind, darüber bestehen kaum wissenschaftliche Erkenntnisse. Einige Wechselwirkungen und Verknüpfungen lassen sich beispielhaft skizzieren:

- Der Ausbau der sozialen Dienste und Infrastruktur in der Altenpflege, aber auch bei Kindergärten und anderen sozialen Diensten, kostet nicht nur, sondern schafft auch Arbeitsplätze und ermöglicht dabei vor allem Frauen einen besseren Zugang zum Arbeitsmarkt. Allein für die Pflegeberufe werden in den nächsten Jahren in Deutschland rund 300.000 neue Stellen erwartet. Diese strukturellen Arbeitsmarkteffekte im Dienstleistungssektor sind in die Diskussion um die Modernisierung des öffentlichen Dienstes ebenso einzubringen wie in die aktuellen Debatten um Rentenreform und Generationenkonflikte.
- Ergänzend kann die Idee der „negativen Einkommenssteuer" aufgenommen werden (vgl. Kap. 2). Dadurch sollen zum einen administrative Vereinfachungen und Einsparungen erreicht werden, zum anderen sollen auch und vor allem Anreize gesetzt werden, zusätzliches Einkommen durch schlecht bezahlte Arbeit zu erzielen. Hierauf zielt besonders ein Vorschlag von Fritz W. *Scharpf* (1996) ab, der niedrige Arbeitseinkommen subventionieren will und dabei vor allem die arbeitsmarktpolitischen Effekte im Auge hat.
- Darüber hinaus sind neue Relationen zwischen dem Bürger bzw. der Gesellschaft und dem modernen Wohlfahrtsstaat notwendig und machbar, die etwa die Form übergreifender Kooperationsringe und Assoziationen annehmen könnten (vgl. Offe/Heinze 1990). Gleichfalls eine Rolle spielen können hier neuere Formen der Ehrenamtlichkeit in Vereinen und Verbänden sowie eine modernisierte Fassung des Subsidiaritätsprinzips. In diesen Formen könnten dann Elemente wie Arbeitszeitverkürzung, neue Besteuerungsformen, soziale Mindestsicherung, Selbsthilfe, aber auch Beratung und technische Infrastruktur eine neue, wirtschafts- und sozialpolitisch fruchtbare Verbindung eingehen.
- Hierbei kann es keinesfalls darum gehen, die Diskussion auf ein Entweder-Oder von Norm, Anreiz oder Zwang zu fokussieren, denn auch der Wohlfahrtsstaat der Zukunft braucht neben seiner moralischen Orientierung auch eine ökonomische Basis und politische Stabilisation. Demnach hat die gemäßigte Programmformel von der „Modernisierung des Staates", d.h. die Stärkung seiner aktivierenden, kooperativen Funktionen und dezentralen Strukturen sowie der Entwicklung bürgernaher und beweglicher Verwaltungskulturen genauso ihre Berechtigung und Bedeutung wie die radikalere These von der „Sozialisierung des Wohlfahrtsstaates" (Dettling 1995b), die teilweise an kommunitaristische und zivilgesellschaftliche Ideen anknüpft, also auf eine Entwicklung hin zur primär normgesteuerten Wohlfahrtsgesellschaft zusteuert. Im Grunde geht es hier darum, die in den anderen Ländern praktizierten Strategien der Aktivierung und des „Empowerments" in die für die deutschen Verhältnisse adäquaten institutionellen Bahnen zu lenken.
- Eine weitere Facette in diesem Bild stellt der Einsatz neuer Informations- und Kommunikationstechnologien dar, die in Vorstellungen wie das „virtuelle Altersheim" einmünden können. Hier dominieren Überlegungen zur Produktivitätssteigerung, Reorganisation und Qualifizierung des Personals im Bereich personenbezogener Dienstleistungen. Zugleich wird eine „Verknüpfung" komplementärer Leistungen angestrebt, die z.B. wohnungsbauliche Maßnahmen, medizinische und pflegerische Betreuung, technische Unterstützungssysteme,

(öffentliche und private) Finanzierungskonzepte usw. miteinander verbinden (vgl. Hilbert 1994).

Gemeinsam ist all den skizzierten Vorschlägen, daß sie im Gegensatz zur klassischen (markt-)liberalen Haltung stehen, die alles am Tausch und individuellen Interesse festmacht und allenfalls rudimentäre soziale Sicherheit durch kollektive (staatliche oder gesellschaftliche) Regelungen zulassen will. Außerdem wird die Problematik der tiefgreifenden institutionellen Reorganisation des Wohlfahrtsstaates – von Privatisierung über die Verbandlichung bzw. der Förderung von Ehrenamtlichkeit und Selbsthilfe bis hin zur Reform der öffentlichen Verwaltung – in den Vordergrund gerückt. Als Konsequenz hieraus ergibt sich ein Vorrang von Fragen der Produktion sozialer Güter und Dienstleistungen und deren „wohlfahrtskulturelle" Einbettung; Probleme der Finanzierung und (Um-)Verteilung sowie (sozial-)versicherungstechnische Aspekte treten demgegenüber in den Hintergrund – was freilich nicht heißt, daß sie unwichtig werden.

Kritiker eines solchen Reformpfades betonen jedoch häufig, daß es sich nur um einen „Liberalismus mit menschlichem Antlitz" handeln würde. Sie verweisen z.B. auf die beachtliche Zahl von Teilzeitarbeitslosen, welche dies nur unfreiwillig machen oder die Tatsache, daß soziale Staatsbürgerrechte durch die stärkere Selektivität der Maßnahmen heimlich unterminiert werden. Bei der Beurteilung spielt jedoch der Maßstab die entscheidende Rolle: Wer das Ende des Normalarbeitsverhältnisses und des traditionellen Wohlfahrtsstaates als Ausgangspunkt nimmt und die Vermeidung von prekären Lagen in der Lohnarbeit und der Sozialen Sicherheit als Ziel ansetzt sowie den einsetzenden sozialen Desintegrationstendenzen mit allen Mitteln entgegenwirken will, kommt zu einem erheblich günstigeren Urteil über die skizzierten Reformmodelle als derjenige, der die weitgehende Wiederherstellung der „guten alten Zeiten" anstrebt.

4.2 Handlungsmöglichkeiten jenseits des Nationalstaats: Beispiele für interessante wohlfahrtsstaatliche Politiken im Bundesstaat

a) Aktive Arbeitsmarktpolitik der Länder

Seit Mitte der 80er Jahre zeigen sich auf der Länderebene bemerkenswerte Innovations- und Anpassungsfähigkeiten, die die Bundesanstalt für Arbeit bzw. die Bundesregierung nicht leisten kann und aufgrund ihrer politischen Orientierungen und Präferenzen nicht leisten will. In zunehmenden Maße wird nämlich versucht, die dezentralen Ebenen stärker in die arbeitsmarktpolitische Verantwortung zu nehmen (vgl. Heinze/Voelzkow 1997, Schmid/Blancke 1997). Die entsprechenden neuen Aktivitäten in der Arbeitsmarktpolitik zeichnen sich vor allem durch drei Merkmale aus. Sie sind

- politisch inszeniert durch die Bundesländer, die wichtige Initiativ-, Koordinierungs- und Finanzierungsfunktionen übernehmen, während der Bund sich vorwiegend auf die (passive) Finanzierung konzentriert;
- in hohem Maße kooperativ angelegt, also unter Einschluß der Gewerkschaften und anderer wichtiger gesellschaftlicher Akteure, um die endogenen Entwicklungspotentiale zu nutzen (was auch als Mesokorporatismus bezeichnet wird, vgl. Heinze/Schmid 1994);
- stark auf der dezentralen Ebene angesiedelt und zumindest in einigen Fällen bzw. ansatzweise als Querschnittsaufgaben in die Struktur-, Industrie-, Berufsbildungs- und Sozialpolitik integriert.

Die Gründe dafür sind vielfältig; sie liegen z.T. in veränderten politischen Steuerungsphilosophien, wonach davon ausgegangen wird, daß die globale makroökonomische Steuerung des Arbeitsmarktes immer weniger Erfolge verspricht, die lokale und regionale Ebene zunehmend die Finanzlasten der Arbeitslosigkeit tragen, die marginalisierten Gruppen der Erwerbsbevölkerung durch nationalstaatliche Intervention und durch zentral gesetzte Regelungen (wie das AFG[28]) nicht effektiv erreicht werden können. Hinzu kommt, daß besonders in Ostdeutschland spezifische regionale Problemlagen existieren. Die jährlichen Ausgaben von ca. 3,5 Mrd. DM (1994) scheinen im Verhältnis zu den Ausgaben der Bundesregierung (46 Mrd. DM/1994) zwar gering, dennoch sind diese Aktivitäten nicht zu vernachlässigen. Gleichzeitig eröffnen sich hier neue Chancen durch die EU, denn der Europäische Strukturfonds (ESF) bietet den Ländern Gelder, die für eine kombinierte Arbeitsmarkt- und Strukturpolitik eingesetzt werden können.

Auf diese Weise hat die Bundesrepublik Deutschland inzwischen im internationalen Vergleich erheblich – und gemessen an den üblichen politikwissenschaftlichen Erklärungsmodellen eher überraschend – an Anstrengungen (in Aggregatausgaben für aktive Arbeitsmarktpolitik) zugelegt. Darüber hinaus ist es auch zu bemerkenswerten inhaltlichen Veränderungen gekommen wie etwa in Form von Beschäftigungs- und Qualifizierungsgesellschaften. So haben die Bundesländer ihre Ausgaben für aktive Arbeitsmarktpolitik in den letzten Jahren bei steigender Arbeitslosigkeit nicht prozyklisch gesenkt, sondern antizyklisch erhöht (Reissert 1994: 39). Flexibilität zeigen sie ferner hinsichtlich der Gestaltung ihrer Maßnahmen. Die Länder nutzen ihre Ausgaben insbesondere für diejenigen Personenkreise, die vom AFG nicht erreicht werden, d.h. für Präventivmaßnahmen und für Sozialhilfeempfänger sowie für Planungs-, Beratungs- und organisatorische Umsetzungsleistungen.

Zudem deuten die Aktivitäten der Regierungschefs der Länder, die inzwischen eine Arbeitsgruppe „Entwicklung der Arbeitsmarktsituation und der damit verbundenen Probleme" gebildet haben, darauf hin, daß dieses Politikfeld an Bedeutung gewonnen hat. Gleiches gilt auch für die Arbeit der En-

---

28 Neuerdings sind die entsprechenden Regelungen im SGB III zusammengefaßt; wir behalten hier wegen der besseren Transparenz die ältere Bezeichnung bei.

quete-Kommission „Zukunft der Erwerbsarbeit" im nordrhein-westfälischen Landtag sowie für die gemeinsame Zukunftskommission der Länder Sachsen und Bayern, die einen Bericht über die Entwicklung, Perspektiven und Politikstrategien im Bereich Arbeit und Beschäftigung vorgelegt hat. Dabei darf und soll die Aktivität der Länder jedoch nicht die Arbeitsmarktpolitik der Bundesanstalt verdrängen bzw. die Bundesregierung aus ihrer Verantwortung entlassen, denn dort besteht noch immer der gesetzliche Auftrag, den Betroffenen unmittelbar zu helfen. Sinnvoll ist ein Blick auf die Landesebene aber deshalb, weil hier komplementäre Maßnahmen gestaltet werden und positive Mitnahme- und Synergieeffekte organisiert werden können. Zusammen mit der wachsenden Bedeutung der europäischen Beschäftigungspolitik bzw. den Auswirkungen der Strukturfonds der EU ist hier eine gesteigerte Politikdynamik zu erwarten – eher als auf der Ebene des Nationalstaates.

b) Steuerung durch mehr Transparenz

Ein weiteres Beispiel für die unterschätze Rolle der Länder in der Sozialpolitik[29] liefert der Versuch, die Transparenz und Effizienz des Wohlfahrtsstaates durch Sozialbilanzen (ähnlich wie die Ansätze in Niedersachsen) zu erhöhen. Zugleich zielt eine solche Strategie auch darauf, der schleichenden Privatisierung des Wohlfahrtsstaates durch eine (Re-) Politisierung gegenzusteuern. Kerngedanke ist, die Kosten- und Leistungsverantwortung zwischen Politik und Verwaltung, innerhalb der Verwaltung sowie gegenüber dem Bürger offen und klar zu gestalten. Dabei wird auf Ergebnissen und Forderungen aus der allgemeinen Debatte über die Effizienzsteigerung im öffentlichen Dienst aufgebaut (vgl. Naschold 1993, 1995). Wichtige Punkte sind in diesem Zusammenhang:

- Ergebnissteuerung und Qualitätsmanagement, d.h. die Abkehr von einer top down orientierten Vorgabe von (Konditional-)Programmen und finanziellen bzw. personellen Ressourcen (samt deren kameralistischer Verwaltung),
- verbesserte Beteiligung des Bürgers und Kunden an der Qualitätsproduktion sowie Dezentralisierung und Bürgeraktivierung,
- Wettbewerbsorientierung zwischen der öffentlichen Verwaltung und anderen Organisationen wie freien Trägern bzw. privaten Leistungserbringern,
- Kosten-Leistungsrechnung und Controlling sowie kontinuierliche Evaluation (mit externer Begleitung) und
- ergebnisorientierte Personal- und Organisationsentwicklung (vgl. ausführlicher Blanke/Bandemer 1996).

Dazu können z.B. Instrumente wie „Benchmarking" dienen, d.h. Vergleiche bei der Aufgabenerfüllung (nach dem Motto: Wer ist besser, schneller, billi-

---

29 Eine systematische Behandlung der Entwicklungen und Kompetenzverteilung der Sozialpolitik im Föderalismus findet sich bei Münch 1997.

ger?). Wichtig ist aber auch, den Einsatz der Mittel sowie deren Effektivität und Effizienz zu dokumentieren. Dazu bedarf es einiger Umstellungen in der Systematik der öffentlichen Haushalte und einer ergänzenden Sozialberichterstattung bzw. Sozialindikatoren-Forschung. Ziel muß es sein, mehr Transparenz zu erzeugen, um Steuerung und Kontrolle, aber auch die Partizipation und die Akzeptanz von Mitarbeitern und Bürgern zu erhöhen. Dies wäre ein Element für das Rahmenkonzept des „aktivierenden Staates", das in Zukunft als Richtschnur für staatliches Handeln entwickelt werden könnte (vgl. von Bandemer u.a. 1995).

Auch hier liegt der besondere Effekt nicht im Umfang der zur Verfügung stehenden Mittel, sondern in der Bereitstellung zusätzlicher, flexibler finanzieller Ressourcen, der Zielgenauigkeit ihres Einsatzes und der effizienten Administration sowie der höheren Problem- bzw. Bürgernähe. Hieraus ergeben sich verbesserte Möglichkeiten, Strategien der Aktivierung differenziert und variabel umzusetzen und das Postulat der Effizienzsteigerung mit dem der Demokratisierung zu verbinden.

Dieser Ansatz bietet zugleich einen guten Ausgangspunkt, um jenseits aller technokratischen Maßnahmen die „Leidenschaft für Gleichheit und Gerechtigkeit" (S.R. Graubard) neu zu wecken und zu definieren, und um einer veränderten sozialpolitischen Landschaft Sinn zuzuschreiben und entsprechende Motivationen und Legitimationen freisetzen zu können. Die Rolle von handlungsleitenden Prinzipien, von normativ geprägten Selbstverständnissen des modernen Sozialstaats wird leicht unterschätzt, doch lassen sich Verteilungskonflikte und sozialpolitische Auseinandersetzungen, aber auch freiwilliges Engagement nur dann erfolgreich politisch organisieren, wenn sie kulturell eingebunden sind und als gerecht empfunden werden.

Denn für abstrakte Sozialversicherungssysteme oder einige Milliarden DM mehr an Sozialausgaben an sich hat – frei nach *Esping-Andersen* – noch niemand gekämpft, sondern nur für die ihnen zugeschriebenen positiven (individuellen und kollektiven) Wohlfahrtseffekte. So konstatiert Dieter *Döring* (1993: 406) zu Recht folgendes: „Die deutsche Sozialpolitik bedarf eines Zukunftsprojekts, das einen neuen gesellschaftlichen Konsens unter schwierigen Rahmenbedingungen ermöglicht."

In der Vergangenheit speiste sich der Basiskonsens der deutschen Gesellschaft aus einer stabilen politischen, sozialen und ökonomischen Grundlage, die für die Zukunft neu gestaltet werden muß. Der integrative Wert eines erneuerten Sozialstaatmodells für die Stabilität der gesellschaftlichen Ordnung muß dabei deutlich hervorgehoben werden, was nicht nur der christlich-konservative Ministerpräsident Bayerns tut:

„Die Demokratie ist bei uns verwurzelt. Aber unsere Gesellschaft wird auch wie keine andere eines westlichen Industriestaates von dem ‚sozialen Band' entscheidend mit zusammengehalten, das wir uns nach dem Kriege ‚erarbeitet' haben. Soziale Verwer-

202

fungen würden in Deutschland daher weitaus schlimmere Wirkungen haben als in vielen unserer Nachbarländer. Sozialstaat heißt für uns auch Identität. Demokratische Stabilität ist mit sozialer Stabilität untrennbar verbunden" (Stoiber 1995).

4.3 Exkurs zur Rolle der Europäischen Union

Ähnlich wie die Steuerpolitik ist die Sozialpolitik eng mit den Grenzen des Nationalstaates verknüpft. Gerade die sozialen Sicherungssysteme sind es, die nach dem in der Europäischen Union geltenden Subsidiaritätsprinzip weiterhin im wesentlichen in die Regulierungssphäre der jeweiligen Mitgliedsstaaten fallen. Im Gegensatz zur Geschichte der europäischen Nationalstaaten ist in der Entwicklung der Europäischen Union der Sozialpolitik bislang keine bedeutende Rolle zugekommen. Franz-Xaver Kaufmann (1986: 69) hat Recht, wenn er schreibt: „Keine der großen Auseinandersetzungen, in denen sich das politische Selbstbewußtsein Europas geformt hat, betrifft den Bereich der Sozialpolitik".

Die in den Artikeln 117-128 des EWG-Vertrages festgelegten sozialpolitischen Kompetenzen weisen den EU-Behörden im wesentlichen die Aufgabe zu, „durch Untersuchungen, Stellungnahmen und die Vorbereitung von Beratungen" (Art. 118, Abs. 2) aktiv zu werden. Auch in den Maastrichter Verträgen sind hierzu wenig substantielle Ausführungen enthalten. Die Vorschläge zur Stärkung der Gemeinschaftskompetenz im sozialpolitischen Bereich sind zudem wegen des britischen Widerstandes nur als Protokollerklärung der restlichen elf Mitgliedsstaaten verankert. Dies bedeutet für den Sozialrechtler Bernd Schulte (1992a: 207; s.a. Schulte 1990, 1991, 1995) freilich, daß „jede auf diese Vereinbarung gestützte ‚neue' Europäische Sozialpolitik nur beschränkte Geltung haben kann".

Die Europäische Union erweist sich demnach als „*Nicht-Sozialstaat*" und als „*Nicht-Souverän*". Hieraus ergeben sich massive Restriktionen für die sozialpolitischen Aktivitäten von Kommission, Parlament und Gerichtshof (Leibfried 1992: 109, s.a. ders. 1990 sowie umfassend Leibfried/Pierson 1997 und Schmid 1996a).

Andererseits heißt dies jedoch nicht, daß die Europäische Union auf sozialpolitischem Gebiet völlig inaktiv und irrelevant wäre. Neben den sozialen Folgen der ökonomischen Integrationspolitik – etwa über Einkommen und Beschäftigung vermittelt – konzentrieren sich die Maßnahmen der EU auf die Absicherung der Freizügigkeit der Arbeitnehmer im gemeinsamen (Arbeits-)Markt.[30] Weitere sozialpolitische Handlungsfelder der Europäischen Union

---

30 Hier stehen insbesondere die Wanderarbeiter im Mittelpunkt, deren sozialrechtliche Gleichstellung durch supranationale Koordination gewährleistet werden soll, unabhängig

sind der Arbeitsschutz und die Gleichstellung von Mann und Frau im Erwerbsleben sowie die soziale Sicherung für Beschäftigte der EU-Behörden und Maßnahmen zur Bekämpfung von Armut und zur Förderung entsprechender organisatorischer Netzwerke. In diesen Zusammenhang gehören eine Reihe konkreter europäischer Initiativen in den Feldern Beschäftigung, Qualifizierung, Gleichstellung und Behinderte. Zu einer relativ starken Rolle der Armutsthematik kommt es wohl auch, weil sonst auf EU-Ebene kaum „klassische" Sozialpolitik betrieben wird.

Als eigenständige Instrumente mit sozialpolitischer Bedeutung fungieren darüber hinaus der Europäische *Sozialfonds* und der Europäische Fonds für *regionale Entwicklung.* Für die sozial- wie auch regionalpolitischen Umverteilungsmaßnahmen wurden von der EG Finanzierungsfonds eingerichtet, die sogenannten Strukturfonds der EG. Allerdings sind sie finanziell so schlecht ausgestattet, daß das Mißverhältnis zur Größenordnung der damit zu bearbeitenden Probleme enorm erscheint. Der europäische Sozialfonds (ESF) existiert bereits seit den 50er Jahren und hat die Aufgabe, die geographische wie auch die berufliche Mobilität der Arbeitskräfte in der Gemeinschaft zu fördern, z.B. durch die Finanzierung von Umschulungsmaßnahmen. Der ESF ist ein eigenständiges Politikinstrument der EU, aber *keine* sozialstaatliche Einrichtung. Er kooperiert mit den Ministerien und Regierungen und den entsprechenden nationalstaatlichen Programmen der Mitgliedsstaaten. 1990 belief sich der Anteil des ESF am Gesamtbudget der Union auf sieben Prozent (vgl. 1980: vier Prozent).

Der europäische Regionalfonds (EFRE) existiert dagegen erst seit Mitte der 70er Jahre. Er dient der Entschädigung einzelner Regionen oder Länder, die durch den Integrationsprozeß benachteiligt werden. Die Transferzahlungen aus dem EFRE gehen *direkt* an einzelne Klein- und Mittelbetriebe, die innovative Projekte planen. So sollen für diese Regionen Wachstumsimpulse gewährt werden, über deren Effizienz jedoch starke Zweifel gehegt werden. Das Finanzvolumen des ESRF am Gesamtbudget der EU betrug 1990 elf Prozent (vgl. 1980: sechs Prozent).

Die Strukturfonds sind also ein Mittel zur nachrangigen Kompensation von Integrationsschäden. Eine solche europäische Sozialpolitik stellt sich daher als „umfassendes Ausgleichsregime für Integrationsschäden" dar. (Leibfried 1992: 112) Die Mittel aus den Strukturfonds werden meist zur Finanzierung laufender nationaler Programme verwendet, wobei die Regierungen die zu fördernden Projekte bestimmen und *nicht* die EU. Das heißt, die Strukturfonds erlauben nur begrenzt eine eigenständige europäische Sozialpolitik, Sie sind „strukturell unvereinbar mit einem sozialstaatlichen Organisationsmuster, es fehlt jede subjektiv-rechtliche Verankerung". (Leibfried 1992: 112).

---

davon, ob sie in ihrem Heimatland oder anderswo leben und arbeiten (Art 117 und 118 EWG-Vertrag).

In diesem Zusammenhang darf auch nicht vergessen werden, daß der Haushalt der Europäischen Union nur rund vier Prozent der Staatsausgaben der Mitgliedsländer ausmacht (vgl. Schulte 1990, 1991 sowie zur EU-Debatte Eichener 1996 und Voelzkow 1998).

Der Hinweis auf die geringe Mittelausstattung der Europäischen Union ist jedoch insofern ergänzungsbedürftig, als daß sich die Kommission vor allem einer regulativen Strategie bedient, die keine eigenen Ausgaben verursacht, aber sozialrechtliche (Mindest-)Standards setzt, die die Nationalstaaten verpflichten. Auf diese Weise ließe sich in den Augen vieler Beobachter die schwierige Gratwanderung zwischen der europäischen Einheit und der nationalen Vielfalt wohlfahrssstaatlicher Strukturen und wirtschaftlicher Möglichkeiten am ehesten bewältigen. Andererseits besteht ein beachtliches Defizit bei der mangelnden Umsetzung der beschäftigungs- und sozialpolitischen EG-Richtlinien: Nach dem Weißbuch Europäische Sozialpolitik (1994: 70) bewegt sich die Umsetzung zwischen 57 Prozent in Italien und 92 Prozent in Portugal, die BRD liegt mit 71 Prozent im Mittelfeld.

Neben den Fonds als typischen Elementen der „positiven Integrationspolitik" wirkt jedoch vor allem die „negative Integrationspolitik" (die Deregulierung und die Schaffung des Binnenmarktes) indirekt auf die sozialen Sicherungssysteme ein.[31] Die Freizügigkeit von Waren und Dienstleistungen, insbesondere aber die Wanderungsmöglichkeiten für Arbeitskräfte setzen durchaus Kräfte frei, die insbesondere nationale Lohnstandards unter Druck setzen. Hier setzt die Kritik am „Sozialdumping" innerhalb der Europäischen Union an. Die Folgen dieser Entwicklung beschäftigen in erster Linie die Tarifpartner der jeweiligen Mitgliedsländer, wobei wie in Deutschland dem Staat zuweilen die Aufgabe zugewiesen wird, mit Hilfe protektionistischer Gesetzgebung die Lohnkonkurrenz aus dem Ausland einzudämmen.

Mitgliedsländer mit hohen Sozialstandards wehren sich gegen eine schleichende „Harmonisierung der sozialen Sicherung", wie sie Bundesgesundheitsminister *Seehofer* aufgrund der freien Wahl der Arztbehandlung befürchtet.[32] Doch eine Harmonisierung ist nicht das Ziel der sozialpolitischen Instrumente, wie sie der EU-Kommission zur Verfügung stehen und wie sie Ausdruck einer eigenen europäischen Sozialpolitik sind. Das „Risiko" einer solchen Konvergenz nationaler Sozialpolitik erwächst eher aus den unabsehbaren Folgen der Liberalisierung der Märkte. Bislang deuten differenzierte

---

31 Folgt man Scharpf (1996), so sind die redistributiven Politiken der EU jedoch weitaus schwächer verfaßt als die regulativen Politiken mit ihren produktions- und produktbezogenen Standards. Beide Politiken zusammengenommen – als Verkörperung der positiven Integration – werden wiederum dominiert vom supranationalen Europarecht – der Verköperung der negative Integration –, das die Beschränkungen des Binnenmarktes schrittweise abschaffen soll.

32 Die Krankenkassen begrüßen diese Regelung hingegen als eine Option, mehr Kostendruck auf die Mediziner ausüben zu können. Je nach Ausgestaltung dieser Option könnte die Freizügigkeit in diesem Sektor daher durchaus im Sinne der Versicherten wirken.

empirische Studien jedoch darauf hin, daß die Unterschiede der nationalen Sicherungssysteme weiter bestehen und sich keine Konvergenz abzeichnet (vgl. Armingeon 1993; Schmid 1998a).

Die inhaltliche Diskussion unter dem Etikett der „Europäischen Sozialpolitik" beschränkt sich in erster Linie auf die Instrumente der Struktur- und Sozialfonds sowie auf konzeptionelle Überlegungen der Grün- und Weißbücher der Europäischen Kommission zur Beschäftigungs- und Sozialpolitik in Europa. Als ein eigenständiges und auf länderübergreifende Integration angelegtes Politikfeld ist es praktisch nicht existent.[33] Allerdings wird dieses Defizit immer lauter moniert und nach Abhilfe gesucht (etwa in der Arbeitsmarktpolitik). Möglicherweise muß daher das skeptische Urteil über die Europäische Union als Wohlfahrtsstaat mittelfristig revidiert werden.

4.4 Neue Akteure und künftige Konfliktlinien im Wohlfahrtsstaat

Wohlfahrtsstaaten sind lange geprägt worden durch den Grundkonflikt zwischen Kapital und Arbeit, der in modernen Industriegesellschaften in der Form industrieller Beziehungen zwischen Arbeitgebern und Gewerkschaften institutionalisiert worden ist. Dieser Basiskonflikt ist keineswegs verschwunden, doch treten andere Konfliktlinien immer stärker hervor. Sie betreffen vor allem Interessengegensätze zwischen Arbeitsplatzbesitzern und Arbeitslosen, Alt und Jung, Frauen und Männern, Gesunden und Kranken, Familien und Nicht-Familien. Blickt man außerdem auf die Vermögensverteilung in der Bundesrepublik, kann man zwar nicht unbedingt von einer Spaltung in Arm und Reich sprechen, aber es setzt sich deutlich ein Teil von Bürgern ab, der aufgrund seiner privaten Vermögensverhältnisse viel besser in der Lage ist, sich gegen Risiken abzusichern (vgl. Bedau 1997).

Dieses Phänomen ist sozialpolitisch vor allem deswegen von Bedeutung, weil die immer wichtigere private Eigenvorsorge stark von den persönlichen Einkommens- und Vermögensverhältnissen abhängt. Die Widersprüche hat die Arbeitsmarkt- und Sozialpolitik moderner Wohlfahrtsstaaten selbst mit gefördert. Darin kann man einen zentralen Effekt jeder Sozialpolitik erblikken. Sie produziert auch eine Reihe nicht beabsichtigter Nebenwirkungen (vgl. Vobruba 1997):

• Der – sozialpolitisch sinnvolle – Ausbau der Arbeitslosenversicherung hat Strategien von Teilen der Gewerkschaften erleichtert, die Lohnpolitik über Jahre auf eine enge, relativ gutverdienende Facharbeiterschicht zu fokussieren. Neue Spaltungen zwischen gut abgesicherten und unsicheren Arbeitsplätzen haben sich auch daraus ergeben.

---

33 Ein ganz anderer Bereich sind europaweite Institutionen auf dem Feld der Tarifbeziehungen, etwa die Euro-Betriebsräte oder gemeinsame Gremien von europäischen Arbeitgeberverbänden und Gewerkschaften in Brüssel.

- Die Rentenversicherung hat Erwartungen der älteren Generation stabilisiert, die sie bei den nachfolgenden Generationen angesichts schrumpfender Beitragszahlungen in Zeiten der Massenarbeitslosigkeit immer mehr enttäuschen muß. Der daraus folgende Druck, stärker privat für das Alter Vorsorge zu treffen, schmälert die Bereitschaft der jungen Beitragszahler, entsprechend hohe Beiträge für die älteren Generationen zu zahlen.

- Die eigenständige soziale Sicherung der Frauen hat mit der gleichberechtigten Teilhabe am Erwerbsleben nicht Schritt gehalten, weil das Normalarbeitsverhältnis als prägende Norm männlichen Erwerbskarrieren folgt. Obwohl gerade Frauen die Teilzeitarbeit häufig bevorzugen, reichen die damit erworbenen Ansprüche nicht aus, sich ausreichend abzusichern.

- Die in der Krankenversicherung ebenfalls schrumpfenden Beitragszahlungen erhöhen ohne gravierende Systemveränderungen den Druck zur Rationierung von Gesundheitsleistungen. Zugleich wird ein Teil des Gesundheitsschutzes über stärkere Zusatzbeteiligungen der Versicherten und die schrittweise Einführung von Wahl- und Regelleistungen privatisiert.

- Die Sozialversicherungen diskriminieren systematisch die Familien, ohne daß ein adäquater Familienlastenausgleich verfügbar wäre. Familien mit Kindern verzichten durch die Erziehung und andere erwerbsfreie Zeiten auf Einkommen, ziehen aber künftige Beitragszahler groß. Gleichzeitig schaffen sie damit ein Potential für die spätere Pflege zuhause, das der Gemeinschaft ebenfalls Kosten einspart. Doch die Sozialversicherungssysteme kennen – bis auf die beitragsfreie Mitversicherung von Ehefrau und Kindern in der Krankenversicherung – keine Vergünstigungen für Familien.

Die Massenarbeitslosigkeit hat auf fast alle der hier geschilderten Konfliktlinien einen Einfluß; in erster Linie vermittelt über die Lohnarbeitszentriertheit der Sozialversicherungen. Eine besondere Konfliktlinie entsteht durch die deutlich gestiegene Erwerbsbeteiligung der Frauen – ein gesellschaftspolitisch wünschenswertes Ziel. Die Verfolgung dieses Zieles treibt allerdings in Zeiten unsicherer Beschäftigung auch die Arbeitslosenziffern nach oben. In Ostdeutschland herrschte die gleiche Arbeitslosenquote wie in Westdeutschland, wenn die Erwerbsquote der Frauen nicht deutlich höher wäre als im Westen (vgl. Kommission für Zukunftsfragen 1996; Schmid/Blancke 1997).

Und die Verantwortung dafür, die Lücke zwischen Arbeitsplatzbesitzern und Arbeitslosen zu verringern, liegt mittlerweile auch nicht mehr in erster Linie in den Händen von Arbeitgebern und Gewerkschaften. Die zunehmende Bedeutung von Betriebsvereinbarungen zwischen Unternehmensleitung und Betriebsräten – eingebettet in die durchaus flexiblen Vorgaben der Tarifverträge – bezieht die betriebliche Interessenvertretung der Arbeitnehmer stärker als früher in die beschäftigungspolitische Verantwortung mit ein. Dabei stellt sich allerdings die Frage, wie die Spannungen zwischen betrieblichem Egoismus und außerbetrieblicher Verpflichtung gegenüber Arbeitslosen ausgeglichen werden können.

Vergleicht man sozialpolitische Initiativen in Ländern wie den Niederlanden oder Dänemark mit einzelnen Projekten in der Bundesrepublik, so deutet vieles daraufhin, daß parallel zu den zentralen Systemen sozialer Sicherheit lokale und regionale Bündnisse gegen Armut oder für mehr Beschäftigung in Zukunft eine größere Rolle spielen werden. In solchen Bündnissen, die auch häufig Aspekte der Stadtentwicklung aufnehmen, finden sich teilweise Akteure, die nicht unbedingt zu den klassischen Trägern der Sozialpolitik gehören, etwa Einzelhandels-verbände, sozio-kulturelle und soziale Vereinigungen, Unternehmen und private Sponsoren.

Auch wenn solchen Varianten der „Public Private Partnership" immer das Risiko anhaftet, öffentlichkeitswirksame und „einfache" Themen aufzugreifen und echte Randgruppenprobleme zu umgehen (vgl. Strünck/Heinze 1998), erweitern sie den Kreis sozialpolitischer Akteure. Die wachsende Aufmerksamkeit, die außerdem spezielle Arbeitszeitprojekte in einzelnen Unternehmen auf sich gezogen hat, unterstreicht diesen generellen Trend, mehr Verantwortung vor Ort zu bündeln. Ob diese Entwicklung nun in erster Linie als Defizit vorgeordneter Institutionen und damit Aushöhlung staatlicher Verantwortung oder als Aktivierung neuer Koalitionen zu werten ist, bleibt der Analye im Einzelfall vorbehalten.

Euphorische Erwartungen an neuartige soziale Bewegungen sind jedoch im deutschen Fall kaum gerechtfertigt. Die wesentlichen sozialpolitischen Entscheidungen und Politiken liegen fest in der Hand der traditionellen Akteure wie Ministerien, Gewerkschaften oder Krankenkassen. Allerdings zeichnen sich in diesen Großorganisationen angesichts ihrerer Orientierungskrisen neue Koalitionen innerhalb wie zwischen den Organisationen ab, etwa in der Frage von steuerfinanzierter Mindestsicherung oder einer sozialpolitischen Einbettung von Niedriglohngruppen (vgl. Heinze 1998).

Angesichts des hochgradig organisierten und verbandlich gestützten Wohlfahrtsstaates in Deutschland sind Reformstrategien aus den traditionellen Organisationen heraus der wahrscheinlichste Weg eines strukturellen Umbaus. Die vielfältigen, sich überschneidenden Konfliktlinien sind außerdem in großen, diversifizierten Organisationen leichter zu bearbeiten als in kleinen Bewegungen und Vereinigungen.

Nicht zu vernachlässigen ist dabei, daß es in beinahe allen für die Sozialpolitik verantwortlichen Organisationen einen einschneidenden Generationswechsel gibt. Die Nachkriegsgeneration der Sozialpolitiker, aufgewachsen mit einem stabilen Konsensmodell des Sozialstaates, das Prinzipien der Lebensstandard-Sicherung und der Erwerbszentriertheit integriert und in einer „Großen Koalition" von Sozialstaats-Verfechtern miteinander verbunden ist, gibt den Stab ab an jüngere Generationen, die die Selbstverständlichkeiten dieser informellen „Großen Koalition" nur noch am Rande miterlebt haben.

4.5 Anreize, Pflichten und Rechte: Ansätze im Ausland

Wohlfahrtsstaaten zeichnen sich üblicherweise dadurch aus, daß ihre Sicherungssysteme soziale Risiken durch garantierte Leistungen abfedern und abmildern. Auf diese Weise dämpfen sie auch die „Risiko-Aversion" von Arbeitnehmern, was eine wichtige Voraussetzung für flexiblere Arbeitsmärkte und größere Anpassungsspielräume auf betrieblicher Ebene darstellt. Wohlfahrtsstaaten erleichtern die dauerhafte Modernisierung von Gesellschaften. Nach neoliberaler Lesart hingegen verhindern wohlfahrtsstaatliche Regulierungen die Anpassungsbereitschaft von Arbeitnehmern, weil sie die Leistungen des Wohlfahrtsstaates oftmals ohne wirkliche Rechtfertigung in Anspruch nähmen.

Dahinter verbirgt sich jedoch eher ein Detailproblem der institutionellen Ausgestaltung als ein fundamentales Problem von Wohlfahrtsstaaten. Es kann daher nicht verwundern, daß in wichtigen Ländern der Sozialstaatsreform – Niederlande, Dänemark, Großbritannien – ein spezielles Thema im Mittelpunkt steht: eine neue Balance aus Rechten und Pflichten, insbesondere was die „Pflicht" zur Arbeit angeht. Dieses Ziel ist nicht nur beschäftigungspolitisch motiviert, sondern zielt auch darauf ab, die Legitimation des Wohlfahrtsstaates aufrechtzuerhalten, indem die Bedeutung des individuellen Beitrags zur sozialen Sicherung wieder stärker hervorgehoben wird. Die erforderliche Gegenleistung der Gemeinschaft besteht darin, die Gelegenheiten zu diesem Beitrag zu schaffen.

Hinzu kommt bei einigen Reformern, daß sie – trotz der andauernden Krise der Arbeitsgesellschaft – die Erwerbsarbeit weiterhin als zentrales sinnstiftendes Integrationsprinzip begreifen und ihr eine eigene Würde attestrieren (vgl. von Lampe 1997). Diese Haltung wächst paradoxerweise zugleich mit der Feststellung, daß Erwerbsarbeit als zentrale soziale Sicherungsinstanz nicht mehr funktioniert: Je mehr Erwerbsarbeit ihre zentrale Funktionen der Sinnstiftung und sozialen Sicherung verliert, desto stärker wird ihre Anziehungskraft als Wert an sich. In Großbritannien, den Niederlanden und in Dänemark sind hohe Erwerbsquoten (bei unterschiedlicher Verteilung von Arbeit) und der Zugang zum Arbeitsmarkt wieder zu zentralen Leitlinien der Sozialpolitik, zum „Eintrittspaß in die Gesellschaft" (Uhlig 1998: 16) ausgerufen worden.

In der Praxis der Sozialpolitik schlägt diese Wahrnehmung insbesondere auf die Sicherungssysteme am unteren Rand, auf die Sozialhilfe, durch. In den USA, in Großbritannien, aber auch in den Niederlanden wird mit Konzepten experimentiert, die stärker auf Anreize und Pflichten als auf gesetzlich verbriefte Rechte setzen (vgl. Cox 1996, 1997 sowie Hackenberg 1998). In den Niederlanden sind vor allem Anreize und Pflichten neu miteinander verkoppelt worden. Die zentrale Leitlinie der „Verhaltensbeeinflussung" ist in einem vom Wissenschaftsrat 1994 vorgelegten Gutachten enthalten. Demnach erhalten Arbeitgeber Vorteile, die präventive Maßnahmen einsetzen, um arbeitsplatzbedingte Fehlzeiten wegen Krankheit im Eigeninteresse zu reduzieren. Auf der Seite des Staates werden ebenfalls neue Anreize gesetzt bzw. verschoben, indem die Kommunen auch nicht-staatliche Agenturen wie „maatwerk" damit beauftragen können, Sozialhilfeempfänger wieder in den Arbeitsmarkt zu vermitteln. Zwar besteht hier durchaus das klassische Risiko, daß sich die mit Prämien am Vermittlungserfolg beteiligten Agenturen die leicht vermittelbaren Gruppen herauspicken; dennoch haben diese Experimente bereits jetzt im Saldo höhere Vermittlungsquoten beschert als das rein staatliche Modell.

Gemäß einem anderen neuen Leitbegriff – „Arbeit vor Lohnersatzleistungen" – hat die Reintegration in den Arbeitsmarkt, auch über gestaffelte Maßnahmen unbedingten Vorrang vor der Zahlung von Sozialleistungen (vgl. Kötter 1997). Sozialhilfeempfänger sollen zudem stärker „aktiviert" werden, indem sie einen pauschalen, relativ hohen Betrag ausgezahlt bekommen, mit dem sie allerdings sämtliche Kosten, inklusive der Wohnung, decken müssen. Auf diese Weise werden nicht nur bürokratische Verfahren vereinfacht, sondern die Empfänger von Sozialleistungen mobilisiert, ihr Leben selbst zu organisieren.

Ein weiteres typisches Kennzeichen, mit dem eine durchaus straffe Kontrolle der Behörden legitimiert werden soll, ist der Vorsatz der lokalen Sozialadministration, möglichst individuelle Hilfen in Kooperation mit örtlichen Zeitarbeitsfirmen und der Arbeitsverwaltung anzubieten. Im Gegenzug müssen sich alle Empfänger von Sozialhilfe aktiv um einen Arbeitsplatz kümmern und ihre Bewerbungen organisieren. Die Zumutbarkeitsregeln sind dabei verschärft worden: Dauert die Arbeitslosigkeit schon länger an, gilt jede Arbeit als zumutbar (vgl. Hackenberg 1998: 37).

Institutionell sind diese Maßnahmen eingebettet in einen noch immer funktionsfähigen Korporatismus, eine enge Abstimmung von Staat, Tarifparteien und anderen Organisationen über die Grundlinien der Sozialpolitik (vgl. Hemerijk/Kloosterman 1995). Außerdem hat sich der Zentralstaat verpflichtet, die Verantwortung für Detailregelungen weitgehend an die Kommunen zu delegieren, während zentrale Versorgungsstandards und die soziale Sicherung weiterhin an generelle Vorgaben gebunden bleiben. Die Spielräume für „experimentelle Sozialpolitik", für das wahlweise Einschalten nicht-staatlicher Agenturen oder neue Konzepte der Teilzeitarbeit, öffnen sich daher in erster Linie auf der kommunalen Ebene, wogegen die zentralstaatliche Ebene die nötige Sicherheit verschafft, auf deren Fundament Experimente erst möglich sind. „Experimentelle Sozialpolitik" meint dabei, daß jenseits der etablierten Routinen und Traditionen nationaler Wohlfahrtsstaatlichkeit der Staat als maßgeblicher Akteur neue institutionelle Vorstöße wagt; häufig werden andere gesellschaftliche Gruppen eingebunden, um mehr Sicherheit für solche Experimente zu gewinnen. Die Ergebnisse solcher Experimente werden dann mit den bisherigen Problemen und Erfolgen der Sozialpolitik abgeglichen. Negative wie positive Anreize für potentielle Leistungsempfänger spielen hierbei eine zentrale Rolle.

Festzuhalten bleibt, daß sich der Staat keineswegs zurückzieht oder lediglich moderiert, sondern eine wesentliche, aktivierende Rolle spielt. Außerdem vermitteln zentralstaatliche Regulierungen und – nicht zu vergessen – materielle Leistungen weiterhin die erforderliche Sicherheit, um die „Risikoaversion" zu mildern. Dieser Aspekt wird in den kommunitaristisch gefärbten Debatten über die Wohlfahrtsgesellschaft häufig übersehen.

Das Muster experimenteller Sozialpolitik ist in allen europäischen Staaten, die sich an neuen Wegen versuchen, ähnlich. Beispielsweise sind sogar in Schweden, wo eine ausgeprägte Kultur und Tradition zentralstaatlich verbürgter, universeller Standards existieren, auf kommunaler Ebene erstmalig Gutschein-Modelle für den „Kauf" von Kindergartenplätzen erprobt worden (vgl. Evers/Leichsenring 1996). Dadurch sollen auf kleinräumiger Ebene sowohl ein Wettbewerb zwischen Kindergarten-Trägern initiiert als auch größerer Einfluß der Eltern gesichert werden. Auch in Dänemark hat der Staat eine weitgehende Dezentralisierung der Sozialpolitik durchgesetzt, um den unmittelbaren Kontakt der Kommunen zu sozialen Problemen in eigenständige Handlungsfelder vor Ort einzuspeisen (vgl. Cox 1996).

In Dänemark nehmen staatliche Akteure damit bewußt in Kauf, daß zwischen Kommunen und Regionen durch größere Spielräume und „Instrumenten-Wettbewerb" stärkere Unterschiede entstehen können. Die Logik der institutionellen Anreize schließt jedoch mit ein, daß solche Unterschiede wiederum zum Thema des Wettbewerbs zwischen Kommunen werden. Auf diese Weise werden Ressortegoismen und Verantwortungsverschiebungen – wie sie charakteristisch für die unproduktive Koexistenz von Sozialhilfe und Arbeitsmarktpolitik in der Bundesrepublik sind – zugunsten neuer Anreize zurückgedrängt. Charakteristisch für die dänische Entwicklung ist aber vor allem, daß sich zum liberalisierten und wenig regulierten Arbeitsmarkt eine neue Form der aktiven Arbeitsmarktpolitik gesellt.

Diese Ergänzung bricht in den traditionell passiven dänischen Wohlfahrtsstaat ein, der Arbeitslosigkeit vorrangig über Lohnersatzleistungen auffängt. Doch zwischen 1994 und 1996 ist der Anteil von Personen in aktiven Maßnahmen im Vergleich zu sämtlichen Personen in Maßnahmen von 14,7 auf 17,1 Prozent gestiegen (vgl. Madsen 1998: 36). Der Staat hat die gesetzliche Grundlage für einen bezahlten Bildungsurlaub geschaffen, auf der mit Hilfe von Jobrotation während dieser Urlaubszeiten Arbeitslose befristet eingestellt werden können. Nach ersten Einschätzungen werden bislang die Hälfte dieser Arbeitslosen nach dem Ende des „Sabbaticals" weiterbeschäftigt. Verkoppelt mit dieser „Aktivierung" der dänischen Arbeitsmarktpolitik sind jedoch Verschärfungen bei der Zumutbarkeit von Erwerbsarbeit – die Pflicht zur Arbeitsaufnahme wird noch stärker hervorgehoben. Die Kombination von Weiterqualifzierung der Beschäftigten und neuen Einstiegsmöglichkeiten für Arbeitslose demonstriert auch in Dänemark, daß Erwerbsarbeit als Regulierungsinstanz weiter aufgewertet wird.

Trotz einer Reihe ökonomischer Bedenken gegen die produktivitätshemmenden Faktoren der neuen Regelungen hat sich das neue Arsenal von Instrumenten bereits etabliert, ohne den prinzipiell liberalisierten Arbeitsmarkt zu verändern. Allerdings hat die Diskussion über die Instrumente eine generelle Debatte über Arbeitsmarktpolitik in Gang gesetzt.

Die neue Labour-Regierung in Großbritannien hat ebenfalls mehrere Bausteine für ihr sozialpolitisches Programm entworfen. Sie favorisiert einen Mix aus stärkeren Anrechnungsquoten von Einkommen auf die Sozialhilfe, einem gesetzlichen Mindestlohn, stärkeren Anreizen, aber auch Verpflichtungen zur Arbeit sowie zielgruppenspezifischen Aktionsprogrammen. Zu letzteren gehört der plakativ daherkommende „New Deal", ein Spezialprogramm für arbeitslose Jugendliche, die mindestens sechs Monate ohne Arbeit sind (vgl. Kap. 5.1).

Subventionierte Arbeitsplätze bei Unternehmen, Fortbildungsmaßnahmen sowie Jobs bei Freiwilligen- oder Umweltschutzorganisationen sind die Optionen, die staatliche Stellen den Jugendlichen verstärkt anbieten sollen. Eine dieser Optionen müssen die Jugendlichen annehmen, sonst sind Einbußen bei der Arbeitslosenunterstützung fällig (vgl. Uhlig 1998). Die scharfe Akzentuierung der Arbeitspflichten erlaubt es Labour, gleichzeitig mehr Geld in sozialpolitische Aktivierungsmaßnahmen zu investieren, ohne den gesellschaftlichen Konsens zu riskieren.

In allen genannten Ländern nehmen Gruppen die Einzelmaßnahmen zum Anlaß, um Wirkungen und Effekte von Sozialpolitik erneut ins Zentrum der politischen Debatte zu rücken. Auf diese Weise kommt die häufig vernachlässigte zweite Dimension des Begriffes „Sozialpolitik" wieder zur Geltung. Neben der oftmals gemeinten Bedeutung der *institutionellen* sozialen Absicherung meint dieser Begriff immerhin auch, daß um die Modelle und Elemente der sozialen Sicherung *politisch* gerungen wird. Akteure wie Gewerkschaften, Arbeitgeber, Wohlfahrtsverbände, Krankenkassen sowie der Staat sind in diesem Sinne auch Akteure der Sozialpolitik. Der Prozeß des Probierens und Aushandelns hat sich jedoch in vielen Ländern im Räderwerk der institutionellen Systeme verloren und ist erst durch die erhöhte Aufmerksamkeit für Konzepte im Ausland wieder in Gang gekommen.

Über Gerechtigkeits- und Verteilungsfragen muß daher neu verhandelt werden. Dieser Verlust an nationaler Selbstverständlichkeit in den Kerninstitutionen ist ein Gewinn für eine problemgerechte Neuanpassung der sozialen Sicherung an soziale Herausforderungen. Der Ansatzpunkt der experimentellen Sozialpolitik schafft die Grundlage für einen „Wettbewerbsstaat", der als Wohlfahrtsstaat die Mittel zu seiner permanenten Selbstüberprüfung und Optimierung bereitstellt und sich damit in der Mitte der Gesellschaft verankert.

4.6 Auf den Pfaden des experimentellen Wohlfahrtsstaates

Trotz produktiver Ansätze experimenteller Sozialpolitik – und weitgehend interner Strukturprobleme – scheint die Generallinie wohlfahrtsstaatlicher Politik in den letzten Jahren dennoch darauf fixiert zu sein, auf externe Herausforderungen zu reagieren. Die Politik aller Wohlfahrtsstaaten konzentriert sich darauf, ein möglichst attraktives Investitionsumfeld zu schaffen, um im internationalen Standortwettbewerb zu überleben:

„Die ‚neue Politik des Wohlfahrtsstaates' ist im wesentlichen eine Politik der Hilflosigkeit: Die (radikaleren) Konservativen versuchen weiterhin ohne großen Erfolg, fest etablierten Sozialprogrammen doch noch auf irgendeine Art und Weise beizukommen, der ausgehöhlte Wohlfahrtsstaat erweist sich neuen Aufgaben gegenüber als ohnmächtig; und die Sozialdemokraten sind insgesamt hilf- und ratlos, weil sie sich auf die veränderte Situtaion nicht einstellen können" (Borchert 1996: 69; s.a. Beck 1986 und Giddens 1997).

Keine der tragenden politischen Richtungen hat es geschafft, sich aus der Krise des Wohlfahrtsstaates zu befreien. Dies verweist auf die strukturellen Hintergründe und Widersprüche des etablierten wohlfahrtsstaatlichen Arrangements. Die strukturellen Engpässe ergeben sich aus dem Spannungsverhältnis zwischen der Funktionsweise der bestehenden Systeme sozialer Sicherung und den demographischen, arbeitsmarktbedingten und sozialstrukturellen Herausforderungen.

Die Krise des Wohlfahrtsstaates ist aber nicht nur eine Finanzierungskrise, die durch die Erwerbsarbeitszentrierung der sozialen Sicherung in Deutschland besonders stark ausgeprägt ist, vielmehr ist im Modell des Wohlfahrtsstaates ein generalisiertes Teilhaberecht am Arbeitsmarkt immer mitgedacht:

„Zumal in Deutschland ist im moralischen Bürgerrechtskatalog das Grundrecht auf Arbeit eingetragen, und es war der gelungene Wohlfahrtsstaat, der ihm diese Legitimität verschaffte. Deshalb wird auch die Perspektive des notwendigen prinzipiellen Verzichts auf Vollbeschäftigung zum Auslöser einer nicht nur moralisch-gesellschaftlichen, sondern auch einer Staatskrise. Gerade weil das vom Wohlfahrtsstaat stimulierte Bürgerrecht auf Arbeit in der Sozialmoral so fest eingewurzelt ist, kann der Bruch mit der Arbeitsgesellschaft so schwer akzeptiert und wahrgenommen werden. Und dies droht die Krise um so schmerzhafter zu machen" (Koch 1995a: 85).

Schon ein kurzer Blick auf die politischen Debatten der letzten Jahre in der Bundesrepublik zeigt auf, daß ein aktiver Umbau des Wohlfahrtsstaates nicht auf der politischen Tagesordnung steht, es dominiert eher ein Diskurs über den „Reformstau" oder „Blockaden" und „Lähmungen". Die positiven Visionen des Wohlfahrtsstaates sind erschöpft, aber auch die Kritiker der sichtlich überforderten konservativ-liberalen Regierungspolitik verharren zumeist in „Jammern" und beschwören „alte" Zeiten, anstatt an einem neuen Gesamtgemälde des Wohlfahrtsstaates zu arbeiten:

„Der radikal gewordene Konservatismus steht nun dem konservativ gewordenen Sozialismus gegenüber. Seit dem Verfall der Sowjetunion konzentrieren viele Sozialisten ihre Kräfte auf die Verteidigung des Sozialstaats gegen den Druck, dem er inzwischen ausgesetzt ist" (Giddens 1997: 20; s.a. die Beiträge in Borchert/Lessenich/ Ostner 1997).

Ein „neuer" Wohlfahrtsstaat ist – denkt man an mögliche politische Akteure – nicht in Sicht. Auch die an einigen Orten aufflackernden Proteste gegen einzelne Kürzungsprogramme der Regierung und die ungleiche Lastenverteilung haben insgesamt nichts an dieser Situation bislang ändern können. Die sozialen Differenzen und Spaltungstendenzen in der Bevölkerung vertiefen sich weiter. Mit dem Hinweis auf vermeintliche Sachzwänge werden wohlfahrtsstaatliche Ziele immer weiter zurückgefahren, gleichzeitig gelingt dadurch jedoch keine Sanierung des Wohlfahrtsstaates, da aufgrund der Beschäftigungskrise und der Zersplitterung der Arbeitsverhältnisse die Sozialausgaben weiter ansteigen. Es droht die Gefahr, daß die wohlfahrtsstaatlichen Strukturelemente zu einer Fassade verkommen und die Politik zunehmend unfähig wird, „überfällige Strukturreformen in Angriff zu nehmen" (Scharpf 1997b: 35; s.a. Heinze 1998).

Die politischen Parteien scheinen hinsichtlich alternativer Handlungsmodelle verunsichert und gelähmt zu sein, reformpolitisches Potential ist kaum noch auszumachen. Skeptiker sprechen daher vom Verschwinden der Opposition und einem Nachlassen der Innovationsfunktion des Parteienwettbewerbs. Wenn deshalb nach alternativen Optionen gesucht wird, ist es kein Wunder, daß diese „jenseits von links und rechts" (Giddens 1997) gesucht werden. Andere Autoren plädieren in diesem Zusammenhang für einen „neuen" Gesellschaftsvertrag, ein neues Bündnis zwischen Wirtschaft, Gesellschaft und Staat und generell einen effizienteren „Investorstaat", der sich deutlich abgrenzt gegenüber dem neoliberalen oder dem traditionellen Wohlfahrtsstaat:

„Allem Anschein nach bedarf ein stabiles Wachstum der staatlichen Intervention, es bedarf eines Staates, der in jene allgemeinen Produktionsbedingungen investiert, die der Privatwirtschaft, die ausschließlich auf Basis von Rentabilitätsgesichtspunkten operiert, (noch) nicht genug Investitionsanreize bieten. Ein solcher Investorstaat kann – und wird wahrscheinlich auch – schlanker sein als der steuer- und ausgabenfreudige Wohlfahrtsstaat; zugleich aber kann er als Staat effizienter sein" (Ladanyi/Szelenyi 1996: 121).

Der als wünschenswerte Option angestrebte „Investorstaat" wird sich vor allem auch im Bereich der sozialen Sicherung beweisen müssen. Da der Begriff des „Investorstaates" für die bundesrepublikanische Diskussion etwas verwirrend ist, sollte man eher – im Sinne eines „empowering state" – von einem „aktivierenden Staat" sprechen. Es geht nicht um einen schlankeren Staat generell, sondern um einen besseren Staat, der zudem eine soziale Grundsicherung und soziale Teilhaberechte sichert.

Der „aktivierende" Staat, der sich jenseits von Reprivatisierung und Etatismus ansiedelt (also „jenseits von links und rechts"), zielt auf eine aktive Förderung der assoziativen Gesellschaftsstrukturen, die öffentliche Regulierungsfunktionen übernehmen können. So gesehen unterscheidet sich der „aktivierende Staat" nicht mehr so strikt von der Gesellschaft. Die neue Aufgabe des Staates ist, zunächst einmal generell zu überprüfen, welche Aufgaben von gesellschaftlichen Organisationen ausgeführt werden können. Nach dieser Überprüfung könnte der Staat „Ballast" abwerfen, also durchaus „schlanker" werden, ohne jedoch den Staat „abzumagern" und „auszuhungern".

Er könnte sich aber durchaus von nicht mehr dringlichen oder schon zunehmend außerstaatlich erledigten Aufgaben trennen, um auch neue Handlungsspielräume zurückzugewinnen. Das Ziel staatlicher Politik sollte also eine Aktivierung der in der Gesellschaft und auch in den traditionellen Bürokratien und Organisationen schlummernden Wohlfahrtspotentiale sein. Leitbild sollte also nicht eine Reprivatisierung sowie ein Aufgabenabbau und die Deregulierung um jeden Preis sein, vielmehr sollte über eine Modernisierung der traditionellen Verwaltungsstrukturen und über neue Anreiz- und Steuerungssysteme nachgedacht werden.

Daher muß Abschied genommen werden von den einseitig betriebenen Einsparstrategien auf allen Verwaltungsebenen, die in den letzten Jahren dominierten. Da es bislang aber weitgehend lediglich konzeptionelle Überlegungen für einen „aktivierenden" Staat gibt, wird ein experimenteller Erneuerungsprozeß notwendig, der auch für Veränderungen während des Reformprozesses offen ist. Wichtig ist zunächst, daß die „bekannte deutsche Vorliebe für Konzeptdiskussionen anstelle von Realisierungsprozessen" (Naschold 1997: 14) zugunsten von konkreten Reformvorhaben überwunden wird.

Im Hinblick auf die Durchsetzung einer experimentellen Wohlfahrtsstaatspolitik ist zunächst an die Sozialdemokratie zu denken. Der Ausbau des Wohlfahrtsstaates ist eng verknüpft mit der parteipolitischen Dominanz der sozialdemokratischen Parteien nach dem Zweiten Weltkrieg. Durch die enge wechselseitige Verbindung von wohlfahrtsstaatlicher Politik und Wahlerfolgen der Sozialdemokratie droht möglicherweise den sozialdemokratischen Parteien das Ende einer Ära, manche Autoren sprechen sogar schon seit mehreren Jahren vom „Ende des sozialdemokratischen Jahrhunderts" (Dahrendorf).

Fritz W. *Scharpf* hat ebenfalls schon vor einiger Zeit mit Recht darauf hingewiesen, daß durch den internationalen Standortwettbewerb und die politische Pflege des Investitionsklimas die „Umverteilungsansprüche gegenüber dem Kapital heruntergeschraubt werden" (ders. 1987: 336) und sich ein neues Lastenverteilungsmuster nach dem Modell „Sozialismus in einer Klasse" durchsetzt. Diese Prognose ist inzwischen in allen westlichen Ländern Realität geworden.

Den traditionellen Stützen des Wohlfahrtsstaates, angefangen bei den Kirchen und Wohlfahrtsverbänden bis hin zu den Gewerkschaften, der Sozialdemokratie und auch großen Teilen der christlich-demokratischen Parteien, fällt es schwer, sich vom klassischen Wohlfahrtsstaatsmodell zu lösen. Man hat eher den Eindruck, daß man sich gegenseitig bestärkt und sich noch an die Fiktion eines Konsenses zwischen den klassischen Trägern des wohlfahrtsstaatlichen Projektes klammert. Dieser strukturelle Konservatismus und das Fehlen einer nüchternen Situationsanalyse sind nicht nur in der Bundesrepublik zu beobachten:

„Wir weigern uns, die Konsequenz aus den sich vollziehenden Handlungen zu ziehen und geben vor, daß die Veränderungen konjunktureller Art seien und auf einer zwanzig Jahren andauernden Krise beruhten, während wir es ganz offensichtlich mit einem Strukturwandel zu tun haben. Kurzum, unsere gefährliche Kurzsichtigkeit hindert uns daran, den Bedürfnissen entsprechend zu reagieren und, schlimmer noch, wir laufen kollektiv Gefahr, uns wieder einmal mitten in einem jener Spannungskonflikte wiederzufinden, in deren Erzeugung wir Meister sind" (Lebaube 1996: 137f.; s.a. Offe 1995).

Aufgrund der tiefgreifenden Umwälzungen in der Wirtschaft sowie auf dem Arbeitsmarkt und den damit verbundenen neuen Herausforderungen für die sozialen Sicherungssysteme gibt es keine Rückkehr zum traditionellen wohlfahrtsstaatlichen Modell. Im Tagesgeschäft der Politik wie auch im Spannungsfeld heterogener Interessen und vieler Vetos aller betroffenen Gruppen dominieren bislang allerdings noch ritualisierte Muster von Angriff und Verteidigung. Mit in sich stimmigen und strukturell-innovativen Konzepten für den Umbau des Sozialstaats und eine experimentelle Umbaupolitik tut man sich jedoch offensichtlich schwer. Eine solche Status-quo-Politik verursacht allerdings immer größere Löcher im sozialen Sicherungssystem.

Ohne grundlegende Neuorientierungen sowohl bei den Finanzierungs- als auch bei den Leistungsstrukturen wird der Wohlfahrtsstaat immer weniger in der Lage sein, seine Zielvorstellungen zu realisieren. Die Strategie der passiven Regulierung ist weitgehend ausgereizt, die (meist strukturkonservativen) Schnitte im System sozialer Sicherung werden immer tiefer, so daß man von daher die Augen vor einer fundamentalen politischen Reform des Wohlfahrtsstaates nicht mehr verschließen kann. Auch wenn sicherlich nicht der große Wurf für einen „neuen" Wohlfahrtsstaat zu erwarten ist, gibt es doch einzelne innovative Elemente, die in einer experimentellen Politik verknüpft werden können.

Die Schlagworte „Flexibilisierung" und „Sicherheit" dabei gegeneinander auszuspielen, ist nicht nur unlogisch, sondern auch unproduktiv. Klar ist:

Ohne Sicherheit ist Flexibilisierung eine Strategie, die ihre eigenen Potentiale nicht ausschöpft und die Gesellschaft weiter spaltet. Viele Neoliberale haben noch immer nicht begriffen, daß vor allem der Wohlfahrtsstaat das Fundament für intelligente Deregulierung schafft. Gerade darin liegen im übrigen auch die Chancen europäischer Länder, einen erfolgreicheren und stabileren Modernisierungspfad einzuschlagen als die USA.

Andererseits ist die institutionelle Sicherheit des Wohlfahrtsstaates jedoch nur dann weiter zu haben, wenn sich seine starren Regulierungen stärker flexibilisieren und größere Wirksamkeit und Wirtschaftlichkeit erreichen. Der wirtschaftliche Einsatz von begrenzten Ressourcen ist ohnehin ein Kernprinzip jeder verantwortungsvollen Sozialpolitik, gerade im Sinne ihrer Klienten.

Die Chancen, grundlegende Strukturreformen in der Bundesrepublik, und abgeschwächt in den meisten anderen westlichen Ländern einzuleiten, sind allerdings begrenzt. Das hängt nicht zuletzt damit zusammen, daß zwar die Basis des alten Modells erodiert, aber keine neue politische Bewegung erkennbar ist. Weder die marktradikalen Apologeten eines Endes des Wohlfahrtsstaates noch die Protagonisten von alternativen Reformoptionen sind bislang in der Lage, die politischen und institutionellen Widerstände zu überwinden. Dazu hat der Wohlfahrtsstaat noch zu viele Freunde bzw. zu wenig konstruktive Kritiker.

Er hat jedoch gerade in vergleichender Perspektive eine Zukunft vor sich, wenngleich diese in ihrer konkreten Gestalt weitgehend offen ist. Der Wohlfahrtsstaat war immer schon ein umstrittenes Provisorium ohne perfekte Problemlösungen. Die eigentlich zentrale Frage lautet daher entgegen allen Debatten um Krise und Ende nicht etwa: „Werden wir künftig überhaupt noch einen Wohlfahrtsstaat haben?", sondern sie muß lauten: „Welche institutionelle Form und sachliche Ausgestaltung wird er haben?" Mit Bezug auf die eingangs dargestellten Ergebnisse der international vergleichenden Forschung kann man auch fragen: „Welches ist das zukünftige Modell des Wohlfahrtsstaates? "

Dies wäre wohl kaum eine der von *Esping-Andersen* genannten Welten: weder die sozialdemokratische, noch die liberale, noch die konservative – wahrscheinlich eher eine interessante Mischung und Ergänzung des Bestehenden als ein radikal neues Arrangement. Eine alte Weisheit trifft auch hier den Kern: *Entscheidend ist, wie wir die Segel setzen – nicht wie der Wind weht!*

5. Anhang

Charakteristische Positionen zur Reform und Weiterentwicklung des Wohlfahrtsstaates wie auch zum Ländervergleich werden im folgenden mit Hilfe von gekürzten Zeitungsartikeln umrissen. Die Auswahl erhebt keinen Anspruch auf Repräsentativität. Sie soll stattdessen illustrieren, in welche Richtung einzelne „Lager" der Sozialpolitik denken, wo es Gemeinsamkeiten gibt und wo Unterschiede.

Anhang 1: Die Zeit Nr. 18; vom 23.4.1998

Viel Geld, wenig Wirkung
Die deutsche Beschäftigungspolitik ist im internationalen Vergleich nur noch Mittelmaß- schlechte Aussichten im Kampf gegen die Arbeitslosigkeit

von Jörg Schröder und Ulrich van Suntum

(...) Im neuesten Beschäftigungsranking der Bertelsamann Stiftung belegt Deutschland nur noch den neunten Rang unter den zwanzig führenden Industrienationen. Neben den USA und den Niederlanden, die Deutschland vom achten Platz 1996 verdrängt haben, finden sich auch Länder wie Österreich, Portugal oder Neuseeland vor der Bundesrepublik. Zwar ist der westdeutsche Arbeitsmarkt bis heute durch die Vereinigung besonders belastet. Gleichwohl stellt sich angesichts der erheblich besseren Arbeitsmarktbilanz in anderen Ländern die Frage, was Deutschland aus diesen Erfolgen lernen kann.

Den ersten und zweiten Platz belegen wie vor zwei Jahren und die Schweiz. Beide Länder haben mit Arbeitslosenquoten von drei bis vier Prozent nahezu Vollbeschäftigung bewahrt (...) Auf dem dritten Patz folgt Norwegen, das in den vergangenen Jahren vom starken Anstieg der Ölexporte profitiert hat. Gleichzeitig gelang es aber auch, die Staatsquote nachhaltig zu senken. Außerdem trägt die aktive Staatsquote nachhaltig zu senken. Außerdem trägt die aktive Arbeitsmarktpolitik dazu bei, daß viele Erwerbslose wieder der Sprung in den regulären Arbeitsmarkt schaffen.

Interessant aus deutscher Sicht sind vor allem die Erfolge, die die führenden Länder im Ranking durch die Liberalisierung der Arbeitsmärkte erreicht haben. Schließlich erteilte die OECD in einer kürzlich veröffentlichten Untersuchung über die Flexibilität der Arbeitsmärkte Deutschland die schlechtesten Noten aller 25 Vergleichsländer. Vorbildlich sind hingegen die Reformen in Großbritannien und Neuseeland gewesen, wo die Arbeitszeiten inzwischen viel flexibler und die Löhne weniger starr sind als hierzulande. Außerdem haben in sechs der acht Länder, die vor Deutschland in den Rangliste liegen, verhältnismäßig mehr Menschen Teilzeitjobs. (...).

Desweiteren zeigt die Studie, daß es sich für Regierung mittelfristig aus-
zahlt, das Wirtschaftsleben zu deregulieren, Unternehmen zu privatisieren und
die Abgabenlast zu verringern. So haben Neuseeland und Großbritannien ihre
Sozialleistungen gründlich durchforstet und insbesondere die Arbeitslosenunterstützung reduziert. (...)

Die Bundesrepublik hat hingegen viele der schmerzhaften Reformen noch
vor sich. (...). Während in den USA jeder dritte Dollar an den Staat fließt, ist
es in Deutschland mittlerweile fast jede zweite Mark. Die hohe Steuer- und
Abgabenlast wirkt sich vor allem negativ auf die Investitionen aus. (...) Lediglich bei den Lohnkosten hat Deutschland in den vergangenen Jahren aufgeholt. (...)

Auch bei der aktiven Arbeitsmarktpolitik schneiden die Deutsche nur
scheinbar gut ab – von den acht Spitzenreitern geben lediglich Norwegen und
Portugal mehr für die Reintegration Erwerbsloser aus. Doch um die Effizienz
der Maßnahmen ist es hierzulande schlecht bestellt, wie die hohe Langzeitarbeitslosigkeit zeigt. Fast jeder zweite Arbeitslose wartet länger als ein Jahr auf
einen neuen Job, in der Schweiz dagegen nur jeder vierte. Die Eidgenossen
nehmen allerdings auch ihre Arbeitslosen stärker in die Pflicht: So muß sich
dort jeder Jobsuchende wöchentlich einmal beim Arbeitsamt vorstellen und
einige Suchaktivitäten nachweisen. Deutsche Arbeitslose hingegen sind lediglich dazu verpflichtet sich alle drei Monate beim Arbeitsamt zu melden.
Zudem leistet sich die Bundesrepublik den Luxus, ABM-Kräfte zum Tarif-
lohn zu bezahlen. Das kostet nicht nur viel Geld, sondern verringert auch den
Anreiz, einen regulären Arbeitsplatz zu suchen.

(...) Auch Dänemark liegt noch hinter Deutschland, obwohl es wegen seiner
Arbeitsmarktpolitik gelobt wird und seine Arbeitslosenquote tatsächlich deutlich gesunken ist- von rund 10 Prozent 1993 auf inzwischen nur noch 6,2
Prozent. Allerdings fraglich, ob dieses Niveau dauerhaft gehalten werden
kann : So sind in den vergangenen drei Jahren die Lohnstückkosten angestie-
gen, und die dänische Staatsquote ist mit fast 55 Prozent noch immer sehr
hoch. Zudem hatte Dänemark 1997 mit 51 Prozent eine so hohe Steuer- und
Sozialabgabenquote wie kein anderes Land im Test. Selbst die schwedische
Abgabenquote war niedriger.

Insgesamt zeigt der internationale Vergleich, daß keiner der beschäftigungspolitisch erfolgreichen Länder auf „Kaufkraftstärkung". durch expansive Lohnpolitik oder steigende Staatsausgaben gesetzt hat. (...). Solche Reformen sind in der Regel unpopulär und haben so manchen Politiker den Kopf
gekostet.

„Internationales Beschäftigungsranking 1998"
Der jüngsten Bertelsmann-Studie liegt eine ökonometrische Analyse der Uni-
versitäten Münster und Witten/Herdecke zu Grunde, in die Daten von zwan-

zig Industrieländern für den Zeitraum von 1980 bis 1997 eingegangen sind. Neben den Zielgrößen Arbeitslosenquote und Beschäftigungszuwachs werden mit unterschiedlicher Gewichtung auch sieben sogenannte Wirkungsfaktoren berücksichtigt, mit denen die mittelfristige Beschäftigungsentwicklung prognostiziert werden kann:

1. Anteil der Investitionen am Bruttoinlandsprodukt (Gewichtung: 18 Prozent)
2. Staatsquote (9 Prozent)
3. Höhe der staatlichen Ausgaben für eine aktive Arbeitsmarktpolitik, mit der Langzeitarbeitslose wieder in den Primärmarkt eingegliedert werden sollen (23 Prozent)
4. Quote der Langzeitarbeitslosen als Indikator für den Erfolg der Arbeitsmarktpolitik (16 Prozent)
5. Anstieg der nominalen Lohnstückkosten, der gleichzeitig als Indikator für die Geldwertstabilität dient (10 Prozent)
6. Streikquote als Maßstab für den sozialen Frieden (16 Prozent)
7. Anteil der Teilzeitbeschäftigung als Maßstab für die Flexibilität des Arbeitsmarktes (8 Prozent).

Das Maximalergebnis „zehn" würde bedeuten, daß ein Land jedes Kriterium besser erfüllt als alle andern Länder:

Japan	8,8
Schweiz	7,8
Norwegen	7,7
Österreich	7,5
USA	7,4
Portugal	7,1
Neuseeland	7,0
Niederlande	6,8
Deutschland	6,5
Schweden	6,4
Australien	6,4
Dänemark	6,1
Kanada	6,0
Großbritannien	5,9
Frankreich	5,7
Belgien	5,5
Irland	5,4
Italien	4,9
Finnland	3,7
Spanien	2,8

Streitfall: Grundsicherung einführen

Die These: Das System der gesetzlichen Rentenversicherung steckt in der Krise: Die Beiträge haben Rekordhöhe erreicht und dürften auch in Zukunft kaum nennenswert sinken. Die Leistungen wiederum, so ist absehbar, können kaum auf dem jetzigen Niveau gehalten werden. Nun bietet sich eine Alternative: Der sächsische Ministerpräsident Kurt Biedenkopf (CDU) hat ein Konzept für eine Grundsicherung vorgelegt. Danach soll eine einheitliche Grundrente für aller Bürger aus Steuern finanziert werden, die gegenwärtig 1540 Mark betragen würde. So könnten Unternehmer von Arbeitskosten entlastet werden, die Bürger hätten mehr Spielraum für private Vorsorge. Außerdem würden bislang Benachteiligte wie Alleinerziehende oder Geringverdiener besser gestellt, weil die Grundrente unabhängig von vorangegangener Erwerbsarbeit gezahlt wird. Zur These der WOCHE nehmen Stellung:

Zustimmung: Ole von Beust, Vorsitzender der Hamburger CDU-Bürgerschaftsfraktion
Vorausgesetzt die schwierige Übergangszeit ist finanzierbar, überzeugt mich der Biedenkopf-Vorschlag. Er führt zur Senkung der Lohnnebenkosten, macht Arbeit damit billiger und schafft somit Arbeitsplätze. Darüber hinaus macht er die Höhe der Altersversorgung von Fragen der Lebenserwartung, Lebensarbeitszeit etc. unabhängig und damit berechenbarer. Auch die Leistungsbezogenheit der Rente wäre nicht gefährdet: Jeder kann in eigener Verantwortung über den Betrag entscheiden, den er zusätzlich entsprechend seiner Leistungsfähigkeit zur Alterssicherung beitragen möchte. Warum sollten nicht die Arbeitnehmer genauso frei über Höhe und Umfang ihrer Alterssicherung entscheiden, wie dies ja heute schon Hunderttausende Selbstständige und Freiberufler tun?

Ablehnung: Bernd von Maydell, Direktor des Max-Planck-Instituts für ausländisches und internationales Sozialrecht, München
Die Forderung, eine Grundsicherung einzuführen, ist nicht neu. Zuletzt ist dieser Plan 1990 diskutiert und verworfen worden. Der erneute Beitragsanstieg in der Rentenversicherung, der durch Arbeitslosigkeit und vereinigungsbedingte Lasten hervorgerufen worden ist, hat die grundsätzlichen Argumente gegen eine Grundsicherung nicht tangiert: Eine Grundrente ist sozialpolitisch nicht geboten, da eine Mindestsicherung in Form der Sozialhilfe schon besteht. Sie steht im Widerspruch zum Leistungsprinzip, das in Anbetracht der wachsenden Schattenwirtschaft gestärkt und nicht geschwächt werden sollte. Das Gewicht des Leistungsprinzips zeigt sich auch daran , dass Staaten mit

einer Grundsicherung regelmäßig eine zusätzliche Sicherung aufweisen, die obligatorisch und einkommensbezogen ist. Zudem sind die Belastungen durch eine Grundrente, die jeder – auch der Millionär – erhält, erheblich, zumal die bisherigen Renten und die angesammelten Rentenanwartschaften bedient werden müssen, weil sie unter Eigentumsschutz stehen. Abgesehen davon macht die aus Steuermitteln finanzierte Grundrente die Rentenhöhe von der jeweiligen Situation des Staatshaushaltes abhängig, was zur Verarmung im Alter führen kann. Und die Möglichkeiten der privaten Vorsorge bestehen nur für Besserverdienende. Familien mit Kindern werden finanzielle Schwierigkeiten gaben, eine ergänzende private Vorsorge zu betreiben.

Ablehnung: Hermann Otto Solms, Vorsitzender der FDP-Bundestagsfraktion
Die FDP ist gegen eine gleichmacherische Grundsicherung im Alter. Die Grundrente ist leistungsfeindliche. In unserem Versicherungssystem hängt die spätere Rente von vorher gezahlten Beiträgen ab. Eine steuerfinanzierte Grundsicherung kriegen dagegen alle. Nicht die ehrlichen Arbeitnehmer, sondern vor allem Schwarzarbeiter würden daher von dieser Grundsicherung profitieren. Es wird vorgegaukelt, der Staat stehe für die Versorgung im Alter gerade. Für viele wird die Versuchung groß sein, sich hierauf zu verlassen. Die steuerfinanzierte Grundsicherung schafft aber nicht mehr Rentensicherheit – im Gegenteil. Sie macht die Renten zur Manövriermasse im Bundeshaushalt, abhängig von der Kassenlage. Auch international ist die Grundsicherung daher keine Lösung. Länder mit Grundrentensystemen haben inzwischen obligatorischen Zusatzversorgungssysteme. Die FDP jedenfalls hält an einem leistungsorientierten Altersversorgungssystem fest.

Unentschieden: Helga Rackebrandt, Vorstandsmitglied des Verbandes alleinerziehender Mütter und Väter
Prinzipiell ist gegen eine Grundsicherung nicht einzuwenden. Sie soll weitgehend die Sozialhilfe ablösen. Doch allein für Sozialhilfeberechtigte sind die geplanten Summen ein Witz. 1540 Mark reichen bei einem Regelsatz von jetzt durchschnittlich 520 Mark plus Miete, Heizkosten, Bekleidung und andere einmalige Beihilfen nicht mal zum Sterben, geschweige denn zum Leben. Und Einelternfamilien profitieren davon überhaupt nicht. Gleichzeitig geht aus dem Entwurf nur hervor, dass angeblich einige Gruppen besser gestellt werden sollen Es nimmt doch niemand im Ernst an, dass Beamte, Politiker oder Abgeordnete sich ihre Altersrenten aberkennen lassen. Eine bessere Lösung ist ganz einfach: Kindererziehungszeiten auch bei Berufstätigkeit mit akzeptablen Rentenanteilen anerkennen. Steuern auf Vermögen und Kapital um 1 Prozent erhöhen, dann reicht's für Renten, existenzsicherndes Kindergeld und Familienförderung.

Unentschieden: Rudolf Scharping, Vorsitzender der SPD-Bundestagsfraktion
Ich lehne die Verstaatlichung der Altersversorgung ab. Eine Staatsrente zerstört die Solidarität der Generationen, unterminiert den Leistungswillen für die beitragsorientierte Rente und wird am Ende ja doch von denen mit Steuern bezahlt, die angeblich begünstigt werden. Allerdings plädiere ich für eine soziale Grundsicherung, die das bürokratischen Nebeneinander von kleiner Rente, Sozialhilfe, Kleidungszuschuss, Wohngeld, Heizungsbeihilfe und anderem beendet. Der heutige Zustand ist unwürdig für die betroffenen Menschen, zu bürokratisch und viel zu teuer für alle anderen. Diese Grundsicherung soll das Existenzminimum garantieren, ohne dass die betroffenen Menschen für jede einzelne Leistung zu verschiedenen Behörden gehen müssen.

Ablehnung: Horst Schmitthenner, Geschäftsführendes Vorstandsmitglied der IG Metall
Kalter Kaffe gewinnt auch dann nicht an Geschmack, wenn er noch einmal aufgewärmt wird. Dies gilt auch für das Biedenkopf-Modell, ein sozialpolitischer Ladenhüter, der bei uns schlicht nicht machbar ist. Eine abrupte Umstellung auf eine steuerfinanzierte Grundrente würde Steuermehreinnahmen in dreistelliger Milliardenhöhe erfordern. Einen solchen Steuererhöhungsschock würden Wirtschaft und Arbeitnehmer nicht verkraften, selbst wenn sie von den Beitragszahlungen entlastet würden. Hinzu kommt: Durch Beiträge im Arbeitsleben werden „eigentumsähnliche" Ansprüche im Alter erworben. Diese sind zwar nicht absolut, jedoch erheblich stärker als steuerfinanzierte Leistungen vor dem Zugriff in Panik geratener Haushaltspolitiker geschützt. Und schließlich: Die steuerfinanzierte Grundrente reicht nicht aus, eine private Zusatzversicherung wäre notwendig. Die Kosten dafür müssten die Arbeitnehmer jedoch alleine tragen und je nach dem, welche Steuer erhöht würde, gilt dies auch für die Grundrente. Der Biedenkopf-Vorschlag entpuppt sich als ein milliardenschweres Umverteilungsmodell zur Entlastung der Arbeitgeber.

Zustimmung: Fritz Kuhn, Fraktionsvorsitzender der Grünen im Stuttgarter Landtag
Ein allein auf lebenslanger Erwerbstätigkeit begründeter Sozialstaat ist eine Fiktion. Schrumpfendes Arbeitsvolumen, steigende Lohnnebenkosten und Kürzungen sozialer Transferleistungen sind die Realität. Deswegen ist es richtig, eine Grundsicherung einzuführen und dabei mit der Rente anzufangen. Doch Grundsicherung brauchen wir auch als soziales Netz gegen die Armut. Die Finanzierung muss auf mehreren Säulen stehen: ein Teil wie bisher über die Arbeit, ein anderer steuerfinanziert über die Öko-Steuer, und als dritte Säule eine Wertschöpfungsabgabe, damit alle Betriebe und nicht nur die beschäftigungsintensiven zur Sicherung des Sozialstaates beitragen. Nur so

entlasten wir Handwerk und Mittelstand, die heute Zahlmeister der sozialen Sicherung sind.

Hintergrund:

Nach dem Biedenkopf-Konzept soll jeder Bürger im Alter Anspruch auf eine einheitliche Grundsicherung haben – unabhängig davon, ob er vorher gearbeitet hat oder überhaupt bedürftig ist. Die Höhe dieser Grundsicherung beträgt einschließlich der Beiträge zur Kranken- und Pflegeversicherung 55 Prozent des Pro-Kopf-Volkseinkommens, das entspricht zur Zeit einem Betrag von monatlich 1540 Mark. Finanziert wird das Modell durch Steuern: 60 Prozent über höhere Verbrauchsteuern, 40 Prozent durch die Erhöhung direkter Steuern. Dafür entfallen die Rentenbeiträge. Die Arbeitgeberhälfte des Rentenbeitrags soll zu 70 Prozent auf das Arbeitnehmer-Einkommen aufgeschlagen werden, 30 Prozent bleiben beim Arbeitgeber.

**Auf die Mischung kommt es an. Flexible Arbeitstmärkte allein ge-
nügen nicht, um Beschäftigung zu schaffen. Auch die Nachfrage
muß stimuliert werden**

Von Wolfgang Klauder

In Wettbewerb um heimische Arbeitsplätze haben die Deutschen schon lange
das Nachsehen. In mehreren westlichen Industrieländern entwickelte sich in den
vergangenen Jahren die Beschäftigung deutlich günstiger als hierzulande. Zu
den Spitzenreitern des längerfristigen Beschäftigungswachstums zählen weltweit
bis heute die Vereinigten Staaten, Kanada und − abgeschwächt − Japan, in Europa sind es seit Mitte der achtziger Jahre die Niederlande. Diese steigerten ihre
Erwerbstätigenzahl seither mit plus 25 Prozent sogar in gleichem Umfang wie
die USA. In jüngster Zeit gelang es auch Dänemark, Großbritannien und Neuseeland, eine Wende auf dem Arbeitsmarkt zu erreichen. Welches sind die
Gründe für die Beschäftigungserfolge? Trotz aller Unterschiedlichkeit der nationalen Gegebenheiten, Mentalitäten und Maßnahmen lassen sich einige Gemeinsamkeiten bei den „Erfolgsländern" feststellen. (...)
   In den USA stiegen von 1985 bis 1995 die Lohnstückkosten im ver-
arbeitenden Gewerbe zwar lediglich um rund 1,5 Prozent pro Jahr, von einer generell moderaten Lohnentwicklung kann jedoch keine Rede sein. Im gesamtwirtschaftlichen Durchschnitt erhöhten sich zum Beispiel in den zehn Jahren die
Bruttoeinkommen aus unselbständiger Arbeit je Arbeitnehmer mit 3,8 Prozent
pro Jahr fast im gleichen Umfang wie in Westdeutschland (3,9 Prozent), während die Produktivität der Amerikaner aber nur um 0,8 Prozent pro Jahr wuchs,
in Westdeutschland immerhin um 1,8 Prozent. Die Folge waren ein merklich
größerer Anstieg der gesamtwirtschaftlichen Lohnstückkosten (USA 2,9 Prozent, Westdeutschland 2,1 Prozent pro Jahr) und der Verbraucherpreise (USA
3,5 Prozent, Westdeutschland 2,2 Prozent pro Jahr). Trotz eines etwa gleich hohen Wirtschaftswachstums wie in Deutschland erhöhten sich dadurch die realen
Bruttoeinkommen der Amerikaner mit 0,2 Prozent pro Jahr kaum. In den alten
Bundesländern kletterten sie um 1,6 Prozent.
   Wer diesen „Lohnverzicht" als entscheidende Ursache für das amerikanische „Job-Wunder" ansieht, übersieht jedoch nicht nur die Bedeutung von Flexibilität und Lohnspreizung für die Dynamik bei Dienstleistungen und den geringen Produktivitätsdruck in den USA, sondern auch, daß Kostenüberwälzung
und Beschäftigungswachstum in doppelter Höhe der Produktivitätsrate kaum
ohne Tolerierung des Preisauftriebs und eine überwiegend expansive Wirtschaftspolitik mit entsprechendem Nachfrageanstieg möglich gewesen wäre.
Erinnert sei an die drastischen Steuersenkungen und die erheblichen Ausweitun-

gen der Militärausgaben durch die Reagan-Regierung in den achtziger Jahren, an die hohen Staats- und Leistungsbilanzdefizite, an die lange, exportfördernde Talfahrt des Dollars und an die schon im Verlauf der Rezession von 1991 sehr rasch wieder auf einen bis 1994 stark expansiven Kurs umschwenkende Geldpolitik. Erst im Zuge des neuerlichen Wirtschaftsaufschwungs begann schließlich 1993 die bis dahin expansive Fiskalpolitik damit, die konjunkturbedingte Besserung der Haushaltslage zum drastischen Abbau des Staatsdefizits zu nutzen.

Auch in Großbritannien wird meist der enorme expansive Impuls übersehen, der ausgelöst wurde durch die Freigabe des Wechselkurses im Herbst 1992 und die daraus resultirende exportfördernde Abwertung, die drastische Senkung der Leitzinsen und ein extrem hohes Staatsdefizit in den Jahren 1992 bis 1994 von sechs bis acht Prozent des Bruttoinlandsprodukts. Genausowenig kann in den übrigen „Erfolgsländern" von einer konjunkturpolitischen Abstinenz der Geld- und Fiskalpolitik die Rede sein. Japan war immer wieder zu Konjunkturprogrammen bereit. In Dänemark und den Niederlanden wurde das Staatsdefizit erst 1996, nach Besserung der Arbeitsmarktlage, deutlich zurückgeführt. Die entscheidende Lehre, die aus den Erfahrungen anderer Länder gezogen werden kann, ist: Eine erfolgreiche Wirtschafts- und Beschäftigungspolitik bedarf eines ausgewogenen „Policy-Mix" aus Kostendämpfung und Nachfragestützung. Hinzu kommen muß eine Flexibilisierung der institutionellen Rahmenbedingungen, durch die der privaten Initiative (etwa bei Neugründungen), der individuellen Gestaltung (beispielsweise bei der Arbeitszeit) sowie den betrieblichen Erfordernissen (bei den Löhnen) mehr Platz eingeräumt wird. Flexibilisierung, Lohnmäßigung und andere kostendämpfende Maßnahmen sind notwendige, aber keine hinreichenden Bedingungen, sondern bedürfen einer flankierenden Nachfragepolitik.

Umgekehrt erfordern nachfragefördernde Maßnahmen eine lohnpolitische Absicherung, wenn sie nicht letztlich über höhere Preise in eine Stabilisierungskrise münden und damit verpuffen sollen, wie in der Bundesrepublik Anfang der achtziger und neunziger Jahre geschehen. Je mehr die Notenbank dem Ziel der Preisstabilität verpflichtet ist, desto moderater müssen die Lohnerhöhungen ausfallen und bis zum Erreichen der Vollbeschäftigung durch Zurückbleiben hinter dem Produktivitätsfortschritt kostenneutrale Mehrbeschäftigung ermöglichen.

Die Nutzung dieses Spielraums und vermehrte arbeitsplatzschaffende Investitionen sind jedoch nicht nur vom Gewinn, sondern auch von der Kapazitätsauslastung und vom Vertrauen in die mittelfristigen Wachstumsaussichten abhängig. In fast allen beschäftigungspolitisch erfolgreichen Ländern wurde daher vorwiegend über angebotspolitisch begründbare Steuer- und Zinssenkungen auch die Nachfrage stimuliert und vorübergehend ein größeres Staatsdefizit in Kauf genommen. Die nötige Konsolidierung des Staatshaushalts wurde erst verzögert im Gefolge des Wirtschafts- und Arbeitsmarktaufschwungs vorangetrieben. Dies wird in Deutschland häufig übersehen.

Literatur

Afheldt, H. (1995): Ausstieg aus dem Sozialstaat? Gefährdungen der Gesellschaft durch weltweite Umbrüche. In: Aus Politik und Zeitgeschichte, 25-26, 3-12.

Aigner, K. (1996): Niederlande: Beispielhafte Sozialreformen. In: Bulletin Deutsche Bank Research v. 23.7.96, 19-25.

Alber, J. (1988): Continuities and Changes in the Idea of the Welfare State. In: Politics & Society, Vol. 16, 451-468.

Alber, J. (1992): Stichwort Wohlfahrtsstaat. In: Pipers Lexikon der Politik, Band 3, München.

Alber, J. (1993): Soziale Dienstleistungen: Die vernachlässigte Dimension vergleichender Wohlfahrtsstaatsforschung. In: Bentele, K.-H. et al (Hrsg.): Die Reformfähigkeit von Industriegesellschaften: F. W. Scharpf. Festschrift zu seinem 60. Geburtstag. Frankfurt am Main/New York, 277-293.

Alber, J. (1996): Selectivity, Universalism, and the Politics of Welfare Retrenchment in Germany and the United States, MS., Konstanz.

Alber, J. (1998): Der deutsche Sozialstaat im Licht international vergleichender Daten. In: Leviathan, 2, 201-227.

Angerhausen, S./Backhaus-Maul, H./Schiebel, M. (1995): Nachwirkende Traditionen und besondere Herausforderungen: Strukturentwicklung und Leistungsverständnis von Wohlfahrtsverbänden in den neuen Bundesländern. In: Rauschenbach, Th./Sachße, Ch./Olk, Th. (Hrsg.): Von der Wertgemeinschaft zum Dienstleistungsunternehmen. Wohlfahrts- und Jugendhilfeverbände im Umbruch. Frankfurt am Main, 377-403.

Anheier, H. K. (1995): Vergleichende Forschung zum Nonprofit Sektor. In: Journal für Sozialforschung, 35, 15-26.

Anheier, H. K. u.a. (1997): Der Dritte Sektor in Deutschland. Organisationen zwischen Markt und Staat im gesellschaftlichen Wandel. Berlin.

Armingeon, K. (1993): Auf dem Weg zu einem europäischen politischen System. In: Journal für Sozialforschung, 33, 255-271.

Armingeon, K. (1997): Gestaltungsoptionen des Wohlfahrtsstaats in der Globalisierung, MS., Bern/Berlin.

Bäcker, G. (1995): Sind die Grenzen des Sozialstaates überschritten? Zur Diskussion über die Reformperspektiven der Sozialpolitik. In: Aus Politik und Zeitgeschichte, B 25-26, 13-25.

Bäcker, G. (1997): Der Sozialstaat hat eine Zukunft. In: Aus Politik und Zeitgeschichte, 48-49, 12-20.

Bäcker, G./Heinze, R.G./Naegele, G. (1995): Die Sozialen Dienste vor neuen Herausforderungen. Münster.

Backhaus-Maul, H./Olk, T. (1996): Vom Korporatismus zum Pluralismus ? Aktuelle Tendenzen in den Staat-Verbände-Beziehungen am Beispiel des Sozialsektors. In: Clausen, L. (Hrsg.): Gesellschaften im Umbruch. Verhandlungen des 27. Kongresses der Deutschen Gesellschaft für Soziologie. Frankfurt am Main/New York, 580-594.

Bandelow, N. C. (1998): Gesundheitspolitik. Der Staat in der Hand einzelner Interessengruppen ? Opladen.

Bandemer, S.v./Blanke, B./Hilbert, J./Schmid, J. (1995): Staatsaufgaben – Von der „schleichenden Privatisierung" zum „aktivierenden Staat". In: Behrens, F. u.a. (Hrsg.): Den Staat neu denken. Reformperspektiven für die Landesverwaltungen. Berlin, 41-60.

Bauer, R. (Hrsg.) (1992): Lexikon des Sozial- und Gesundheitswesens. München.

Beck, U. (1984): Die Risikogesellschaft. Auf dem Weg in eine andere Moderne. Frankfurt am Main.

Beck, U. (1996): Weltbürgergesellschaft – Individuelle Akteure und die Zukunftsfähigkeit der modernen Gesellschaft. In: Fricke, W. (Hrsg.): Jahrbuch Arbeit und Technik. Bonn, 141-167.

Bedau, K. (1997): Geldvermögen und Vermögenseinkommen der privaten Haushalte 1996. In: DIW-Wochenbericht, 31.

Bermbach, U. u.a. (Hrsg.) (1990): Ökonomische, politische und kulturelle Spaltung der Gesellschaft als Herausforderung für den demokratischen Sozialstaat. Opladen.

Bertelsmann-Stiftung (Hrsg.) (1994): Internationales Beschäftigungs-Ranking. Gütersloh.

Bertelsmann-Stiftung (Hrsg.) (1996): Internationales Beschäftigungs-Ranking. Gütersloh.

Bertelsmann-Stiftung (Hrsg.) (1998): Internationales Beschäftigungs-Ranking. Gütersloh.

Bertram, H. (Hrsg.) (1991): Die Familie in Westdeutschland. Stabilität und Wandel familiärer Lebensformen. Opladen.

Bertram, H. (Hrsg.) (1992): Die Familie in den neuen Bundesländern. Stabilität und Wandel in der gesellschaftlichen Umbruchsituation. Opladen.

Beyme, K. v. (1992): Skandinavien als Modell. Aufstieg und Verfall eines Vorbilds. In: Journal für Sozialforschung, 2, 141-155.

Bieling, H.-J./ Deppe, F. (Hrsg.) (1997): Arbeitslosigkeit und Wohlfahrtsstaat in Westeuropa. Neun Länder im Vergleich. Opladen.

Blanke, B. u.a (1996): Sozialbilanz Niedersachsen. Sozialpolitik unter Kostendruck. Institut für Sozialpolitik und Stadtforschung. Universität Hannover. Ms.

Bode, I. (1997): Die Organisation der Solidarität. Opladen.

Bode, I. (1998): Aus alt mach neu ? Arbeitsmarktpolitik und Gewerkschaftsstrategien in Frankreich. In: Aus Politik und Zeitgeschichte, B 11, 22-31.

Bogumil, Jörg/Naschold, Frieder (1997): Modernisierung des Staates. New Public Management und Verwaltungsreform. Opladen.

Borchert, J (1997).: Von Malaysia lernen? In: Borchert/Lessenich/Lösche, 9-27.

Borchert, J. (1996): Alte Träume und neue Realitäten: Das Ende der Sozialdemokratie. In: Borchert, J./Golsch, L./Jun U./Lösche, P.: Das sozialdemokratische Modell. Opladen, 39-75.

Borchert, J./Lessenich, S./Lösche, P. (Hrsg.) (1997): Standortrisiko Wohlfahrtsstaat? Opladen.

Bosch, G. (1996): Der Arbeitsmarkt bis zum Jahre 2010 – Ökonomische und soziale Entwicklungen. In: Brödner, P./Pekruhl, U./Rehfeld, D. (Hrsg.): Arbeitsteilung ohne Ende? Von den Schwierigkeiten inner- und überbetrieblicher Zusammenarbeit. München und Mering, 271-300.

Bräutigam, M./ Schmid, J. (1996): Pflege im modernen Wohlfahrtsstaat. Der deutsche Fall in vergleichender Perspektive. In: Staatswissenschaft und Staatspraxis, 2, 261-289.

Breit, Gotthard (Hrsg.) (1996): Sozialstaatsprinzip und Demokratie (uni studien politik). Schwalbach/Ts.

Briefs, Götz (1930): Der wirtschaftliche Wert der Sozialpolitik. In: Schriften der Gesellschaft für soziale Reform. Jena.

Britische Botschaft (1997): Beschäftigungpolitische Maßnahmen und Initiativen in Großbritannien. Bonn.

Buhr, P. (1995): Dynamik von Armut. Dauer und biographische Bedeutung von Sozialhilfebezug. Opladen.

Bundesarbeitsgemeinschaft der freien Wohlfahrtspflege (BAGFW) (1983): Die freie Wohlfahrtspflege. Eine Arbeitshilfe. Bonn.

Bundesarbeitsgemeinschaft der Freien Wohlfahrtspflege (BAGFW) (1997): Gesamtstatistik der Einrichtungen der Freien Wohlfahrtspflege (Stand: 1. 1. 96). Bonn.

Bundesministerium für Arbeit und Sozialordnung (1996): Euro-Atlas. Soziale Sicherung im Vergleich. Bonn.

Bundesministerium für Arbeit und Sozialordnung (1998): Sozialpolitische Informationen 6. Bonn.

Bundesministerium für Familie und Senioren (1992): Optionen der Lebensgestaltung junger Ehen und Kinderwunsch (Schriftenreihe des Bundesministeriums für Familie und Senioren), Bd. 9. Stuttgart/Berlin/Köln.

Burkart, G. (1995): Zum Strukturwandel der Familie. Mythen und Fakten. In: Aus Politik und Zeitgeschichte, 52/53, 3-15.

Burrows, R./Loader, B. (Hrsg.) (1994): Towards a Post-Fordist Welfare State. London.

Castles, Francis G. (Hrsg.) (1993): Families of Nations. Pattern of Public Policy in Western Democracies. Aldershot u.a.

Clasen, R. (1996): Neuseeland: Umfassende Staatsreform ohne Systemwechsel. Arbeitspapiere Arbeitsgruppe Transformationsprozesse in den neuen Bundesländern. Humboldt Universität Berlin.

Conrad, C. (1990): Gewinner und Verlierer im Wohlfahrtsstaat. Deutsche und internationale Tendenzen im 20. Jahrhundert. In: Archiv für Sozialgeschichte, Band XXX, 297-325.

Cox, R. H. (1993): The Development of the Dutch Welfare State. From Workers' Insurance to Universal Entitlement. Pittsburgh/London.

Cox, R.H. (1996): The consequences of welfare retrenchment in Denmark. Paper, University of Oklahoma.

Cox, R.H. (1997): From safety net to trampoline: Policies of activation in the Netherlands and Denmark. Paper, University of Oklahoma.

Czada, R. (1998): Vereinigungskrise und Standortdebatte. In: Leviathan, 1, 24-59.

Daatland, Svein-Olaf (1992): Ideals lost ? Current trends in scandinavian welfare policies of ageing. In: Journal of European Social Policy, 1, 33-47.

Dänisches Arbeitsministerium (1996): Das dänische Arbeitsmarktmodell und die arbeitsmarktpolitische Entwicklung. Kopenhagen.

Dänisches Sozialmisterium (1995): Social Policy in Denmark. Form Passive to Active. Kopenhagen.

Dauderstädt, M. (1996): Sozialdemokratische Sparpolitik in Westeuropa. Friedrich-Ebert-Stiftung. Bonn.

Dauderstädt, M. (1997): Modell Neuseeland ? FES-Analyse, Friedrich-Ebert-Stiftung, Bonn.

Dettling, W. (1995a): Krise der Familie – Krise der Gesellschaft. In: Gewerkschaftliche Monatshefte, 3, 129-155.

Dettling, W. (1995b): Politik und Lebenswelt. Vom Wohlfahrtsstaat zur Wohlfahrtsgesellschaft. Gütersloh.

Dettling, W. (1998): Wirtschaftskummerland ? Wege aus der Globalisierungsfalle. München.

Deutscher Bundestag (1996): Soziale Grundsicherung gegen Armut und Abhängigkeit, für mehr soziale Gerechtigkeit und ein selbstbestimmtes Leben. Antrag der Gruppe der PDS, Bundestagsdrucksache 13/3628, 30. 1. 96. Bonn.

Dingeldey, I. (1998): Arbeitsmarktpolitische Reformen unter New Labour. In: Aus Politik und Zeitgeschichte, B 11, 32-38.

DIW-Wochenbericht, 24 (1994): Die Vermögenseinkommen der privaten Haushalte 1993, 405-411.

DIW-Wochenbericht, 29 (1993): Bevölkerungsentwicklung in Deutschland bis zum Jahr 2010 mit Ausblick auf 2040.

DIW-Wochenbericht, 36 (1996): Perspektiven der längerfristigen Wirtschaftsentwicklung in Deutschland.

Döring, D. (1993): Umrisse einer künftigen Sozialpolitik, In: Unseld, S. (Hrsg.): Politik ohne Projekt? Nachdenken über Deutschland. Frankfurt am Main, 385-408.

Döring, D. (1997): Die Reformprobleme des deutschen Sozialstaates. In: Zukünfte, 21, 15-21.

Eichener, V. (1996): Die Rückwirkungen der europäischen Integration auf nationale Politikmuster. In: Jachtenfuchs, M./Kohler-Koch, B. (Hrsg.): Europäische Integration. Opladen, 249-280.

Empter, S./Esche, A. (1997): Eigenverantwortung und Solidarität. Neue Wege in der Sozial- und Tarifpolitik. Gütersloh.

Esche, A. (1998): Ein neuer Ausgleich von Eigenverantwortung und Solidarität. In: Aus Politik und Zeitgeschichte, B 11, 1-11.

Esping-Andersen, G. (1990): The Three Worlds of Welfare Capitalism. Cambridge.

Esping-Andersen, G. (1997): Towards a Post-industrial Welfare State. In: Politik und Gesellschaft, 3, 237-245.

Esser, J. (1993): Die Suche nach dem Primat der Politik, In: Unseld, S. (Hrsg.): Politik ohne Projekt? Nachdenken über Deutschland. Frankfurt am Main, 409-385.

Etzioni, A. (1997): Im Winter einen Pullover anziehen, weil es im Sommer warm war? Ein kommunitaristischer Versuch, den Wohlfahrtsstaat neu zu definieren. In: Blätter für deutsche und internationale Politik, 2, 232-243.

Europäische Kommission. Generaldirektion für Beschäftigung, Arbeitsbeziehungen und soziale Angelegenheiten (1996): Soziale Sicherheit in Europa. Luxemburg.

Evans, L./Grimes, A./Wilkinson, B./Teece, D. (1996): Economic Reform in New Zealand 1984-94. The Pursuit of Efficiency. In: Journal of Economic Literature, Vol. 34, 1856-1902.

Evers, A. (1990): Im Intermediären Bereich. Soziale Träger und Projekte zwischen Haushalt, Staat und Markt. In: Journal für Sozialforschung, 39, 189-210.

Evers, A. (1995): Die Pflegeversicherung. Ein mixtum compositum im Prozeß der politischen Umsetzung. In: Sozialer Fortschritt, 44, 23-28.

Evers, A. (1996): Arbeit in den Städten gibt es genug – Wer bezahlt sie ? In: Kommune, 11, 55ff.

Evers, A./Leichsenring, K. (1996): Reduktion oder Redefinition politischer Verantwortung? Modernisierung sozialer Dienste in Delft und Stockholm. Europäisches Zentrum für Wohlfahrtspolitik und Sozialforschung. Wien.

Evers, A./Olk, T. (Hrsg.) (1996): Wohlfahrtspluralismus. Opladen.

Eysell, M. (1992): Dänemark. Politik, Wirtschaft und Gesellschaft diesseits und jenseits von Maastricht. In: Aus Politik und Zeitgeschichte, 43, 3-11.

Fach, W./Simonis, G. (1984): Antizyklischer Sozialismus? Französische Beschäftigungspolitik in der Ära Mitterand. In: Bonß, W./Heinze R.G. (Hrsg.): Arbeitslosigkeit in der Arbeitsgesellschaft. Frankfurt am Main, 244-269.

Fink, U. (1996): Reformansatz und politischer Kompromiß. Das Bundessozialhilfegesetz wurde durch strukturelle Veränderungen modernisiert. In: Gesellschaftspolitische Kommentare, 8, 10-12.

Fischer, A. u.a. (1996): Die Bündnis-Grüne Grundsicherung: Ein soziales Netz gegen die Armut. Diskussions-Papier. Oktober (o. O.).

Fraenkel, E./Bracher, K.-D. (Hrsg.) (1964): Fischer Lexikon Staat und Politik. Frankfurt am Main.

Französische Botschaft (1994): Soziale Sicherheit in Frankreich. Frankreich-Info 14. Bonn.

Fricke, W. (1995): Jahrbuch Arbeit und Technik. Bonn.

Friedrich-Ebert-Stiftung (1996): Arbeitsplätze, Produktivität und Einkommen. Weg zu mehr Beschäftigung im deutsch-amerikanischen Vergleich. Wirtschaftspolitische Diskurse Nr. 93, Bonn

Fünfter Familienbericht (1994): Familien und Familienpolitik im geeinten Deutschland – Zukunft des Humanvermögens. BT-Drucksache 12/7560. Bonn.

Gaskin, K. et al (1996): Ein neues bürgerschaftliches Europa. Eine Untersuchung zur Verbreitung und Rolle von Volunteering in zehn Ländern. Freiburg i. Br.

Gerhardt, K.U./ Weber, A. (1984): Garantiertes Mindesteinkommen. Für einen libertären Umgang mit der Krise. In: Schmid, T. (Hrsg.) Befreiung von falscher Arbeit, Berlin, 18ff

Giddens, A. (1997): Jenseits von Links und Rechts. Die Zukunft radikaler Demokratie. Frankfurt am Main

Godoy, J. (1997): Modell Neuseeland. In: Blätter für deutsche und internationale Politik. 7.

Goll, E. (1991): Die freie Wohlfahrtspflege als eigener Wirtschaftsfaktor. Theorie und Empirie ihrer Verbände und Einrichtungen. Baden-Baden.

Görzig, B./Gornig, M./Schulz, E. (1994): Quantitative Szenarien zur Bevölkerungs- und Wirtschaftsentwicklung in Deutschland zum Jahr 2000. DIW-Beiträge zur Strukturforschung, 150. Berlin.

Goul-Andersen, J. (1996): The Scandinavian Welfare Model in Crisis ? Achievements and Problems of the Danisch Welfare State in an Age of Unemployment and Low Growth. Discussion Paper 4, Aalborg University, Denmark.

Gould, A. (1993): Capitalist welfare systems: a comparison of Japan, Britain and Sweden. Harlow.

Gregg, P. (1997): Lessons form the UK Labour Market. FES-Analyse. Bonn.

Gretschmann, K. u.a. (Hrsg.) (1989): Neue Technologien und soziale Sicherung, Opladen.

Grimm, D. (Hrsg.) (1994): Staatsaufgaben. Baden-Baden.

Gröschel, R. (1987): Neuseeland im Umbruch. In: Neue Gesellschaft/Frankfurter Hefte, 8, 712-717.

Groser, M. (1994): Der Arbeitgeberbeitrag – eine sozialpolitische Illusion. In: Riedmüller, B./Olk, Th. (Hrsg.): Grenzen des Sozialversicherungsstaates. Leviathan Sonderheft 14, Opladen, 205-216.

Habich, R./Krause, P. (1992): Niedrigeinkommen und Armut. In: Statistisches Bundesamt (Hrsg.): Datenreport 1992. Bonn.

Hackenberg, H. (1998): Arbeitsmarkt- und Sozial(hilfe)politik in den Niederlanden. Der Weg zu einem neuen Gesellschaftsvertrag. Diskussionspapiere aus der Fakultät für Sozialwissenschaft der Ruhr-Universität Bochum, 2.

Haisken De New, J./Horn, G. A./Schupp, J./Wagner, G. (1996): Keine Dienstleistungslücke in Deutschland. Ein Vergleich mit den USA anhand von Haushalts-Befragungen. In: DIW-Wochenbericht, 14.

Hammer, B. (1997): Employment Promotion. The Danish Case. In: Mitteilungen aus der Arbeitsmarkt- und Berufsforschung, 4, 804-811.

Hartwich, H.-H. (1996): Der Sozialstaat und die Krise der „Arbeitsgesellschaft". Über die Zukunft entscheiden die Arbeitsplätze. In: Gegenwartskunde, 1, 11-25.

Hartwich, H.H. (1977): Sozialstaatspostulat und gesellschaftlicher Status Quo. Opladen (2. Aufl.).

Hastrup, B. (1995): Contemporary Danish Society. Kopenhagen.

Hauser, R./Glatzer, W./Hradil, S./Kleinhenz, G./Olk, T./Pankoke, E. (1996): Ungleichheit und Sozialpolitik. Opladen.

Hegner, F. (1992): Organisations-„Domänen" der Wohlfahrtsverbände: Veränderungen und unscharfe Konturen. In: Zeitschrift für Sozialreform, 3, 165-190.

Heimann, H. (1997): Thesen zum Wahlerfolg der französischen Linken. In: Perspektiven ds, 4, 266-273.

Heinze, R. G. (1998): Die blockierte Gesellschaft. Sozio-ökonomischer Wandel und die Krise des Modell Deutschland. Wiesbaden/Opladen.

Heinze, R. G. u.a. (1997): Neue Wohnung auch im Alter. Folgerungen aus dem demographischen Wandel für Wohnungspolitik und Wohnungswirtschaft. Darmstadt.

Heinze, R.G./Bucksteeg, M. (1995): Modernisierung der Sozialpolitik. Potentiale freiwilligen Engagements im „Wohlfahrtsmix". In: Fricke, W. (Hrsg.): Jahrbuch Arbeit und Technik. Zukunft des Sozialstaats. Bonn, 208-218.

Heinze, R. G./Olk, Th. (1981): Die Wohlfahrtsverbände im System sozialer Dienstleistungsproduktion. Zur Entstehung und Struktur der bundesrepublikanischen Verbändewohlfahrt. In: Kölner Zeitschrift für Soziologie und Sozialpsychologie, 33, 94-114.

Heinze, R. G./Olk, Th. (1984): Sozialpolitische Steuerung. Von der Subsidiarität zum Korporatismus. In: Glagow, M. (Hrsg.): Gesellschaftssteuerung zwischen Korporatismus und Subsidiarität. Bielefeld, 162-194.

Heinze, R. G./Schmid, J. (1994): Mesokorporatistische Strategien im Vergleich: Industrieller Strukturwandel und die Kontingenz politischer Steuerung in drei Bundesländern. In: Streeck, W. (Hrsg.): Staat und Verbände. Politische Vierteljahresschrift. Sonderheft 25, 65-99.

Heinze, R. G./Voelzkow, H. (1997): Koordinationsstrukturen zwischen Arbeitsmarktpolitik und regionaler Strukturpolitik in den neuen Bundesländern: Exemplarische Fallstudien, Ms., Nürnberg/Bochum.

Heinze, R.G./Olk, T./Hilbert, J. (1988): Der neue Sozialstaat. Analysen und Reformperspektiven. Freiburg.

Heinze, R. G./Schmid, J./Strünck, C. (1997): Zur politischen Ökonomie der sozialen Dienstleistungsproduktion. Der Wandel der Wohlfahrtsverbände und die Konjunkturen der Theoriebildung. In: Kölner Zeitschrift für Soziologie und Sozialpsychologie, 2, 242-271.

Heinze, R. G./Schmid, J./Voelzkow, H. (1997): Wirtschaftliche Transformation und Governance. Der Beitrag der Verbände zum industriestrukturellen Wandel in Ostdeutschland. In: Corsten, M./Voelzkow, H. (Hrsg.): Transformation zwischen Markt, Staat und Drittem Sektor. Marburg, 211-236.

Heise, A. (Hrsg.) (1997): Beschäftigungskrise in Europa. Erfahrungsaustausch für eine bessere Politik. Marburg.

Hemerijck, A. C./Kloosterman, R. C. (1995): Der postindustrielle Umbau des korporatistischen Sozialstaats in den Niederlanden. In: Fricke, W. (Hrsg.): Jahrbuch Arbeit und Technik. Bonn, 287-296.

Hinrichs, K. (1995): Die Soziale Pflegeversicherung – eine institutionelle Innovation in der deutschen Sozialpolitik. In: Staatswissenschaften und Staatspraxis, 2.

Hirsch, J. (1995): Der nationale Wettbewerbsstaat. Staat, Demokratie und Politik im globalen Kapitalismus. Berlin.

Hockerts, H. G. (1982): Deutsche Nachkriegssozialpolitik vor dem Hintergrund des Beveridge-Plans. In: Mommsen, W. (Hrsg.): Die Entstehung des Wohlfahrtstaates in Großbritannien und Deutschland 1850-1950. Stuttgart, 32-57.

Hoefer, R. (1996): Swedish Corporatism in Social Welfare Policy 1986-1994: An Empirical Examination. In: Scandinavian Political Studies, 1, 67-80.

Hohnerlein, E.-M. (1997): Der italienische Sozialstaat zwischen Krise und Reform. In: Sozialer Fortschritt, 1-2, 16- 20.

IAB-Kurzbericht (1998): Dänemark: Erstaunlicher Umschwung am Arbeitsmarkt. Erfolge durch angebots- und nachfrageorientierte Strategien, 13, Nürnberg.

Igl, G. (1988): Die Freien Wohlfahrtsverbände. In: Maydell, B. v./Kannengießer, W. (Hrsg.): Handbuch Sozialpolitik. Pullingen, 182-189.

Institut für Arbeitsmarkt- und Berufsforschung (Hrsg.) (1998): Chancen und Risiken am Arbeitsmarkt 1998. Alternativrechnungen des IAB für West- und Ostdeutschland. Nürnberg.

Institut für Wirtschaftsforschung Halle (Hrsg.) (1998): Die Lage der Weltwirtschaft und der deutschen Wirtschaft im Frühjahr 1998. Halle.

IW-Informationsdienst (1996): Exclusiv-Bericht Nr. 411 (o.V.): Überall muß gespart werden. Spar- und Konsolidierungsprogramme in Europa – Ein Überblick.

Janoski, T./Hicks, A.M. (1994): The Comparative Political Economy of the Welfare State. Cambridge.

Jeffrey, Ch./Paterson, W. (1997): Großbritannien nach dem Machtwechsel: New Labour, Devolution und Europapolitik. Arbeitspapier der Konrad-Adenauer-Stiftung. St. Augustin.

Jessop, B. (1990): State Theory: Putting the Capitalist State in its Place. Cambridge.

Jorens, Y. (1997): Das belgische Sozialversicherungssystem auf dem Prüfstand: Die Antworten auf die aktuellen Herausforderungen. In: Sozialer Fortschritt, 1-2, 8-12.

Kaelble, H. (1987): Auf dem Weg zu einer europäischen Gesellschaft. Eine Sozialgeschichte Westeuropas 1880-1980. München.

Kaelble, H. (1987): Auf dem Weg zu einer europäischen Gesellschaft. Eine Sozialgeschichte Westeuropas 1880-1980. München.

Kaltenborn, B. (1995): Modelle der Grundsicherung: Ein systematischer Vergleich. Baden-Baden.

Kaltenborn, B. (1996): Sichtung und Bewertung von Grundsicherungskonzepten verschiedener gesellschaftlicher Gruppen. Expertise für die Hans-Böckler-Stiftung. Köln.

Kandel, J. (1997): „Modernizers" an der Macht. In: Perspektiven ds, 4, 251-266.

Kaufmann, F.-X. (1973): Sicherheit als soziologisches und sozialpolitisches Problem. Stuttgart.

Kaufmann, F.-X. (1986): Nationale Traditionen der Sozialpolitik und Europäische Integration. In: Albertin, L. (Hrsg.): Probleme und Perspektiven der europäischen Einigung. Düsseldorf, 69-82.

Kaufmann, F.-X. (1990): Zukunft der Familie. München.

Kaufmann, F.-X. (1995): Zukunft der Familie im vereinten Deutschland – Gesellschaftliche und politische Bedingungen. München.

233

Kaufmann, F.-X. (1997): Herausforderungen des Sozialstaates. Frankfurt am Main.

Kaufmann, F.-X. (1997): Schwindet die Integrationskraft des Sozialstaates? In: Gewerkschaftliche Monatshefte, 1, 2-14.

Kaufmann, O. (1997): Frankreichs solidarische sécurité sociale in der Krise. In: Sozialer Fortschritt,1-2, 3-8.

Klauder, W./Schnur, P./Zika, G. (1996): Strategien für mehr Beschäftigung. Simulationen bis 2005 am Beispiel Westdeutschland. In: IAB-Kurzbericht, 7. Nürnberg.

Knorr, A. (1997): Das ordnungspolitische Modell Neuseeland – ein Vorbild für Deutschland. Tübingen.

Koch, C. (1995): Die Gier des Marktes. Die Ohnmacht des Staates im Kampf der Weltwirtschaft. München/Wien.

Köhler, P.A. (1997): Dänemark und Schweden: Der „skandinavische Wohlfahrtsstaat" auf Reformkurs. In: Sozialer Fortschritt, 1-2, 25-30.

Kommission der Europäischen Gemeinschaften (1994): Bericht der Kommission. Die soziale Sicherheit in Europa 1993. Kom (93) 381. Brüssel.

Kommission für Zukunftsfragen der Freistaaten Bayern und Sachsen (Zukunftskommission) (1996): Erwerbstätigkeit und Arbeitslosigkeit in Deutschland. Entwicklung, Ursachen und Maßnahmen. Bonn.

Kötter, U. (1997): Das niederländische Wohlfahrtsmodell – kein Vorbild mehr? In: Sozialer Fortschritt, 1/2, 12-16.

Krishnan, R. (1997): Right wing Defeat in France. In: Economic and Political Weekly, 12. Juli.

Kruse, J. (1997): Sozialpolitik in den USA: „Selbstverantwortung des Einzelnen." In: Sozialer Fortschritt, 1/2, 33-37.

Ladányi, J./Szelényi, I. (1996): Jenseits von Wohlfahrtsstaat und Neokonservatismus. Für einen neuen Gesellschaftsvertrag. In: Transit, 12, 113-124.

Lafontaine, O./Müller, Ch. (1998): Keine Angst vor der Globalisierung. Wohlstand und Arbeit für alle. Bonn.

Lampe, U. v. (1997): „Keinen Job ? Selber schuld !". In: Capital, 10, 142-155.

Lampert, H. (1995): Die Sozialstaatskritik auf dem Prüfstand. In: Wirtschaftsdienst, 6, 504-512.

Lampert, H. (1994): Die Rechtsprechung des Bundesverfassungsgerichts zur Familienpolitik aus familienpolitischer Sicht. In: Bottke, W. (Hrsg.): Familie als zentraler Grundwert demokratischer Gesellschaften. St. Ottilien, 43-64.

Landenberger, M. (1994): Pflegeversicherung als Vorbote eines neuen Sozialstaates. In: Zeitschrift für Sozialreform, 1, 314-342.

Lane, J.-E. (1995): Country Report. The decline of the swedish modell. In: Governance, 4, 579-590.

Lebaube, A., 1996: Perspektiven eines künftigen Sozialstaates. In: Schulte, D. (Hrsg.): Erneuerung des Sozialstaates. Köln, 132-153.

Leibfried, S. (1990): Sozialstaat Europa? Integrationsperspektiven europäischer Armutsregimes. Nachrichten des Vereins für öffentliche und private Fürsorge, 70, 295-305.

Leibfried, S. (1992): Wohlfahrtsstaatliche Entwicklungspotentiale. Die EG nach Maastricht, in: Nachrichten des Vereins für öffentliche und private Fürsorge, 72, 107-119.

Leibfried, S. u.a. (1995): Zeit der Armut. Lebensläufe im Sozialstaat. Frankfurt am Main.

Leibfried, S./Leisering, L. (1995): Sozialhilfe als Politikum: Mythen, Befunde, Politikum. In: Fricke, W. (Hrsg.). Zukunft des Sozialstaats. Jahrbuch Arbeit und Technik, 83-100.

Leibfried, S./Pierson, P. (Hrsg.) (1998): Standort Europa. Europäische Sozialpolitik. Frankfurt am Main.

Leibfried, S./Tennstedt, F. (Hrsg.) (1985): Politik der Armut und die Spaltung des Sozialstaats. Frankfurt am Main.

Loges, F. (1994): Wohlfahrtsverbände als Unternehmen. In: Theorie und Praxis der sozialen Arbeit, 2, 58-72.

Mackenroth, G. (1952): Die Reform der Sozialpolitik durch einen deutschen Sozialplan. In: Schriften des Vereins für Socialpolitik, NF, Bd. 4, Berlin, 39-76.

Madsen, P. K. (1998): Das dänische „Beschäftigungswunder". In: Die Mitbestimmung, 5, 36-38.

Maliszewski, B. (1997): Von unseren europäischen Nachbarn lernen – das dänische Modell Jobrotation. In: Wirtschaftsbulletin Ostdeutschland, 3, 18-23.

Marshall, Th. (1992): Bürgerrechte und soziale Klassen. Zur Soziologie des Wohlfahrtsstaates. Frankfurt am Main/New York.

Martin, H. P./Schumann, H. (1996): Die Globalisierungs-Falle. Der Angriff auf Demokratie und Wohlstand. Reinbek bei Hamburg.

Matsumoto, K. (1997): Entwicklungen im sozialen Sicherungssystem Japans. In: Sozialer Fortschritt, 1/2, 37- 39.

Mau, S. (1997): Ungleichheits- und Gerechtigkeitsorientierungen in modernen Wohlfahrtsstaaten. Ein Vergleich der Länder Schweden, Großbritannien und der Bundesrepublik Deutschland. WZB discussion paper FSII97-401. Berlin.

Maydell, B.v. (1997): Die „Krise des Sozialstaats" in internationaler Perspektive – Denkanstöße für die Bundesrepublik Deutschland. In: Sozialer Fortschritt, 1-2, 1-3.

Maydell, B.v. (1997): Einführung. In: Sozialer Fortschritt, 1/2, 1-3.

McCormick, J. (1995): Über Beveridge hinaus. Die Reform des britischen Sozialstaats. In: Fricke, W. (Hrsg.): Jahrbuch Arbeit und Technik 1995, Bonn, 278-286.

Meager N. (1997): British Experiences in the Reduction of Unemployment. In: Mitteilungen aus der Arbeitsmarkt- und Berufsforschung, 4, 808-818.

Meinhardt, V./Teichmann, D./Wagner, G. (1994): „Bürgergeld": Kein sozial- und arbeitsmarktpolitischer deus ex machina. In: WSI-Mitteilungen, 10, 624-635.

Mester, F. /Suntum, U.v. (1998): Weichenstellungen für eine stabilitätsorientierte Beschäftigungspolitik. Gütersloh.

Methfessel, K./Winterberg, J. M. (1998): Der Preis der Gleichheit. Wie Deutschland die Chancen der Globalisierung verspielt. Düsseldorf/München.

Ministerium für Arbeit und Soziale Angelegenheiten (1996): Kurze Übersicht über die Soziale Sicherheit in den Niederlanden. Den Haag.

Ministerium für Arbeit, Gesundheit und Soziales (MAGS) (1995): Ambulante Pflegedienste in Nordrhein-Westfalen. Bestandsanalyse in typischen Regionen. Düsseldorf.

Münch, U. (1997): Sozialpolitik und Föderalismus. Zur Dynamik der Aufgabenverteilung im sozialen Bundesstaat. Opladen.

Murswiek, A. (1997): Soziale Unsicherheit als Entwicklungsmotor? Die Erfahrungen der USA. In: Borchert u.a., 237-255.

Naschold, F. (1993): Modernisierung des Staates. Zur Ordnungs- und Innovationspolitik des öffentlichen Sektors. Berlin.

Naschold, F. (1995): Ergebnissteuerung, Wettbewerb, Qualitätspolitik, Entwicklungspfade des öffentlichen Sektors in Europa. Berlin: Edition Sigma.

Naschold, F. (1997): Binnenmodernisierung, Wettbewerb, Haushaltskonsolidierung. Internationale Erfahrungen zur Verwaltungsreform. In: Heinelt, H./Mayer, M. (Hrsg.): Modernisierung der Kommunalpolitik. Neue Wege zur Ressourcenmobilisierung. Opladen, 89-117.

New Zealand Official Yearbook (1997): Part 14 – Employment (o.O.)

Niederländische Botschaft (1997): Wirtschafts- und Sozialreformen in den Niederlanden. Zur Wende am Arbeitsmarkt ohne Kündigung des sozialen Konsenses. Bonn.

Nohlen, D. (Hrsg.) (1996): Wörterbuch Staat und Politik. München.

Nullmeier, F. (1996): Der Rentenkonsens – Eine Stütze des Sozialstaates in Gefahr? In: Gegenwartskunde, 3, 337-350.

Nullmeier, F./Rüb, F. W. (1993): Die Transformation der Sozialpolitik. Vom Sozialstaat zum Sicherungsstaat. Frankfurt am Main/New York.

OECD (1994): New Orientations for Social Policy, Social Policy Studies No. 12. Paris.

Offe, C. (1981): The attribution of public status to interest groups. In: Berger, S. (ed.): Organizing Interests in Western Europe. Cambridge, 123-158.

Offe, C. (1994): Vollbeschäftigung? Zur Kritik einer falsch gestellten Frage. In: Gewerkschaftliche Monatshefte, 12, 796-806.

Offe, C. (1995): Schock, Fehlkonstrukt oder Droge? Über drei Lesarten der Sozialstaatskrise. In: Fricke, Werner (Hrsg.): Zukunft des Sozialstaats. Jahrbuch Arbeit und Technik. Bonn, 31-41.

Offe, C. (1996): Die Aufgabe von staatlichen Aufgaben: „Thatcherismus" und die populistische Kritik der Staatstätigkeit. In: Grimm, D. (Hrsg.): Staatsaufgaben. Frankfurt am Main, 317-352.

Olk, T. (1987): Das soziale Ehrenamt. In: Sozialwissenschaftliche Literatur Rundschau, 14, 84-101.

Opielka, M. (1997): Leitlinien einer sozialpolitischen Reform. In: Aus Politik und Zeitgeschichte, 48/49, 21-30.

Opielka, M./Vobruba, G. (Hrsg.) (1986): Das garantierte Grundeinkommen. Frankfurt.

Pelzer, H. (1996): Bürgergeld – Vergleich zweier Modelle. In: Zeitschrift für Sozialreform, 9, 595-614.

Pettersson, G. (1997): Wohlfahrtsstaat adé? Das „Modell Schweden" im Umbau. Hamburg.

Pierson, C. (1991): Beyond the Welfare State. The New Political Economy of Welfare. Cambridge.

Pierson, P. (1995a): The New Politics of the Welfare State. ZeS-Arbeitspapier Nr. 3/95. Bremen.

Pierson, P. (1995b): Fragmented Welfare States: Federal Institutions and the Developement of Social Policy. In: Governance, 4, 449-478.

Pinzler, P. (1997): Genesung auf holländisch. In: Die Zeit, 3, 15-16.

Pohl, J./Volz, J. (1997): Die Niederlande: Beschäftigungspolitisches Vorbild? In: DIW-Wochenbericht, 16.

Pohl, R. (1997): Löhne, Wechselkurse und Wettbewerbsfähigkeit. In: DIW-Wochenbericht, 30.

Presse- und Informationsamt der Bundesregierung (Hrsg.) (1998): Sozialpolitische Umschau 17. Bonn.

Priller, E./Zimmer, A. (1997): Ehrenamtliches Engagement in Deutschland – Defizite, Chancen und Potentiale. In: Bank für Sozialwirtschaft (Hrsg.): BFS-Informationen, 10, 13-16.

Prisching, M. (1994): Die Krisen des 21. Jahrhunderts – Zehn Modelle für verwirrende Zeitläufte. In: Wirtschaft und Gesellschaft, 1, 111-134.

Reinhard, H.-J. (1997): Der Sozialstaat in Spanien: Sparen für Maastricht. In: Sozialer Fortschritt, 1-2, 21-24.

Rhodes, M. (1995): „Subversive liberalism": market integration, globalization and European welfare state. Journal of European Public Policy,. 2/3, 384-406.

Riedmüller, B. (1996): Fiskalpolitik diktiert Prioritäten. In: Eicholz-Brief 33, 65-76.

Riedmüller, B./Olk, T. (Hrsg.) (1994): Grenzen des Sozialversicherungsstaates, Opladen.

Rieger, E./Leibfried, S. (1997): Die sozialpolitischen Grenzen der Globalisierung. In: Politische Vierteljahresschrift, 4, 771-796.

Riester, W./ Streeck, W. (1996): Solidarität, Arbeit, Beschäftigung. In: Schwerpunktkommission Gesellschaftspolitik beim SPD-Vorstand (Hrsg.). Arbeitspapiere No. 2. Bonn.

Roller, E. (1992): Einstellungen der Bürger zum Wohlfahrtsstaat der Bundesrepublik Deutschland. Opladen.

Roller, E. (1996): Sozialpolitische Orientierungen nach der deutschen Vereinigung. In: Gabriel, O.W. (Hrsg.): Politische Einstellungen und politisches Verhalten im Transformationsprozeß. Opladen.

Roser, T. (1997): Das Beispiel des Nachbarn (Holland). In: Badische Zeitung vom 28. Januar 1997.

Roser, T. (1997): Reich hinter dem Deich. In: Der Tagesspiegel v. 5.3.97. o.S.

Rothgang, H. (1994): Die Einführung der Pflegeversicherung – Ist das Sozialversicherungsprinzip am Ende ? In: Riedmüller, B./Olk, T. (Hrsg.): Grenzen des Sozialversicherungsstaates. Leviathan Sonderheft 14, Opladen, 164-187.

Scharpf, F.W. (1987): Sozialdemokratische Krisenpolitik in Europa. Frankfurt/New York.

Scharpf, F.W. (1993): Von der Finanzierung der Arbeitslosigkeit zur Subventionierung niedriger Erwerbseinkommen. In: Gewerkschaftliche Monatshefte, 7, 433-443.

Scharpf, F.W. (1994a): Negative Einkommensteuer: ein Programm gegen Ausgrenzung. In: Die Mitbestimmung, 3, 27-32.

Scharpf, F.W. (1994b): Nicht Arbeitslosigkeit, sondern Beschäftigung fördern. In: Meyer, H.-W. (Hrsg.): Sozialgerecht Teilen – Ökologisch-sozial die Industriegesellschaft gestalten. Beiträge zur Reformdiskussion im deutschen Gewerkschaftsbund und seinen Gewerkschaften. Köln.

Scharpf, F.W. (1995): Subventionierte Niedriglohn-Beschäftigung statt bezahlter Arbeitslosigkeit? In: Zeitschrift für Sozialreform, 2, 65-82.

Scharpf, F.W. (1997a): Globalisierung als Beschränkung der Handlungsmöglichkeiten nationalstaatlicher Politik. Discussion Paper 1, Max-Planck-Institut für Gesellschaftsforschung. Köln.

Scharpf, F.W. (1997b): Nötig, aber ausgeschlossen. Die Malaise der deutschen Politik. In: Frankfurter Allgemeine Zeitung v. 05.06.97, 35.

Schlomann, H. (1993): Die Entwicklung der Vermögensverteilung in Westdeutschland. In: Huster, E.-U. (Hrsg.): Reichtum in Deutschland. Der diskrete Charme der sozialen Distanz. Frankfurt am Main/New York, 54-83.

Schmid, H.P. (1996): Abschied von der Norm. In: Die Zeit vom 13.9.

Schmid, J. (1990): Die CDU. Organisationsstrukturen, Politiken und Funktionsweisen einer Partei im Föderalismus. Opladen.

Schmid, J. (1995): Die Volksparteien unter Anpassungsdruck. Oder: Wieviel Parteipolitik braucht das Modell Deutschland eigentlich?. In: Simonis, G. u.a.: Das Modell Deutschland auf dem Prüfstand. Kurs an der Fern-Universität Hagen. Hagen, 87-118.

Schmid, J. (1996a): Wohlfahrtsstaaten im Vergleich. Soziale Sicherungssysteme in Europa: Organisation, Finanzierung, Leistungen und Probleme. Opladen.

Schmid, J. (1996b): Wohlfahrtsverbände in modernen Wohlfahrtsstaaten. Soziale Dienste in historisch-vergleichender Perspektive. Opladen.

Schmid, J. (1997): Die Kommunitarismus-Debatte. Kritische Bemerkungen zur Übertragung eianes amerikanischen Diskurses nach Deutschland. In: Perspektiven ds, 4, 283-294.

Schmid, J. (1998a): Arbeitsmarktpolitik im Vergleich: Stellenwert, Strukturen und Wandel eines Politikfeldes im Wohlfahrtsstaat. Antrittsvorlesung an der Universität Osnabrück, Ms.

Schmid, J. (1998b): Die Zukunft des Wohlfahrtsstaats im internationalen Vergleich. In: Otto, H.U. (Hrsg.): Handbuch der Sozialarbeit. Neuwied.

Schmid, J. (1998c): Vom Wohlfahrtsstaat zur Wohlfahrtsgesellschaft. In: Forschungsjournal Neue Soziale Bewegungen, 8, 10-28.

Schmid, J./Blancke, S. (1997): Handlungsoptionen des Landes Nordrhein-Westfalen im Bereich der (aktiven) Arbeitsmarktpolitik unter besonderer Berücksichtigung des Vergleichs mit anderen Bundesländern. Gutachten für die Enquête-Kommission „Zukunft der Erwerbsarbeit" des Landtags von Nordrhein-Westfalen. Bochum/Wuppertal/Osnabrück.

Schmid. J./Niketta R. (Hrsg.) (1998): Wohlfahrtsstaat: Krise und Reform im Vergleich. Marburg.

Schmidt, M.G. (1998): Sozialpolitik. Historische Entwicklung und internationaler Vergleich. Opladen (2. Aufl.).

Schmitt, A. (1997): Blairs Visionen. In: Sozialismus, 4.

Schmucker, W. (1997): Großbritannien: Das Ende der „konservativen Revolution"? In: Bieling, H. J./Deppe, F. (Hrsg.): Arbeitslosigkeit und Wohlfahrtsstaat in Westeuropa. Neum Länder im Vergleich. Opladen, 55-87.

Schönmann, K. (1995): Active Labour Market Policy in the European Union. Wissenschaftszentrum Berlin für Sozialforschung, Discussion Paper FS 95-201. Berlin.

Schulte, B. (1990): „Konvergenz" statt „Harmonisierung". Perspektiven Europäischer Sozialpolitik. In: Zeitschrift für Sozialreform, 36, 273-298.

Schulte, B. (1991): Die Folgen der EG-Integration für die wohlfahrtsstaatlichen Regimes. In: Zeitschrift für Sozialreform, 37, 548-579.

Schulte, B. (1992): Europäisches Gemeinschaftsrecht und freie Wohlfahrtsverbände. In: Zeitschrift für ausländisches und internationales Arbeits- und Sozialrecht, 6, 191-232.

Schulte, B. (1995): Europäisches Sozialrecht als Gegenstand rechtswissenschaftlicher Forschung. In: von Maydell, B./Schulte, B. (Hrsg.): Zukunftsperspektiven des Europäischen Sozialrechts. Berlin.

Schulte, B. (1997a): Großbritannien – Das Ende des Wohlfahrtsstaats?. In: Sozialer Fortschritt, 1-2, 30-33.

Schulte, B. (1997b): Sozialpolitik in Deutschland, in anderen hochentwickelten Ländern und in der europäischen Union – Welche Spielräume bleiben für die nationale Politik? In: Textor, M.R. (Hrsg.): Sozialpolitik. Opladen, 75-94.

Schulte, B. (1997c): Vergleichende Wohlfahrtsstaatsforschung in Europa. In: Zeitschrift für Sozialreform, 10, 729-748.

Schulte, D. (1996a) (Hrsg.): Arbeit der Zukunft. Köln.

Schulte, D. (1996b) (Hrsg.): Erneuerung des Sozialstaates. Köln.

Schulz, E. (1995): Alternde Gesellschaft. Zur Bedeutung von Zuwanderungen für die Altersstruktur der Bevölkerung in Deutschland. In: DIW-Wochenbericht, 33.

Schütte, C. (1996): Adrenalin nach oben treiben. Das Land ist ein Paradies für Marktwirtschaftler. Ist es ein Vorbild für Europa? In: Wirtschftswoche, 11, 30-35.

Schütte, C./ Scheffler, S. (1996): Reformen im Härtetest. Im marktwirtschaftlichen Musterland regiert nun der Proporz. Das Ende des Kiwi-Kapitalismus? In: Wirtschaftwoche, 51, 50-52.